Kompetent in Wirtschaft

Welthandel und Weltfinanzsystem

Ingo Langhans
Stefan Prochnow

Ernst Klett Verlag
Stuttgart · Leipzig

1. Auflage 1 5 4 3 2 1 | 2015 14 13 12 11

Alle Drucke dieser Auflage sind unverändert und können im Unterricht nebeneinander verwendet werden.
Die letzte Zahl bezeichnet das Jahr des Druckes.

Programmbereich Klett-Auer

Autoren: Ingo Langhans, Reinbek; Stefan Prochnow, Hanau

Redaktion: Verena Nopto

Herstellung: Dominik Staudacher

Illustrationen: Steffen Jähde, Berlin
Satz: krauß-verlagsservice, Augsburg
Druck: Mediahaus Biering GmbH, München

Printed in Germany
ISBN 978-3-12-006591-3

9 783120 065913

Inhalt

Die mit → gekennzeichneten Begriffe sind im Glossar beschrieben und erklärt.

***Online-Codes** bieten zusätzliche Materialien und Musterklausuren. Geben Sie den Code einfach in das Suchfeld auf www.klett.de ein.*

1. Ursachen und Indikatoren der Globalisierung

1.1 Entwicklung des Welthandels

M1 Wachsender Welthandel

Seit dem Zweiten Weltkrieg ist ein stetiger Anstieg der weltweiten Handelsströme zu beobachten. Der Welthandel expandierte in dieser Zeit mit durchschnittlichen Jahresraten von 6 Prozent und somit langfristig kräftiger als das Bruttoinlandsprodukt (BIP) mit knapp 4 Prozent. […] Als Folge dieser Entwicklung wurden die Volkswirtschaften immer offener und ihre Integration in die internationale Arbeitsteilung immer stärker. Auch ist die Zahl der Teilnehmer am Welthandel größer geworden. Vor allem die Exporterfolge der Schwellenländer Südost- und Ostasiens zeigen, dass den Industrieländern ernst zu nehmende Konkurrenten erwachsen sind. […]

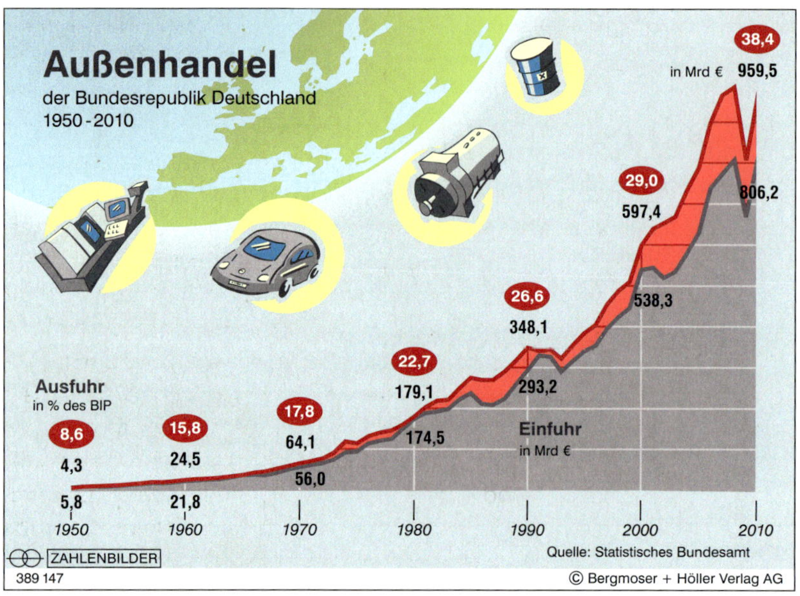

Abb. 4.1: Außenhandel der Bundesrepublik Deutschland 1950–2010

Eine Phase des kräftigen Wachstums des weltweiten Handels ist in der ökonomischen Historie nicht zum ersten Mal zu beobachten. In den Jahren von 1850 bis 1914 hat es schon einmal solch eine Entwicklung gegeben. In dieser Phase weitete sich der weltweite Güterhandel gar mit der erstaunlichen Rate von 25 Prozent p.a. aus. […]

Kritiker stellen daher die provokante Frage, was denn so neu an der Globalisierung sei? Es gäbe sie schließlich schon seit Jahrzehnten, wenn nicht gar seit Jahrhunderten. In mancher Hinsicht ist dieser Einwand sicherlich berechtigt, denn das Wachstum der Weltwirtschaft im späten 19. und frühen 20. Jahrhundert und das Bekenntnis zum Freihandel lassen sich durchaus mit einigen der globalen ökonomischen Trends in der zweiten Hälfte des 20. Jahrhunderts vergleichen. Dennoch ist das Wort Globalisierung mehr als eine moderne Verpackung für ein bekanntes Phänomen. Der neue Begriff schöpft seine Rechtfertigung aus der Tatsache, dass sich seit etwa zwei Jahrzehnten das Tempo, die Formen und die Teilnehmer der internationalen Arbeitsteilung verändert haben. Beschränkte sich der erste Globalisierungsboom im Wesentlichen auf die Länder Westeuropas und Nordamerikas sowie ihre Kolonien und nur auf wenige große Industriezweige (Landwirtschaft und Schwerindustrie), so ist heute beinahe die gesamte Welt zum Standort für multinationale Konzerne geworden. Diese handeln nicht mehr nur mit Waren, sondern bieten in verstärktem Umfang auch Dienstleistungen und Finanzprodukte an. Zudem lässt sich eine Reihe völlig neuer Trends im Welthandel identifizieren, welche die gegenwärtige Globalisierungsphase deutlich von früheren Epochen unterscheidet. Zu nennen sind hier v.a. das Anwachsen des intra-industriellen und des firmeninternen Handels, die zunehmende Aufsplitterung der Wertschöpfungskette auf geografisch entfernte Standorte („outshoring" […]) und der Bedeutungsgewinn der Entwicklungsländer als Exporteure industrieller Produkte.

Hans-Rimbert Hemmer u.a.: Die Entwicklungsländer im Globalisierungsprozess – Opfer oder Nutznießer?, Literaturstudie im Auftrag der Konrad-Adenauer-Stiftung, St. Augustin 2003, S. 8 f.

M2 Welthandel in der Diskussion

Die Entwicklung des Welthandels ist eine der größten Erfolgsgeschichten der internationalen Politik in den letzten 50 Jahren. In zahlreichen multilateralen Verhandlungsrunden kamen die beteiligten Staaten überein, Handelsbeschränkungen drastisch abzubauen, und schufen mit der schlichtungs- und sanktionsbewehrten Welthandelsorganisation (WTO) eines der schlagkräftigsten Instrumente der → **„global governance"**. Die Mitgliedschaft in der WTO umfasst inzwischen fast alle Staaten der Erde. Mit der Liberalisierung des Welthandels zielte die Staatengemeinschaft erfolgreich auf eine Mehrung weltwirtschaftlichen Wohlstands. Auch infolge der Liberalisierung stieg der grenzüberschreitende Handel mit Gütern und Dienstleistungen in den letzten 50 Jahren stärker als das Weltsozialprodukt. Damit ist globaler Handel ein Kernelement der Globalisierung, verstanden als zunehmender transnationaler Anteil an der gesamten Wirtschaftsleistung. Angesichts dieser Erfolgsbilanz ist es auf den ersten Blick erstaunlich, wie kontrovers Handelsliberalisierungen in den Industrieländern diskutiert werden. Denn gerade auf diese Länder konzentrieren sich sowohl Wohlstand als auch Welthandel. Insofern ist „globaler" Handel auch genau genommen überwiegend ein Phänomen der OECD-Welt und einiger Schwellenländer, die – wie Mexiko und Südkorea – im letzten Jahrzehnt in die OECD aufgenommen wurden. Im Gegenzug weist diejenige Staatengruppe geringes Wachstum auf, die sich dem Welthandel nur wenig geöffnet hat. Wenn aber Wohlstand und Wachstum positiv mit Offenheit gegenüber dem Weltmarkt korrelieren, dann scheint die zunehmende Opposition gegen Liberalisierung erklärungsbedürftig.

Stefan A. Schirm: Handel und Politik. Der Einfluss globaler Märkte auf nationale Interessen, Internationale Politik 6/2002, Deutsche Gesellschaft für Auswärtige Politik e.V. (Hrsg.), Berlin, S. 1

M3 Welthandel aktuell

Führende Ökonomen rechnen nach dem Ende der → **Rezession** mit einer schnellen Erholung des Welthandels. „Wenn der rapide Vertrauensverlust in der Krise zu einem Kollaps des Welthandels geführt hat, kann die wachsende Zuversicht jetzt zu einer zügigen Trendwende beitragen", sagt Richard Baldwin. Der Professor für International Economics am Graduate Institute in Genf hat zusammen mit 40 Handelsexperten aus aller Welt unter dem Titel „The Great Trade Collaps" die Lage des Welthandels untersucht.

Von der Erholung werden jedoch die Schwellen- und Entwicklungsländer stärker profitieren als die Industrienationen. Ob der internationale Warenaustausch wieder seine traditionelle Lokomotivfunktion für die Weltwirtschaft einnehmen kann, ist keineswegs ausgemacht.

Angesichts der schwachen Binnennachfrage in vielen Industrieländern ist es unklar, ob Exportnationen wie Deutschland, China oder Japan genügend Absatzmärkte finden [...]. Die steigende Arbeitslosigkeit könnte zum Aufbau neuer Handelsbarrieren führen und dadurch den Freihandel bremsen.

Der Welthandel war durch die Finanz- und Wirtschaftskrise eingebrochen. „Es war der stärkste Rückgang seit dem Zweiten Weltkrieg", sagte Baldwin. Im ersten Halbjahr 2009 kollabierte das weltweite Handelsvolumen um rund 20 Prozent. Seit Mitte des Jahres ist der Warenverkehr jedoch auf dem Weg der Besserung. [...] Dennoch wird der Welthandel 2009 unter dem Strich um etwa 10 Prozent schrumpfen. Die globale Wirtschaftsleistung wird nach der Prognose des Internationalen Währungsfonds (IWF) dagegen nur um gut ein Prozent zurückgehen.

Bereits in früheren Rezessionen ist der Welthandel im Schnitt fünfmal stärker gesunken als der globale Output. Umgekehrt lagen die Wachstumsraten in guten Zeiten meist deutlich über jenen der Weltwirtschaft und haben die Produktion befördert. Dass die negative Reaktion diesmal weitaus stärker ausfiel, ist eine direkte Folge der Globalisierung. Die Wertschöpfungskette bei der Herstellung eines Produkts kennt heute keine Grenzen mehr. Viele Waren werden rund um den Globus versandt, bevor sie als Endprodukt den Verbraucher erreichen. Etwa ein Drittel des Warenaustausches findet innerhalb von multinationalen Konzernen statt. Dadurch wird der Welthandel um ein Vielfaches angetrieben, obwohl die Produkte nur einmal zur weltweiten Wertschöpfung beitragen.

„An diesen Handelsströmen wird auch die Krise nichts ändern", sagt Pascal Lamy, Chef der Welthandelsorganisation (WTO). [...] Erholt sich der Warenverkehr ähnlich schnell wie nach früheren Krisen, könnte er laut Baldwin bereits Mitte nächsten Jahres auf den alten Wachstumspfad zurückkehren. Vor der Krise lag das Wachstum bei mehr als 7 Prozent. Der IWF ist jedoch vorsichtig und sagt für 2010 ein Plus von lediglich 2,5 Prozent voraus.

Mitgetragen wird die Expansion vor allem von den Schwellen- und Entwicklungsländern. Die Industrieländer profitieren davon nur unterdurchschnittlich. Beim WTO-Gipfel in Genf wollen mehr als 20 Länder der südlichen Halbkugel, angeführt von Brasilien und Indien, ihren Handelsverkehr durch den Abbau von Zöllen weiter forcieren. Die Liberalisierung des Welthandels tritt dagegen seit acht Jahren auf der Stelle. Ein Abschluss der „Doha-Runde" könnte der Weltwirtschaft nach Berechnungen des Peterson Instituts for International Economics in Washington einen Extra-Wachstumsschub von bis zu 700 Mrd. Dollar verleihen. In Genf traut man sich jedoch noch nicht, die Verhandlungen weiterzuführen. [...]

Beeinflusst werden könnte die Erholung des Welthandels auch durch den Versuch, die globale Wirtschaft in ein neues, gesünderes Gleichgewicht zu bringen. „Wenn die Länder mit großen Handelsdefiziten wie USA mehr sparen und weniger konsumieren, ohne dass Überschussländer wie Deutschland den Nachfrageausfall ausgleichen, kann auch der Welthandel darunter leiden", sagt Simon Evenett, Koordinator der „Watchdog"-Organisation World Trade Alert.

Torsten Rieke: Welthandel strebt zügig aus der Krise, in: Handelsblatt vom 30. November 2009, Verlagsgruppe Handelsblatt GmbH, Düsseldorf, S. 18

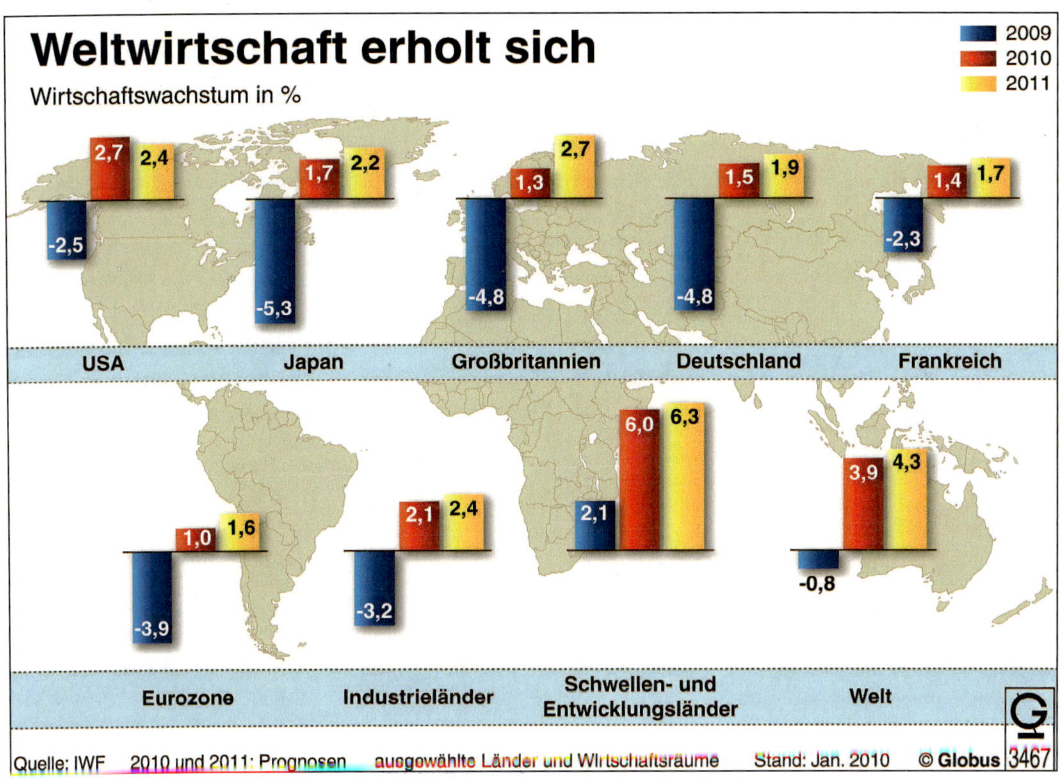

Abb. 5.1: Weltwirtschaft erholt sich

1.2 Bedeutung des Handels für Deutschland

M1 Die Stellung des Außenhandels in der Bundesrepublik Deutschland

Außenhandel [ist der] Warenverkehr eines Landes mit anderen Ländern. Werden Waren aus einem Land im Ausland verkauft, spricht man von Ausfuhr oder Export. Waren, die im Ausland gekauft werden, sind Einfuhren oder Importe. Für Deutschland spielt der Außenhandel eine außerordentlich wichtige Rolle. [...] Der Außenbeitrag (Export-Import) macht 6,3% des → **Bruttoinlandsprodukts** aus. Die Warenexporte betrugen 2008 rund 40% des Bruttoinlandsprodukts (BIP), im Jahr 2000 waren es noch 29%. Mehr als ein Drittel der Arbeitnehmer in der Bundesrepublik arbeitet direkt oder indirekt (bei Zulieferern) für den Export. [...] Deutschland ist trotz des Aufkommens von China auch noch 2008 die größte Exportnation der Welt gewesen. Im Zuge der Globalisierung mit einer umfassenden Arbeitsteilung zwischen den Ländern nimmt der Anteil importierter Güter und Vorleistungen an den deutschen Ausfuhren zu. Inzwischen sind rund 40% der deutschen Exporte zuvor eingeführt worden.

Ulrich Fritsch/Karl Knappe: Wirtschaft auf einen Blick, Bank-Verlag Medien GmbH, 12. Auflage, Berlin 2009, S. 20 f.

M2 Deutscher Außenhandel in Mrd. Euro

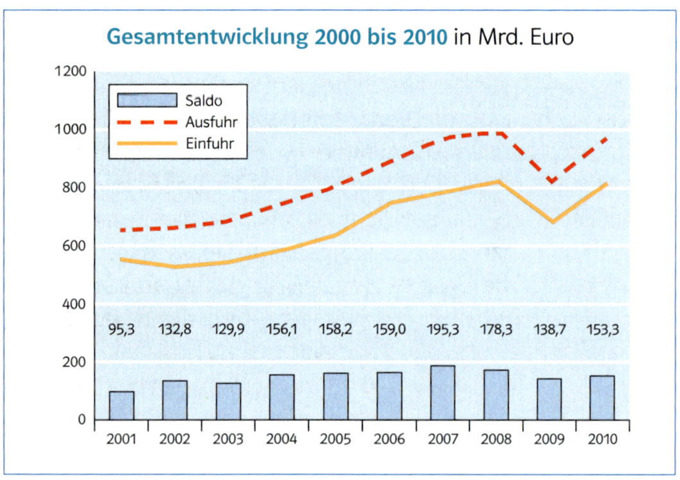

Quelle: Statistisches Bundesamt, 2010

M3 Anteil am deutschen Export und Veränderung der deutschen Exporte in %

Region	Anteil am dt. Export	Export-Veränderung	DIHK-Exportschätzung	
	2010	2010	2011	2012
Europa	71,4	+ 16,5	+ 9,8	+ 7,8
Nordamerika (NAFTA)	8,2	+ 22,0	+ 9,1	+ 8,6
Lateinamerika (o. Mexiko)	2,2	+ 49,5	+ 15,2	+ 10,9
Afrika	2,1	+ 15,2	+ 10,2	+ 9,3
Naher/Mittlerer Osten	2,8	+ 18,3	+ 9,4	+ 8,5
Asien/Pazifischer Raum	13,2	+ 33,5	+ 18,7	+ 18,7
Welt	100,0	+ 19,4	+ 11,0	+ 9,0

Quelle: Deutsche Industrie- und Handelskammer/Auslandshandelskammern, Stand August 2011

M4 Entwicklung der 5 wichtigsten Exportgüter

	2008	2009	2010	Anteil am dt. Außenhandel 2010 in %
	Milliarden EUR			
Kraftwagen und Kraftwagenteile	169,5	122,9	159,4	18,2
Maschinen	160,5	124,6	138,7	15,8
Chemische Erzeugnisse	91,7	75,2	90,6	10,3
Datenverarbeitungsgeräte, elektron. u. optische Erzeugnisse	82,8	67,4	81,4	9,3
Elektrische Ausrüstungen	59,2	49,9	60,0	6,8

Quelle: Statistisches Bundesamt, 2010

M5 Entwicklung der 5 wichtigsten Importgüter

	2008	2009	2010	Anteil am dt. Außenhandel 2010 in %
	Milliarden EUR			
Datenverarbeitungsgeräte, elektron. u. optische Erzeugnisse	83,7	72,8	90,2	12,5
Kraftwagen und Kraftwagenteile	75,5	64,7	69,2	9,6
Erdöl und Erdgas	83,1	55,0	63,3	8,7
Chemische Erzeugnisse	63,1	50,6	61,5	8,5
Maschinen	68,8	52,5	58,8	8,1

Quelle: Statistisches Bundesamt, 2010

M6 Deutsche Häfen leiden unter der Krise

Der Einbruch ist nicht zu übersehen: In den ersten neun Monaten dieses Jahres hat sich der Containerumschlag in deutschen Häfen um mehr als ein Viertel verringert.

Hamburg – Noch immer stehen die Kräne zu viel still: In den deutschen Häfen hat sich der Containerumschlag in den ersten neun Monaten des Jahres um mehr als ein Viertel verringert. Im Vergleich zum Vorjahr ging der Umschlag von fast zwölf auf 8,9 Millionen Standardcontainer (TEU) zurück. Das teilte das Statistische Bundesamt am Mittwoch in Wiesbaden mit. Der gesamte Güterumschlag in den Häfen sank wegen des rückläufigen Außenhandels um 19 Prozent auf 198 Millionen Tonnen.

Damit schlägt sich die weltweite Wirtschaftskrise deutlich im deutschen Außenhandel nieder, der Import entwickelte sich dabei noch schwächer als der Export. Parallel dazu brachen die Preise für den Schiffstransport ein. In diesem Jahr lagen sie um fast 36 Prozent unter denen des Vorjahreszeitraums. Unklar ist, ob sich die Lage in absehbarer Zeit bessern wird. [...]

www.spiegel.de/wirtschaft/soziales/0,1518,668803,00.html vom 23. Dezember 2009, aufgerufen am 7. Oktober 2011

M7 Aufbau der Zahlungsbilanz

Zahlungsbilanz: Nach den Grundsätzen der → **doppelten Buchführung** erfolgende Darstellung sämtlicher das Ausland berührender Wirtschaftsaktivitäten eines Landes. In der Zahlungsbilanz werden systematisch alle ökonomischen Transaktionen zwischen Inländern und Ausländern in einem bestimmten Zeitraum aufgezeichnet. Mit ihrer Hilfe lässt sich ein Überblick über die Leistungen und Zahlungen während eines Monats oder Jahres gewinnen. Transaktionen oder Leistungen, die zu Zahlungseingängen (Einnahmen) im Inland führen, werden auf der Habenseite, Transaktionen oder Leistungen, die zu Zahlungsausgängen (Ausgaben) führen, werden auf der Sollseite gebucht. Die Zahlungsbilanz stellt eine wichtige Unterlage für wirtschaftspolitische Entscheidungen der Regierungen und der Zentralbanken dar. Ferner dient sie als Konjunkturindikator.

Die Zahlungsbilanz besteht aus verschiedenen Teilbilanzen. Die Aktivseite (linke Seite) der Zahlungsbilanz setzt sich aus der **Leistungsbilanz** und der Bilanz der Vermögensübertragungen zusammen. Die Leistungsbilanz beinhaltet den Warenaustausch (Export und Import), die Lohnveredelung, bestimmte Reparaturen sowie die Lieferungen von Schiffs- und Flugzeugteilen. Die Gegenüberstellung der Einfuhren und Ausfuhren wird auch als **Handelsbilanz** bezeichnet. In der **Dienstleistungsbilanz** werden z. B. Auslandsreiseverkehr, Transport- und Telekommunikationsleistungen, die Wertschöpfung der Versicherungen sowie der Transithandel erfasst. In der **Bilanz der Erwerbs- und Vermögenseinkommen** finden sich die Arbeitseinkommen und Kapitalerträge, die Inländern aus dem Ausland zufließen bzw. Ausländer aus dem Inland beziehen. Laufende Übertragungen sind Geld- und Sachleistungen an das Ausland bzw. vom Ausland, denen keine unmittelbaren Gegenleistungen gegenüberstehen. Des Weiteren werden auch Heimatüberweisungen ausländischer Arbeitnehmer sowie Zahlungen an internationale Organisationen wie z. B. an die EU und die UNO in der **Übertragungsbilanz** erfasst. Einmalige Transfers (Übertragungen) wie Schuldenerlasse, Erbschaften und Schenkungen sowie Vermögensmitnahmen von Ein- und Auswanderern werden in der **Bilanz der Vermögensübertragung** ausgewiesen.

Die Passivseite (rechte Seite) der Zahlungsbilanz setzt sich aus der **Kapitalbilanz**, einschließlich der Devisenbilanz, zusammen. Deswegen werden Einnahmen (Kapitalimporte) auf der rechten Seite und die Ausgaben (Kapitalexporte) auf der linken Seite gebucht. Zu den Ausgaben rechnen zunächst die kurzfristigen Zahlungen an das Ausland, Schecks, Wechsel und Zahlungsanweisungen. Ferner zählen zu den Ausgaben Verbindlichkeiten gegenüber dem Ausland. Zu den Einnahmen gehören die kurzfristigen Zahlungen aus dem Ausland und die Forderungen gegenüber dem Ausland. Die Direktinvestitionen umfassen z. B. Beteiligungen (Aktien und andere Kapitalanteile) und langfristige Darlehen. Unter der Kategorie Wertpapiere werden Aktien bzw. Wertpapieranlagen (Investment- und Geldmarktfonds) eingeordnet. Der Kreditverkehr enthält kurz- und langfristige Finanzbeziehungen inländischer Unternehmen und Privatpersonen zum Ausland. In der **Devisenbilanz** als Teil der Kapitalbilanz schlagen sich die Veränderungen der Währungsreserven bei der Zentralbank nieder.

Die Zahlungsbilanz wird durch einen statistisch nicht aufgliederbaren Teil buchungstechnisch ausgeglichen. Wenn man von Zahlungsbilanz-Ungleichgewichten (Überschuss und Defizit) im Sinne einer Verletzung des Ziels außenwirtschaftlichen Gleichgewichts spricht, meint man immer unausgeglichene Teilbilanzen. Ein Zahlungsbilanz-Überschuss kann auftreten, wenn die Exporte wertmäßig größer als die Importe sind. Ein Zahlungsbilanz-Defizit tritt auf, wenn die Exporte wertmäßig geringer als die Importe sind. […].

Bundeszentrale für politische Bildung (Hrsg.): Lexikon der Wirtschaft. Grundlegendes Wissen von A–Z, Bonn 2009, S. 248

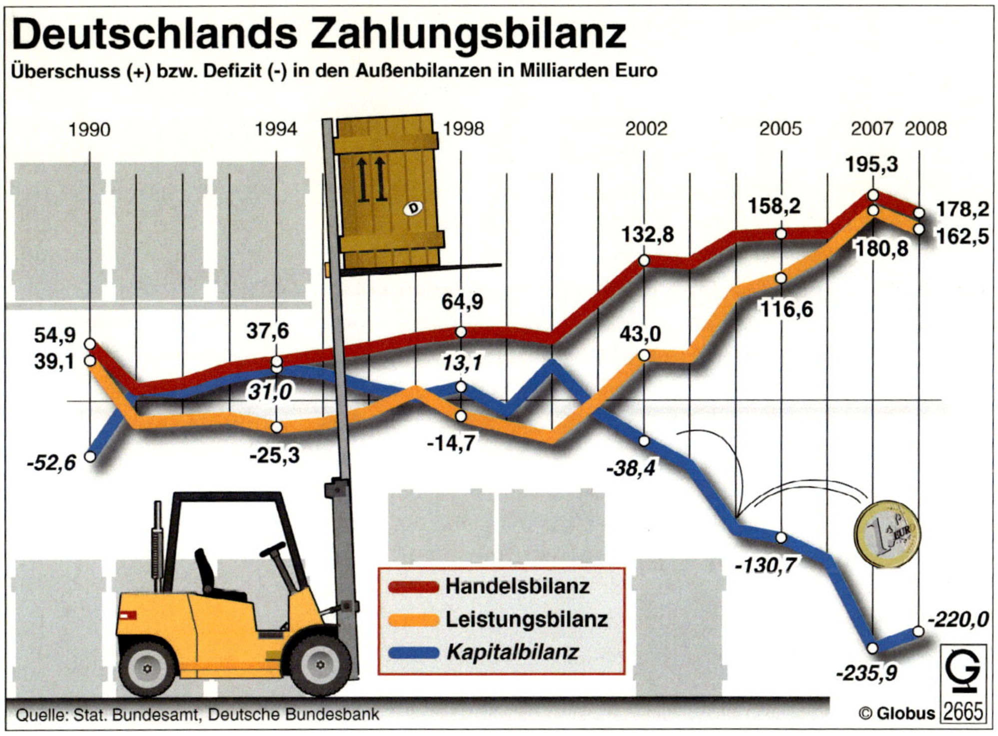

Abb. 7.1: Deutschlands Zahlungsbilanz

Arbeitsaufträge

1. Vergleichen Sie Welthandel und Wirtschaftsleistung und leiten Sie daraus tragfähige Thesen zur Weltwirtschaft ab!
2. Die Finanz- und Wirtschaftskrise hatte einen erheblichen Einfluss auf den Außenhandel der großen Industrienationen. Werten Sie unter diesem Aspekt **M3** aus!
3. Arbeiten Sie die aktuelle Entwicklung des Welthandels und seine Bestimmungsfaktoren heraus!
4. Entwerfen Sie mithilfe der Materialien auf Seite 6 einen außenwirtschaftlichen Steckbrief der Bundesrepublik Deutschland! Stellen Sie Ihre Ergebnisse dem Kurs vor!
5. Stellen Sie ein Konto zur Zahlungsbilanz auf und ordnen Sie die entsprechenden Bilanzen aus **M7** zu! Bereiten Sie Ihre Zahlungsbilanz mit aktuellem Zahlenmaterial auf (z. B. www.bundesbank.de)!

1.3 Was ist Globalisierung?

M1 Globalisierung

Globalisierung: Bezeichnung für die zunehmende Entstehung weltweiter Märkte für Waren, Kapital und Dienstleistungen sowie die damit verbundene internationale Verflechtung der Volkswirtschaften. Der Globalisierungsprozess der Märkte wird vor allem durch neue Technologien im Kommunikations-, Informations- und Transportwesen sowie neu entwickelte Organisationsformen der betrieblichen Produktionsprozesse vorangetrieben. Weltweite Datennetze, Satellitenkommunikation, computergestützte Logistik und hoch entwickelte Verkehrsmittel lösen Arbeit und Produktion, Produkte und Dienstleistungen von den nationalen Standorten und ermöglichen es den Unternehmen, die für sie günstigsten Produktions- bzw. Lieferstandorte auszuwählen und ihre Aktivitäten weltweit zu koordinieren. In immer stärkerem Maße werden dadurch Angebot und Nachfrage aus der ganzen Welt zusammengefasst und die Preisbildung vereinheitlicht. Hauptakteure der Globalisierung sind → **multinationale Unternehmen**, die mit ihren Investitions-, Produktions- und Produktstrategien zunehmend Charakter und Formen des internationalen Handels bestimmen. Auf den Finanzmärkten schließen sich weltweit nicht nur die Börsen verschiedener Standorte aus unterschiedlichen Ländern zusammen, sondern auch der weltweite Handel mit Wertpapieren hat in den vergangenen Jahren enorm zugenommen. Anbieter und Nachfrager können Preise und Informationen über Wertpapiere z. B. auf den weltweiten Aktienmärkten miteinander vergleichen. [...]

Bundeszentrale für politische Bildung (Hrsg.): Lexikon der Wirtschaft. Grundlegendes Wissen von A–Z, Bonn 2009, S. 225 f.

M2 Globalisierungsdefinitionen

„Globalisierung als Zunahme und Verdichtung der weltweiten sozialen Beziehungen."

„Wir betrachten Globalisierung als einen historischen Prozess, in dessen Verlauf die Netzwerke und Systeme gesellschaftlicher Beziehungen sich räumlich ausdehnen und die menschlichen Verhaltensweisen, Aktivitäten sowie die Ausübung gesellschaftlicher Macht transkontinentalen (oder interregionalen) Charakter annehmen."

„... die engere Verflechtung von Ländern und Völkern in der Welt, die durch die enorme Senkung der Transport- und Kommunikationskosten herbeigeführt wurde, und die Beseitigung künstlicher Schranken für den ungehinderten grenzüberschreitenden Strom von Gütern, Dienstleistungen, Kapital, Wissen [und ... Menschen]."

„Globalisierung ist das, was wir in der Dritten Welt einige Jahrhunderte lang Kolonisierung genannt haben."

Abb. 8.1: Globalisierungsdefinitionen

M3 Bundespräsident Johannes Rau über die Globalisierung

Abb. 8.2: Johannes Rau

Johannes Rau, SPD (1931–2006), Bundespräsident der Bundesrepublik Deutschland von 1999 bis 2004, von 1978 bis 1998 Ministerpräsident des Landes Nordrhein-Westfalen

Vor drei Jahren hatte die Hälfte der Deutschen den Begriff Globalisierung noch nie gehört. Heute kennt ihn praktisch jeder. Keine politische Debatte, keine Rede zur Zukunft der Gesellschaft, keine wirtschaftliche Analyse kommt ohne dieses Wort aus. Die „Eine Welt" – vor ein paar Jahren noch die Zukunftshoffnung alternativer Bewegungen und sogenannter „Dritte-Welt-Gruppen" – scheint nun durch grenzüberschreitende Finanzströme und Firmenfusionen, durch Internet und Mobiltelefon auf ganz andere Weise Wirklichkeit zu werden, als das einst gemeint war. Das Wort „Globalisierung" begegnet uns nun beinahe täglich als Argument, als Argument allerdings für alles Mögliche: für radikale Bildungsreformen, für Englischlernen schon im Kindergarten, aber auch für den Abbau von Arbeitsplätzen, für die Lockerung von ethischen Standards, zum Beispiel in der Gentechnik, für die Verlagerung von Firmensitzen, für den Zusammenschluss von Unternehmen – und schließlich als Grund dafür, dass es das ganze Jahr über Erdbeeren gibt. Die einen sagen, die Globalisierung führe zum Verlust vertrauter Bindungen und zur Schwächung des Nationalstaates – und sie haben Angst davor. Andere feiern, dass die Herrschaft des Marktes und seiner Gesetze bald überall und für alles gilt. Manchen erscheint all das wie ein unentrinnbares Schicksal, wie ein Verhängnis, anderen wie die Verheißung eines goldenen Zeitalters.

Das Stimmengewirr ist groß und auch die Unsicherheit darüber, was Globalisierung bedeutet – für jeden Einzelnen, für die Familien, für unsere Gesellschaft als Ganze: Es hat mit Globalisierung zu tun, wenn die Firma, in der man arbeitet, plötzlich mit Betrieben aus Gegenden der Welt konkurriert, von denen man bisher kaum gehört hatte. Es hat mit Globalisierung zu tun, wenn sich junge Leute, die durch die Anden wandern, aus dem Internetcafé in Quito bei ihren Eltern in Oberursel melden und mal eben per E-Mail die ersten digitalen Fotos schicken. Es hat mit Globalisierung zu tun, wenn wir vom PC aus unseren Urlaub buchen und wenn Studenten sich nachmittags aus dem Internet Material aus Amerika für ihre Hausarbeit holen. Es hat mit Globalisierung zu tun, wenn in dem Auto, das wir kaufen, die Teile aus vielen Ländern kommen, wenn also das „Made in Germany" manchmal nur noch für die Idee, für die Endmontage oder für den Namen steht. Es hat mit Globalisierung zu tun, wenn Menschen in aller Welt am 11. September live miterleben mussten, wie das World Trade Center Tausende von Menschen unter sich begrub. Es hat mit Globalisierung zu tun, wenn aus abgelegenen Berghöhlen ein Verbrechen geplant und gesteuert wird, das die ganze Welt erschüttert.

Aus der Geschichte wissen wir: Nichts, keine technische Erfindung, keine politische Entwicklung, keine gesellschaftliche Veränderung führt automatisch und für alle ausschließlich zum Schlechteren oder zum Besseren. Auch bei der Globalisierung kommt es darauf an, was wir aus den neuen Möglichkeiten machen.

Viele fragen heute aber: Kann man denn überhaupt etwas machen? Ist die Globalisierung nicht unbeeinflussbar, ist sie nicht wie ein Naturereignis, dem wir ausgeliefert sind? Dann wäre es tatsächlich sinnlos, auch nur zu überlegen, wie man gestaltend eingreifen kann und wer das tun sollte. Nein, die Globalisierung ist kein Naturereignis. Sie ist von Menschen gewollt und gemacht. Darum können Menschen sie auch verändern, gestalten und in gute Bahnen lenken. […]

Berliner Rede von Bundespräsident Johannes Rau zum Thema: „Chance, nicht Schicksal – die Globalisierung politisch gestalten" vom 13. Mai 2002, aufgerufen unter http://archiv.bundesregierung.de/bpaexport/rede/53/79953/multi.htm am 7. Oktober 2011

Abb. 9.1: Karikatur (Thomas Plaßmann)

Abb. 9.2: Karikatur (Burkhard Mohr)

Arbeitsaufträge

1. Vergleichen Sie die Globalisierungsdefinitionen mit den Aussagen des Altbundespräsidenten Johannes Rau!
2. Globalisierung bezieht sich nicht nur auf die Wirtschaft. Entwickeln Sie eine Systematisierung des Begriffs Globalisierung!
3. Worin besteht bei den Karikaturen Abb. 9.1 und 9.2 jeweils die besondere Kritik an der Globalisierung? Begründen Sie Ihre Darstellung!

1.3.1 Ökonomische Globalisierung

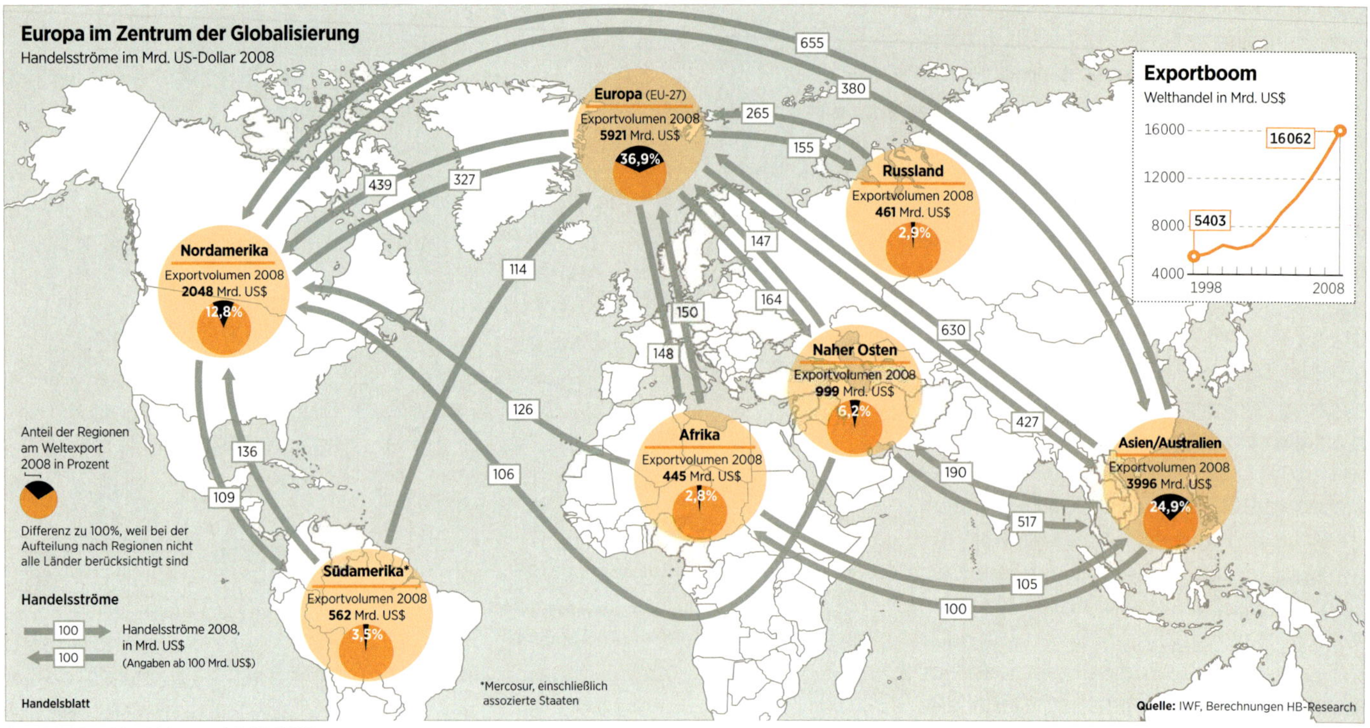

Handelsblatt Nr. 231 vom 30.11.2009

Abb. 10.1: Handelsströme der Globalisierung

M1 Motoren der Globalisierung: Liberalisierung, Privatisierung und Deregulierung

Weltweite → **Liberalisierung** hat in den letzten zwanzig Jahren eine neue Attraktivität und scheinbare Legitimität durch die Verbesserung der Transporttechnologie und die explosive Ausdehnung neuer Informations- und Kommunikationstechniken (der „digitalen Wirtschaft" und der „Satellitenzivilisation") gewonnen. Das Argument lautet in diesem Zusammenhang, dass in einem „globalen Kommunikationsdorf" nationale Barrieren im Interesse nicht wettbewerbsfähiger Marktteilnehmer und zum Nachteil der Verbraucher vor Ort künstlich hohe Kosten und Preise schaffen oder erhalten. Außerdem wird argumentiert, dass für eine wachsende Zahl von Gütern und Dienstleistungen, die auf Wissen sowie auf Hochtechnologie beruhen, Zölle und andere Barrieren gar nicht länger funktionieren würden. Informationen, die einen Wertzuwachs verursachen, können nicht innerhalb starrer nationaler Grenzen festgehalten werden. […]

→ **Privatisierung** ist ein anderes damit verbundenes Prinzip und der zweite Motor der Globalisierung. Unabhängig vom Kampf gegen den Kommunismus und andere Formen der sozialistischen Wirtschaft war die Privatisierungswelle in den gemischten Wirtschaften der westlichen Welt (etwa in den USA, Kanada, Skandinavien, Deutschland, den Niederlanden, der Schweiz oder Belgien) seit Anfang der 70er-Jahre weitgehend erfolgreich. Ein wichtiger Sektor nach dem anderen ist vollständig oder teilweise privatisiert worden und zwar aufgrund der Annahme, dass die privaten Marktkräfte die beste Allokation [Verteilung der Produktionsfaktoren] der vorhandenen Ressourcen im besten beiderseitigen Interesse von Produzenten und Verbrauchern ermöglichen würden. Private Finanzierung und private Investitionen werden als der beste Weg angesehen, die Fähigkeiten und die Initiative der Menschen zu mobilisieren. […]

Um effektiv zu sein, benötigen Privatisierung und Marktliberalisierung ein drittes Element, die → **Deregulierung**. Sie ist der dritte Motor des heutigen Globalisierungsprozesses geworden. Hier lautet das Argument, dass der Staat nur eine kleine Rolle im Wirtschaftsleben spielen dürfe. Staatsmonopole und staatliche Eingriffe in die Wirtschaft, auch in der Form von Normen und Standards, müssten begrenzt werden. Letztlich würden nur die Kräfte des Marktes für eine Regulierung aller Funktionen nationaler und internationaler Ökonomien auf lokalem, regionalem und globalem Niveau benötigt. In vielen Bereichen war die Deregulierung nur ein Zwischenschritt auf dem Weg zu einer vollständigen Privatisierung und Liberalisierung.

Die Gruppe von Lissabon – Grenzen des Wettbewerbs – Die Globalisierung der Wirtschaft und die Zukunft der Menschheit, Luchterhand Literaturverlag, München 1997, S. 63

M2 Globalisierung von Kapital- und Finanzmärkten

Der Abbau von Beschränkungen und Kontrollen im Kapitalverkehr in den Siebzigerjahren des 20. Jahrhunderts und der rasante Fortschritt im Bereich der Informations- und Kommunikationstechnologie ermöglichen es Konsumenten und Unternehmen heute, ihr Vermögen weltweit dort anzulegen, wo es die höchsten Erträge bringt.

Kein zweiter Bereich ist durch die Globalisierung so beschleunigt worden wie der internationale Kapitalverkehr, kein Gut

so mobil wie Kapital. Gigantische Summen jagen praktisch ohne Transaktionskosten und Zeitverzögerung rund um die Welt, den höchsten Renditen hinterher. […]
Insbesondere seit Mitte der Achtzigerjahre des 20. Jahrhunderts hat der Kapitalexport stark zugenommen. Die internationalen Wirtschaftsbeziehungen verlagern sich seitdem tendenziell vom Warenhandel zum Finanzhandel. Es gibt verschiedene Formen des Kapitalexports:

- Direktinvestitionen (Gründung oder Erwerb von Unternehmen im Ausland sowie Fusionen),
- Portfolioinvestitionen (indirekte Investitionen, d.h. Übertragung von inländischem Kapital ins Ausland zum Zweck des Erwerbs von Forderungen, die keine direkten Eigentumsrechte begründen, z.B. Anteile an Unternehmen ohne Einfluss auf die Unternehmenspolitik),
- Spekulationen (kurzfristige Kapitalbewegungen).

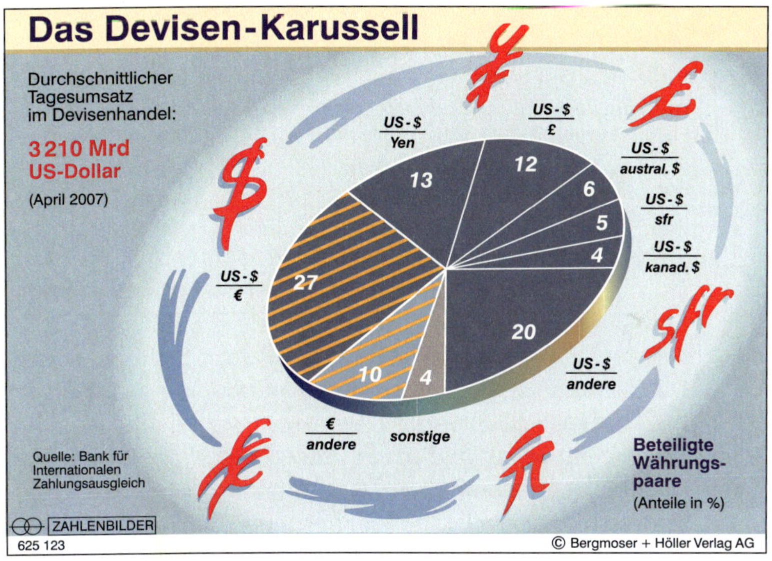

Abb. 11.1: Das Devisen-Karussell

Direktinvestitionen finden im Wesentlichen zwischen den Industrieländern statt, der Anteil der Schwellenländer ist allerdings steigend. Circa 85 % der Direktinvestitionen entfallen auf die USA, Japan, Großbritannien, Deutschland, Frankreich, Niederlande und Kanada. Die mittel- und osteuropäischen → **Transformationsländer** und die Entwicklungsländer profitierten aufgrund ökonomischer und politischer Risiken weniger von Direktinvestitionen.
Die Bedeutung verlässlicher Institutionen zur Verringerung von Unsicherheit und Transaktionskosten für Unternehmen wird hier deutlich. Internationale Banken, Versicherungen und Brokerhäuser sind auf den Geldmärkten aktiv und handeln mit Aktien, Anleihen, Devisen, Terminen und Optionen. Nicht selten werden mit diesen Transaktionen keine realen Geschäfte abgewickelt, sondern es wird spekuliert. […]

Thomas L. Friedman: Globalisierung verstehen. Zwischen Marktplatz und Weltmarkt, Ullstein Buchverlage, Berlin 2000, S. 130 ff.

M3 VW-Aktie kostet mehr als 1000 Euro

Am Dienstag haben sich die Volkswagen-Papiere zeitweise nochmals verdoppelt – auf mehr als 1000 Euro.

Die Volkswagen-Aktie hat am Dienstag ihren steilen Höhenflug fortgesetzt. Für einen Titel zahlten Händler gut eine halbe Stunde nach Handelsstart 1005 Euro und damit fast doppelt so viel wie zum Handelsschluss am Montag. Im weiteren Handelsverlauf fiel der Kurs dann wieder auf 788 Euro zurück. Damit steht Volkswagen weitgehend allein da. Die meisten anderen Titel – allen voran die Finanzwerte – fallen weiter. Wie schon am Montag ziehen die VW-Aktien nahezu allein den deutschen Leitindex ins Plus. Trotzdem will die Deutsche Börse die Aktien im Leitindex belassen. „Es gibt keinerlei Überlegungen, VW aus dem Dax zu nehmen. Solange fünf Prozent der Aktien im Streubesitz sind, gibt es dazu keine Veranlassung", sagte ein Sprecher des Marktbetreibers am Dienstag und verwies dabei auf das Regelwerk der Deutschen Börse.
Auch gebe es keine Hinweise auf Rechtsverstöße, die eine Herausnahme rechtfertigten. Eine Änderung der Dax-Regularien sei ebenfalls nicht geplant. Am Markt dagegen empören sich immer mehr Händler, dass das deutsche Börsenbarometer durch eine einzige Aktie zurzeit derart verfälscht werde. „Das Verhalten der Deutschen Börse ist unverantwortlich", sagte einer von ihnen. Alle anderen Aktien im Dax würden anscheinend ohne Rücksicht auf Verluste verkauft, nur um Aktien von Volkswagen finanzieren zu können. Zu Jahresbeginn hatte der Kurs der VW-Aktie noch um 150 Euro gelegen. Bereits zu Wochenbeginn hatte die Aktie ihren Wert zeitweise vervierfacht und war mit einem Plus von fast 150 Prozent aus dem Handel gegangen. Zuvor hatte VW-Hauptaktionär Porsche weitere Details zur geplanten VW-Mehrheitsübernahme bekannt gegeben.
Viele Investoren hatten in den vergangenen Wochen auf einen fallenden VW-Kurs gesetzt und über sogenannte Leerverkäufe geliehene VW-Aktien verkauft. Im Idealfall hätten sie die Aktien später billiger an der Börse zurückgekauft und die Differenz eingestrichen. Wegen des plötzlichen Kursanstiegs müssten sie ihre eingegangenen kurzfristigen Positionen nun auflösen und VW-Aktien teurer einkaufen. Die hohe Nachfrage bei gleichzeitig kaum vorhandenem Angebot treibt den Aktienkurs weiter in die Höhe.

Süddeutsche Zeitung vom 28. Oktober 2008

Arbeitsaufträge

1. Erläutern Sie, inwiefern Liberalisierung, Privatisierung und Deregulierung zwingende Voraussetzung der Globalisierung sind!
2. Inwieweit bergen globale Kapital- und Finanzmärkte Chancen und Risiken
   a) beim Aktienmarkt,
   b) beim Währungskauf und
   c) bei Unternehmensbeteiligungen?
3. Erklären Sie mithilfe von M3, wie es zu schweren Verwerfungen auf dem Aktienmarkt kommen kann!

M4 Transnationale Unternehmen 1

Unter transnationalen Unternehmen versteht man Unternehmen mit ausländischen Niederlassungen oder Tochterunternehmen. Das Vordringen der transnationalen Unternehmen ist auf die Tatsache zurückzuführen, dass der technische Fortschritt und die Verbesserung der Fähigkeiten zur Unternehmensführung die Organisation und Tätigkeit der Unternehmer verändert haben. Früher konzentrierten sich international tätige Unternehmer darauf, ihre Tochtergesellschaften, die mehr oder weniger unabhängig voneinander operierten, mit Ressourcen oder Spezialkenntnissen zu versorgen. Heute ähnelt die Konzernzentrale dagegen einem zentralen Nervensystem, das eine Vielzahl gegenseitig abhängiger Aktivitäten verbindet, deren Endzweck es ist, die globale Wettbewerbsstrategie und Ertragskraft des Konzerns zu fördern. Die Organisation des globalen Unternehmens besteht aus einer Reihe von wechselseitig abhängigen und geografisch verteilten Zentren, die weitgehend von gemeinsamen Strategien, Normen und intensivem Austausch von Informationen, Erfahrungen und Ressourcen zusammengehalten werden. Dieser Vernetzungscharakter der transnationalen Unternehmen birgt die potenziell gravierendsten Auswirkungen auf die nationalen → **Volkswirtschaften**. Aus Unternehmenskennziffern, wie zum Beispiel Umsatz, Kapital, Beschäftigung und Export, können die Qualität und die Stabilität des Beitrages eines solchen Unternehmens zur Wirtschaft eines Landes nicht mehr abgeleitet werden. Transnationale Unternehmen vernetzen mit ihren Direktinvestitionen viele nationale Volkswirtschaften. [...]

Klare Abgrenzungen der Verhältnisse zu den Konkurrenten, Lieferanten und Kunden werden immer [öfter] ersetzt durch eine gegenseitige Verflechtung von Wertschöpfungsaktivitäten. Die Fähigkeit, solche Systeme komplexer grenzüberschreitender Leistungserstellung zu organisieren, dürfte der wichtigste Wettbewerbsvorteil der transnationalen Unternehmen sein.

Bundesverband deutscher Banken: Globalisierung als Chance für Wohlstand und Arbeitsplätze, Köln 1997, S. 19 f.

M5 Transnationale Unternehmen 2

Transnationale Unternehmen sind zwar die Schrittmacher der Globalisierung, doch die Auswirkungen der weltwirtschaftlichen Verflechtungen sind in allen Bereichen der Wirtschaft zu spüren. Das hat zwei Gründe: Zum einen liegt ein wesentliches Charakteristikum der Globalisierung in der stärkeren Vernetzung aller Unternehmen, und zum anderen ist die Informations- und Kommunikationstechnik eine Querschnitt-Technologie, die die gesamte Wirtschaft erfasst. Damit ändern sich die Produkte, die Arbeitsabläufe und die Beschäftigungsformen in der → **New Economy**. Dienstleistungsfunktionen nehmen zu, relativ dazu verlieren reine Fertigungstätigkeiten an Gewicht, Teamwork und die Koordination flexibler und zunehmend arbeitsteiliger Abläufe gewinnen an Bedeutung, die Grenzen zwischen selbstständiger und abhängiger Beschäftigung verschwimmen, Telearbeit und Teilzeitbeschäftigung gewinnen an Bedeutung. Arbeitszeiten werden flexibler. Kurz: Die Arbeitswelt folgt dem gesamtgesellschaftlichen Trend der Ausdifferenzierung und Individualisierung.

Wilhelm Bürklin: Globalisierung als Chance für Wohlstand und Arbeitsplätze, in: Bundeszentrale für politische Bildung (Hrsg.): Aus Politik und Zeitgeschichte, Sammelbände der Beilage zur Wochenzeitung Das Parlament, Band 48, 24. November 2000, S. 33

M6 Direktinvestitionen und Unternehmen

Eine weitere Quelle für das rasche Wachstum des internationalen Kapitalverkehrs ist der längerfristige Kapitalexport in Form von Direktinvestitionen. Als Direktinvestition (Foreign Direct Investments, FDI) wird die Gründung von Tochterfirmen im Ausland oder der Erwerb von beziehungsweise die Beteiligung an ausländischen Unternehmen bezeichnet. [...] Direktinvestitionen führen zur Internationalisierung von Unternehmen; sie sind daher ein besonders hervorzuhebendes Element im Globalisierungsprozess der Wirtschaft. Immer mehr Unternehmen errichten Produktionsstätten oder erwerben Tochtergesellschaften im Ausland und sind bestrebt, neue ausländische Absatzmärkte zu erschließen, wodurch weltweite Handelsnetze entstehen.

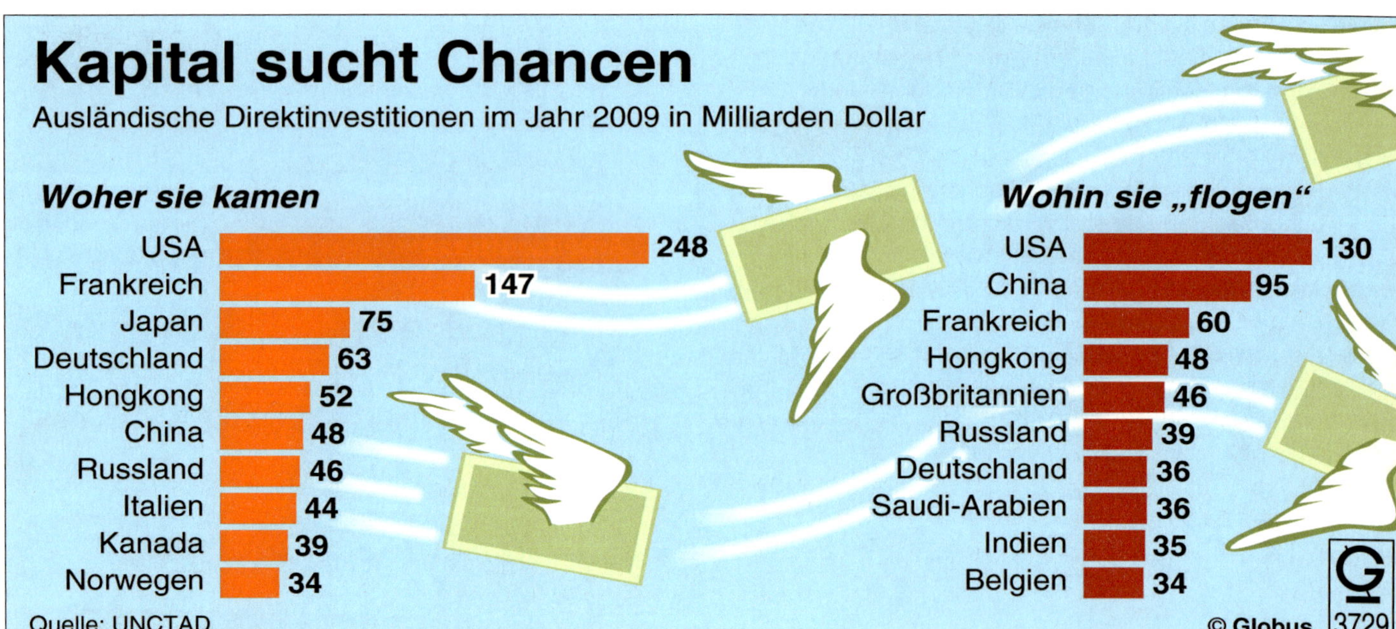

Abb. 12.1: Direktinvestitionen 2009

Die Direktinvestitionen machen einen beträchtlichen Anteil der internationalen Kapitalströme aus. Seit Beginn der 1980er-Jahre bis zur Jahrtausendwende sind Investitionen in ausländische Produktionsstätten etwa sechsmal so stark gewachsen wie das Welthandelsvolumen. Schätzungen der Welthandelskonferenz (United Nations Conference on Trade and Development, UNCTAD) zufolge bestreiten → **multinationale Unternehmen** heute bis zu 80 Prozent des Welthandels. Knapp die Hälfte des Handels multinationaler Unternehmen bezieht sich auf den internen Handel zwischen Standorten eines multinationalen Konzerns. Es handelt sich dabei um die Vernetzung von Produktionsstätten eines Konzerns in verschiedenen Staaten [...]

Die rasche Entwicklung der multinationalen Unternehmen hat viele Ursachen: Zu nennen sind vor allem die Liberalisierung des Welthandels und des internationalen Kapitalverkehrs zwischen den westlichen Industriestaaten sowie der technologische Fortschritt, der leistungsfähige globale Informations-, Kommunikations- und Transportnetze entstehen ließ. Unter den betriebswirtschaftlichen Motiven für eine internationale Geschäftstätigkeit steht die Erschließung neuer Absatzmärkte an erster Stelle. Die Nähe zum Kunden macht eigene Vertriebs-, Service- oder gar Produktionsstätten vor Ort erforderlich. Diesem Motiv folgen nicht nur die großen Weltkonzerne, sondern auch immer mehr mittelständische Betriebe, um so wettbewerbsfähig zu bleiben.

Ein weiteres Motiv für Auslandsinvestitionen ist die Ausnutzung von Standortvorteilen, insbesondere von unterschiedlichen Arbeitskosten (durchschnittlicher Stundenlohn plus Lohnzusatzkosten). Deutschland ist seit vielen Jahren ein Hochlohnland und lag im Jahr 2006 mit Arbeitskosten von 32 Euro pro Stunde im verarbeitenden Gewerbe im europäischen Vergleich auf Rang vier. Die Arbeitskosten sind in Ostdeutschland rund 40 Prozent niedriger als in Westdeutschland. Entscheidender Faktor bei der Standortwahl von Unternehmen ist aber nicht die absolute Höhe der Arbeitskosten, sondern die Höhe der Lohnstückkosten, das heißt das Verhältnis von Arbeitskosten und Arbeitsproduktivität. Da auch die Arbeitsproduktivität in Deutschland dank moderner Technologien, effizienter Infrastruktur und hoch qualifizierter Arbeitskräfte internationale Spitzenwerte erreicht, kann diese bei anspruchsvollen Produkten den Nachteil hoher Arbeitskosten teilweise kompensieren. Im Falle von arbeitsintensiven Vorprodukten gelingt dieser Ausgleich häufig nicht. In diesem Fall kann die teilweise Verlagerung der Produktion ins kostengünstigere Ausland die Wettbewerbsfähigkeit auch der inländischen Standorte verbessern. Der Einsatz kostengünstig produzierter Vorprodukte macht in Deutschland hergestellte Fertigprodukte preiswerter.

Die vergleichsweise hohen Lohnstückkosten bedeuten einen Kostennachteil für den Standort Deutschland. Er löst massiven Rationalisierungsdruck in der Industrie aus und hat zum Abbau von Arbeitsplätzen in vielen Wirtschaftszweigen geführt: Immer häufiger verlagern Unternehmen arbeitsintensive Produktionen oder Teilprozesse in Entwicklungsländer oder nach Osteuropa, und auch bei technisch komplexen Produkten erweisen sich Standorte in anderen EU-Ländern und in den USA als kostengünstiger. [...] Ein drittes Motiv für Auslandsinvestitionen neben dem Absatz- und dem Kostenmotiv kann die Sicherung der Rohstoffversorgung (zum Beispiel in der Mineralölwirtschaft oder Stahlindustrie) sein. Von wachsender Bedeutung ist darüber hinaus das Bestreben, Zugang zu neuen Technologien oder zum innovativen Know-how an Hightech-Standorten zu erhalten. Kapitalstarke multinationale Unternehmen übernehmen innovative kleine Unternehmen und sorgen für die breite Einführung der Erfindungen am Markt. Beispiele lassen sich in der EDV-Branche, der Pharma- oder Gentechnik finden.

Weitere Motive für die Standortwahl liefern von Staaten gesetzte Rahmenbedingungen, wie etwa die Höhe der Gewinnbesteuerung. Die Verteilung der Standorte eines multinationalen Unternehmens auf verschiedene Staaten ermöglicht es ihm, durch Festsetzung von internen Verrechungspreisen seine Gewinne dort zu versteuern, wo es für das Unternehmen am günstigsten ist. Diese Praxis ist umstritten, da sie zu einer verstärkten Konkurrenz zwischen einzelnen Staaten um günstigere Unternehmenssteuern und letztlich zu einer geringeren Besteuerung der Unternehmensgewinne führt. Ebenso können sich starre arbeits- und sozialrechtliche Standards – und damit verbunden hohe Personalzusatzkosten und geringe Flexibilität von Arbeitszeiten –, aber auch strenge Umweltschutz- oder Wettbewerbsgesetze negativ auf Standortentscheidungen auswirken. Eine bedeutende Rolle spielen zudem das „soziale Klima" zwischen den Tarifparteien und die politische Stabilität eines Landes. Hohe Streikhäufigkeit, die Gefahr von Enteignung oder Beschränkung des Gewinntransfers in das Heimatland können kostenmäßig vorteilhafte Standorte unattraktiv machen.

Schließlich schafft auch die wirtschaftliche Integration von Staaten Anreize für Direktinvestitionen: Schließen sich Volkswirtschaften zu Wirtschaftsgemeinschaften zusammen, entsteht ein Anreiz für Firmen aus Drittländern, sich durch Gründung oder Erwerb von Betrieben den Marktzugang zu Binnenmarktbedingungen zu sichern.

Klaus-Peter Kruber/Anna Lena Mees/Christian Meyer: Weltwirtschaftliche Entwicklungen zu Beginn des 21. Jahrhunderts, in: Internationale Wirtschaftsbeziehungen. Informationen zur politischen Bildung Heft 299, Bonn 2008, S. 16–19

Arbeitsaufträge

1. Was zeichnet transnationale Konzerne aus?
   Begründen Sie mithilfe des Internets, weshalb Volkswagen (www.volkswagen.de) ein transnationaler Konzern ist!
2. Erstellen Sie ein Standort-Portfolio für die Bundesrepublik Deutschland und erläutern Sie, für wen sich dort Direktinvestitionen lohnen!
3. Überprüfen Sie die Behauptung, dass die Globalisierung die Direktinvestitionen in Entwicklungsländern fördert!

1.3.2 Politische Globalisierung

Abb.14.1: Wladimir Wladimirowitsch Putin, geb. 1952, seit 2008 russischer Ministerpräsident, war von 2000 bis 2008 der regierende Präsident Russlands.

M1 Russland und die Transformationsstaaten

Die Globalisierung per se wird im Allgemeinen nicht für die schmerzlichen sozialen Turbulenzen des Übergangs in der ehemaligen Sowjetunion, den anderen GUS-Staaten und in Osteuropa verantwortlich gemacht. Die Mehrheit der politischen und gesellschaftlichen Akteure sieht zwar auch Gefahren der Globalisierung, andererseits besteht wenig Neigung, zu den alten, abgeschotteten Systemen zurückzukehren.

Die Kosten des Wandels, den die Transformationsstaaten seit dem Zusammenbruch des realexistierenden Sozialismus vor 15 Jahren durchleben, sind hoch, vor allem dort, wo es keine neuen sozialen Sicherheitsnetze als Ersatz für die aufgelösten Systeme gab. Und trotz der zahlreichen Vorteile des Wandels sind heute viele Menschen enttäuscht wegen des anhaltend hohen Standes der Arbeitslosigkeit und der Probleme im Zusammenhang mit der Umstrukturierung alter Industriezweige und des in vielen Ländern großen Landwirtschaftssektors. In Lodz, dem größten Textilindustriezentrum Polens, haben, so regionale Vertreter, fast 100000 Arbeitnehmer – überwiegend Frauen – wegen der Konkurrenz aus Asien ihre Arbeitsplätze verloren. Zumindest wird dies so wahrgenommen. Der Dialog in Russland, den die ILO 2003 initiierte, machte die Chancen und Probleme der Globalisierung besonders deutlich: verstärkte Investitionsströme, erweiterte Exportmärkte und neue Möglichkeiten, ein höheres Wachstum und einen besseren Lebensstandard zu erreichen. Es bedürfe jedoch noch zahlreicher Anpassungen, und wichtig sei vor allem eine gerechte Verteilung der Kosten und des Nutzens der Reformen. In vielen Gesellschaften der → **Transformationsländer** besteht eine hohe Sensibilität bezüglich ihrer noch jungen nationalen Unabhängigkeit. Der Schutz der nationalen Kultur und Eigenständigkeit muss in dieser Sichtweise gegen unerwünschte Globalisierungseinflüsse geschützt werden. Weitere Kernanliegen der öffentlichen Debatte in den Transformationsländern mit Blick auf die Globalisierung sind die Durchsetzung besserer Arbeitsbedingungen in multinationalen, aber auch heimischen Unternehmen und das Problem des „Brain Drain" – der in einigen Ländern gravierende Exodus qualifizierter Arbeitnehmer aufgrund schlechter lokaler Bedingungen.

bearbeitet nach: Eine Faire Globalisierung – Chancen für alle schaffen, Abschlussbericht der ILO-Weltkommission für die soziale Dimension der Globalisierung, 2004, S.14ff.

M2 Das kritische Russlandbild

Laut dem kritischen Bild existieren Demokratie und Marktwirtschaft in Russland nur als Fassade. Tatsächlich wird Russland von einigen wenigen mächtigen Industriekonzernen, denen oftmals nur ein → **„Oligarch"** vorsteht, beherrscht.

Die andere Einflussgruppe stellen Militärs und Geheimdienstoffiziere dar, die unter Putin ihre verlorene Machtfülle zurückbekamen und an der Stärkung der Staatsmacht, nicht der Zivilgesellschaft Interesse haben.

Die Oligarchenherrschaft hat sich in Russland Mitte der 90er-Jahre im Zuge der Privatisierung des ehemaligen Staatsvermögens der UdSSR ausgebildet. Die damalige Regierung von jungen Reformern, wie Anatolij Tschubajs, baute die Oligarchen künstlich zur neuen russischen Elite auf, damit sie einen mächtigen Gegenpol zu den damals politisch starken reaktionären kommunistischen Kräften bilden und Boris Jelzin an der Macht halten konnten. […]

Die Macht im Land ging in die Hände der neuen Hochfinanz – den sogenannten Oligarchen – über, die fast alle ausschließlich aus der zweiten oder dritten Reihe der ehemaligen Parteinomenklatura, also der Herrschaftselite kamen. […]

Als Jelzins Kräfte schwanden, wurde er durch Putin ersetzt. Eine in den westlichen Massenmedien häufig vertretene These lautet: In der russischen Herrschaftselite ist es zu einer Verschmelzung der traditionell in Russland immer mächtig gewesenen Geheimdienstelite mit den neuen Oligarchen gekommen. Die Oligarchen mussten ihre politische Macht, die sie unter Jelzin im Land ausübten, abgeben, um ihre Finanzimperien weiter behalten zu können. Doch auch Putins Macht reicht nicht, um die Oligarchen zu schwächen, und er muss sich zwangsweise mit ihnen arrangieren. […]

Auftragsmorde an Politikern und Geschäftsleuten gingen unter Putins Regierung nicht zurück. Die Befriedung Tschetscheniens hat einen hohen Blutzoll abverlangt. Die politischen Institutionen sind gleichgeschaltet. In der Duma lassen sich zahlreiche Abgeordnete ihr Wahlverhalten von der Kremladministration oder Oligarchen bezahlen. Von einer unabhängigen Justiz kann, trotz Reformen, keine Rede sein. Die Pressefreiheit ist im Vergleich zur Jelzin-Ära eingeschränkt worden. […]

Viele Schlüsselpositionen in der heutigen Regierung werden von Personen ausgeübt, die mit Putin in Sankt Petersburg Karriere machten. Auch Putins Nachfolger als Präsident ist seit 2008 Dimitrij Medwedjew – Putins ehemaliger Assistent. […]

Das Gegengewicht zum Oligarchenregime bilden, laut diesem Entwicklungsmodell, nicht die Bürgergesellschaft, der Mittelstand oder die Parteien. Nein, Putin hat nach seiner Machtübernahme großen Wert auf die Stärkung der Staatsgewalt gelegt und die Sicherheitsorgane mit größeren Kompetenzen ausgestattet. Der Präsidialapparat lenkt heute die Politik im Land, versucht liberale Reformen von oben durchzusetzen und mittels eines Prinzips der „gelenkten Demokratie" einen Rechtsstaat in Russland aufzubauen. Das „System Putin" besitzt in einem Land wie Russland Tradition und hat zahlreiche Anhänger. Nach einem Jahrzehnt Anarchie und Orientierungslosigkeit möchten die meisten Russen, dass der

Staat für Recht und Ordnung sorgt – wenn nötig auch auf Kosten der liberalen Errungenschaften. Für den westlichen Beobachter, der mit einem solchen Bild konfrontiert wird – und dies ist alltäglich in den westlichen Massenmedien – bleibt Russland ein Hort der Korruption, Kriminalität und Polizeimethoden. Westliche Politiker müssten sich fragen, ob ein halb-reformiertes Russland nicht für die Zukunft der Europäischen Union eine Bedrohung darstellt. Doch stimmt dieses Bild?

Alexander Rahr: Fortschritt der Transformation in Russland, Vortrag gehalten am 27. Mai 2003 bei der Commerzbank Berlin, erschienen bei der Deutschen Gesellschaft für Auswärtige Politik, aktualisiert am 25. August 2011

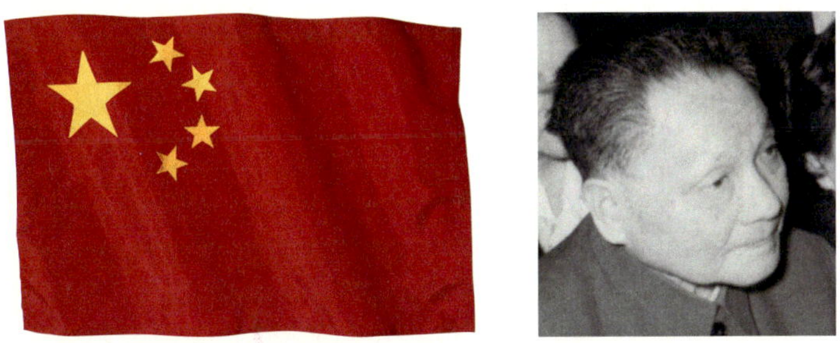

Abb. 15.1: Deng Xiaoping (1904–1997) war nach dem Tode Mao Zedongs 1976 der einflussreichste chinesische Politiker. Er verband eine pragmatische Wirtschaftspolitik mit der Öffnung des kommunistischen Chinas nach Westen.

M3 Chinas „Sozialistische Marktwirtschaft"

Nach dem Tode Mao Zedongs begann China unter Deng Xiaoping 1978 die Transformation der chinesischen Staatswirtschaft. Standen zunächst Verbesserungen in der Funktionsweise der chinesischen Planwirtschaft in den Bereichen Wachstum, Beschäftigung und Preisniveau-Stabilität im Vordergrund, setzte Deng 1992 endgültig das Ziel einer „sozialistischen Marktwirtschaft" durch. Ein deutliches Signal zur Marktwirtschaft war 1988 die Festlegung des Privateigentums in der Verfassung. Der nicht unerhebliche Widerstand innerhalb der Kommunistischen Partei Chinas und des Militärs verlangsamte zwar die Reformen, konnte diese aber nicht stoppen. Seit 2001 ist China Mitglied der WTO. Zunehmend hat China einen Zufluss ausländischen Kapitals zu verbuchen, der die marktwirtschaftliche Orientierung fördert. China muss jedoch der hohen Arbeitslosenquote vor allem auf dem Land, der niedrigen Löhne, der Rohstoffknappheit und der Umweltschäden Herr werden, die das Wachstum auch nach der weltweiten Finanz- und Wirtschaftskrise – allerdings nur bedingt – mindern. Die geringe Nachhaltigkeit wird in diesen Bereichen zu wirtschaftlichen und politischen Problemen führen.

Ingo Langhans, eigener Text

M4 Unternehmer und KP-Mitglied

Zhang ist der Chef von Wumart, einer chinesischen Supermarktkette mit 12 000 Angestellten. Seine Konkurrenten heißen Wal-Mart, Metro und Carrefour – die größten Einzelhandelsketten der Welt. […] Zhang Wenzhong gehört zur neuen Unternehmergeneration Chinas. Dunkler Anzug, dünn gerahmte Brille, jugendlicher Typ. Der 42-Jährige ist bestens ausgebildet – nach der Promotion in Betriebswirtschaft ging Zhang zum Studium an die US-Eliteuniversität Stanford. Und Zhang ist Mitglied der Kommunistischen Partei (KP). Seit die allein regierende KP vor zwei Jahren erstmals offiziell Kapitalisten den Eintritt gestattete, sind tausende Privatunternehmer in der Partei aktiv. Die chinesischen Kapitalisten, einst als Klassenfeinde bekämpft, wurden damit offiziell rehabilitiert. Schätzungen zufolge sind 20 Prozent der Privatunternehmer Parteimitglied. „Unternehmer mit roter Kappe" werden Leute wie Zhang heute in China genannt: Ihre Firmen führen sie rein marktwirtschaftlich. […] „Sie machen mir Angst", erklärt Zhang zu Beginn des Gesprächs und lacht. „Über die Parteimitgliedschaft zu reden, ist in China unüblich." Es ist nur halb im Scherz gemeint. Der Eintritt der Privatwirtschaft in die KP […] ist bis heute in China umstritten. Kritiker befürchten eine engere Verquickung zwischen Regierung und Großkapital. […]

Zhang gründete seine Supermarktkette Wumart 1994 – benannt nach einem chinesischen Sprichwort „Gute Waren, geringer Preis". Damals gab es in China nur staatliche Geschäfte. Das Sortiment war klein, die staatlichen Angestellten unfreundlich. Und es gab Bauernmärkte, die Fleisch ungekühlt an eisernen Haken und das Gemüse in Plastiktüten verkauften. „Heute hat sich das Kaufverhalten geändert", sagt Zhang. Mit mehr als 580 Super- und Hypermärkten, die meisten davon in der Hauptstadt Peking und Nordchina, ist Wumart heute einer der großen Einzelhändler der Volksrepublik. […]

Angesichts eines Wirtschaftswachstums von gut neun Prozent sieht Zhang viel Raum für weitere Expansion. „Die Gesellschaft wächst rasant, und die Chinesen geben immer mehr für Konsum aus", sagt der Manager. […] Die Konkurrenz vor allem mit den ausländischen Großunternehmen sei in China stark, betont er. […] Gegen solche übermächtige Konkurrenz zu bestehen, ist für die vergleichsweise kleine chinesische Supermarktkette schwierig. […] Um die Interessen der chinesischen Einzelhandelsketten gegen die ausländische Konkurrenz zu schützen, nutzt Zhang seinen politischen Einfluss. […] Für Zhang ist sein Engagement in der Partei kein Interessenkonflikt. […] „Ich mache keine Politik, sondern gebe Anregungen." Die politische Ideologie der KP interessiert ihn nicht. Statt von Marx und Mao, die früher von jedem Chef eines chinesischen Staatsbetriebs zitiert wurden, redet Zhang von Umsatzzahlen und Renditeerwartungen. […]

Harald Maass: Der Unternehmer, in: Frankfurter Rundschau vom 3. Dezember 2004, zitiert nach: Volksrepublik China. Informationen zur politischen Bildung Heft 289, Bonn 2005, o. S.

Arbeitsaufträge

1. Arbeiten Sie die besonderen Probleme der Transformation in der ehemaligen Sowjetunion heraus!
2. Beurteilen Sie, ob „Sozialismus + Marktwirtschaft" langfristig ein tragfähiges Modell ergibt!

1.3.3 Technologische Globalisierung

M1 Neue Kommunikationsmittel

Die Informationsrevolution wurde vorangetrieben durch die Verquickung von technologischen Entwicklungen, wirtschaftlichen Interessen und politischen Zielsetzungen. Sie beruhte auf mindestens drei Eckpfeilern:

- Zunehmend leistungsfähigere Rechner ermöglichten die zuverlässige Verarbeitung immer größerer Datenmengen.
- Der rapide Ausbau internationaler Kommunikationsnetze erlaubte den zeitlich wie räumlich nahezu ungehinderten Austausch von Informationen und führte zum Beispiel zu einem explosionsartigen Anwachsen des nationalen wie internationalen Telefonverkehrs.
- Die Bereitstellung von immer mehr Breitbandkanälen – vor allem über Satelliten – gestattete die direkte Übermittlung von Bild und Ton fast überall in der Welt. Von damals sensationellen, aus heutiger Sicht primitiven Anfängen im Jahre 1962, als erstmals Bilder von einem Flugzeugabsturz in Paris direkt in die USA übermittelt wurden, entwickelte sich das Satellitenfernsehen bald zur heutigen Selbstverständlichkeit. Nachrichten und Unterhaltung wurden auf diese Weise globalisiert.

Gebhard Schweigler: Informationsrevolution und ihre Folgen, in: Globalisierung. Informationen zur politischen Bildung Heft 280, Bonn 2003, S. 8

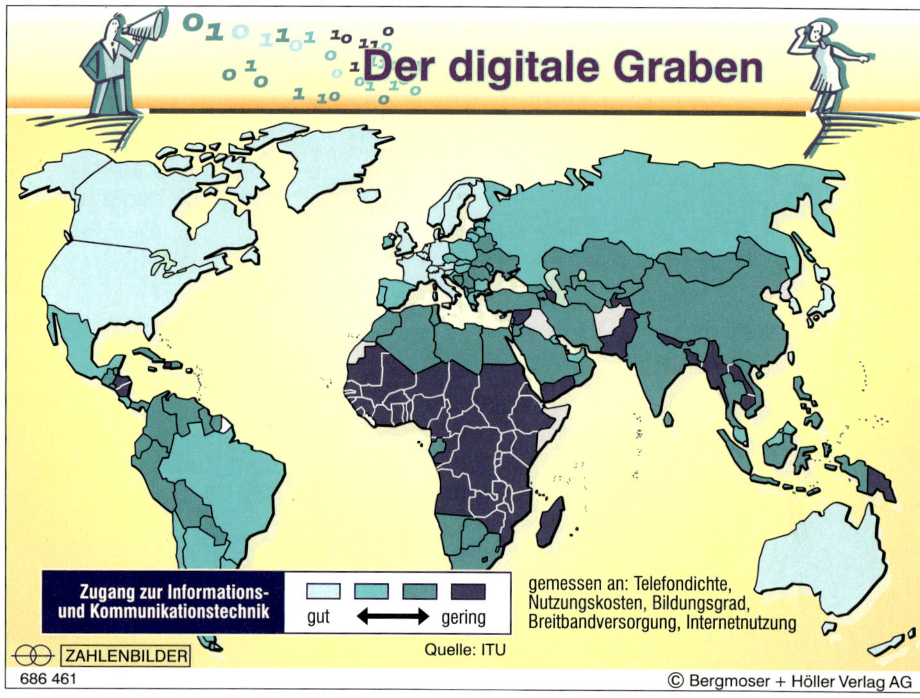

Abb. 16.1: Der digitale Graben

M2 Technischer Fortschritt und Transportüberwindung

Ohne zügig sinkende Frachtkosten wäre der Aufschwung globalisierter Märkte nicht möglich gewesen. Denn Frachtkosten dürfen in solchen Märkten keine ausschlaggebende Rolle spielen, sonst kann sich die Dynamik von Angebot und Nachfrage nicht unabhängig von der Geografie der Standorte entfalten. […]

Nur wenn die Kosten der Raumüberwindung tendenziell belanglos werden, können allein betriebswirtschaftliche Strategien die Standortwahl bestimmen. Nun lässt sich eine Reihe von Gründen anführen, welche die Frachtkosten relativ verbilligt haben. Zunächst fällt gerade auf globalisierten Märkten immer weniger Transportvolumen für einen gegebenen Handelswert an. In der Tat handeln jene Branchen, die den höchsten Anteil an global sourcing (Globale Wertschöpfung) aufweisen, oft nicht mit großen Gewichtsvolumen: Computer, Motorfahrzeuge, Verbraucherelektronik, Textilien. Gemessen am Wert kann es beispielsweise einem Computerhersteller in Texas ziemlich gleichgültig sein, ob er seine Festplatten aus Singapur oder aus Kalifornien bezieht; Entfernungen verlieren umso mehr an Bedeutung, je weniger der Wert eines Transportgutes mit seiner Größe oder seinem Gewicht zu tun hat. Weiter hat die Transporteffizienz durch größere Laderäume, containerization und glatteren Übergang zwischen Transportarten zugenommen. Doch insbesondere schwindet der Entfernungswiderstand, weil der Ölpreis bekanntlich weit davon entfernt ist, die vollen ökologischen Kosten zu repräsentieren […] – und Erdöl ist das Antriebsmittel für fast alle Transporte. […]

Trotz aller Effizienzfortschritte war so der Transport in den OECD-Ländern der einzige Sektor, in dem die CO_2-Emission in den letzten Jahren noch zugenommen hat. Darüber hinaus verlangt Transport mehr als Antriebsstoffe: Fahrzeuge, Straßen, Häfen und Airports, die gesamte Infrastruktur der Transportindustrie beansprucht ein beträchtliches Maß an Stoffen und an Flächen. Doch solche Kosten werden im Allgemeinen auf die Gesellschaft verschoben; sie tauchen in keinem Frachtpreis auf.

Wolfgang Sachs: Wie zukunftsfähig ist die Globalisierung? Über ökonomische Entgrenzung und ökologische Begrenzung. Studien und Berichte der Heinrich-Böll-Stiftung Nr. 3, Berlin 2000, S. 24 f.

M3 Containerschifffahrt – Motor der Globalisierung?

[…] Weltmeistertitel sind in der Schifffahrt wenig wert. Im Februar 2006 übergab die Hyundai-Werft in Südkorea die „Cosco Guangzhou“ an die chinesische Reederei Cosco. 350 Meter lang, Platz für 9449 Container – damals war es das größte Containerschiff auf dem Planeten. Bloß fünf Monate später lieferte die Samsung-Werft die „Xin Los Angeles“ aus – mit Platz für 9580 Container. Dieser Rekord hielt noch kürzer: Im August 2006 präsentierte die dänische Reederei Maersk das in ihrer eigenen Werft in Odense gebaute Schiff „Emma Maersk“ – 400 Meter lang und 56,4 Meter breit. […]

„Irgendwann ist eine Grenze erreicht“, sagt Burckhard Heine. Heine fuhr früher selbst als Kapitän zur See, jetzt ist er Abteilungsleiter in der Europazentrale von Cosco, ganz in der Nähe des Hamburger Hafens. „Mit der Größe des Schiffs geht Flexibilität verloren, man kann nur noch wenige Häfen anlaufen. Das macht wirtschaftlich kaum Sinn.“ […] Seit

Beginn der Container-Ära Ende der Sechzigerjahre sind die Schiffe enorm gewachsen. Damals galt ein Frachter mit mehr als 1000 Metallkästen als groß. Jede dieser Boxen ist immerhin 2,60 Meter hoch, 2,44 breit und etwa 6 Meter lang, also 20 Fuß, weshalb sie auch TEU für *twenty feet equivalent unit* genannt werden. Anfang der Achtzigerjahre lag die Marke bei 3000 Boxen, in den Neunzigern bei 4500. Konstruktionsbüros haben schon 18000-TEU-Schiffe durchgerechnet. Bislang hat sich keine Reederei getraut, so ein Schiff zu bestellen.

Ab 14,5 Meter Tiefgang wird es schwierig, Hamburg, den wichtigsten deutschen Hafen, anzulaufen – die größten Kolosse kommen schon heute nur halb beladen in die Hansestadt. Reedereien, Terminalbetreiber und Hamburg auf der einen und Umweltschützer auf der anderen Seite streiten mal wieder über eine Elbvertiefung.

Abb. 17.1: Containerschiff im Hamburger Hafen

Solche Debatten werden weltweit geführt, in Nordamerika, Europa und Ostasien – hier konzentrieren sich vier Fünftel des Containerverkehrs. Neue Becken werden angelegt, Kaimauern verlängert, Kräne bestellt. Denn der globale Handel boomt und die Schiffe sind die Lastenträger, ohne die Aldi und Lidl ihre PCs nicht nach Deutschland bekämen und BMW, DaimlerChrysler und Porsche ihre Autos nicht in die hintersten Ecken der Welt.

Und das für erstaunlich wenig Geld: Zwischen 50 und 100 Dollar kostet die Beförderung eines Standardcontainers nach Fernost, unabhängig vom Gewicht. In umgekehrter Richtung werden allerdings bis zu 1000 Dollar fällig. „Da sind die Schiffe voll, der Markt gibt höhere Preise her", sagt Heine. Zu den Frachtpreisen müsse man zwar noch Hafen- und Terminalgebühren rechnen. Trotzdem kostet der Seetransport einer Flasche Wein von Australien nach Hamburg weniger als der Weitertransport per Lkw nach Süddeutschland. […]

Welche Box wo steht, ist eine Wissenschaft für sich. „Bei den heutigen Mengen, geht das nur mithilfe des Computers", sagt Karsten Pohl, Planer im Computerterminal Altenwerder in Hamburg, das als das modernste der Welt gilt. Seit fünf Jahren ist es in Betrieb, im vergangenen Jahr wurden mehr als zwei Millionen TEU umgeschlagen.

Die Arbeit von Pohl sieht aus, als würde er den ganzen Tag „Vier gewinnt" am Computer spielen: Steinchen auf Steinchen, immer schön über- und nebeneinander in möglichst derselben Farbe. „Wir bekommen von den Reedereien die Daten, aus denen wir erkennen, wie viele Container an Bord sind und welche hier geladen und gelöscht werden müssen", sagt er. […]

Mischa Richter trägt als Kapitän auf der „Cosco Germany" die Verantwortung dafür, dass die Kisten sicher ans Ziel kommen und das 125 Millionen Euro teure Schiff die Fahrt unbeschädigt übersteht. „Das geht hier schnell und ordentlich", sagt er, während er die Arbeit der Hafenarbeiter überwacht. Aber auch in China werde das Geschäft immer professioneller und besser. „Wir fahren dort Häfen an, die es vor zwanzig Jahren noch gar nicht gab."

„Wir wissen nicht, was die Boxen enthalten", sagt Richter. „Nur bei Gefahrgut wie Chemikalien, bestimmten Autoteilen oder Feuerwerkskörpern sind wir informiert." Was die Kühlcontainer enthalten, bleibt der Schiffsbesatzung ebenfalls vorenthalten. „Das können Äpfel sein, aber auch Fleisch oder Fotopapier." „Es gibt fast nichts, was man nicht in Container packen könnte", sagt Kapitän Bernd Mönnigmann, Lehrer an der Seefahrtschule Cuxhaven. […]

Entsprechend teuer wird es für die Versicherung, wenn eine Kiste über Bord geht. Dafür reicht schwere See. Schätzungen der Münchner Rück zufolge fallen 2500 bis 10000 Boxen jedes Jahr ins Meer, die meisten im Pazifik: Dort kommen überraschende Stürme häufiger vor. Die Kisten und ihr Inhalt belasten die Umwelt und gefährden die Schifffahrt, wenn sie nicht sinken.

Auch hier bringt die Größe der Schiffe Probleme: Experten sehen Risiken vor allem bei den Kolossen, die so bepackt wurden, dass sie zu stabil im Wasser liegen. Dann, sagen sie, komme es beim seitlichen Schaukeln gelegentlich zu abrupten Bewegungen – Container fallen über Bord. „So komisch das klingt, man muss künstlich für eine gewisse Instabilität sorgen, indem man ruhig mal einen schweren Container nach oben packt", sagt Kapitän Heine. „Die genauen Ursachen für Containerverluste werden aber noch untersucht." […]

Hasnain Kasim: Die Welt passt in ein Schiff, www.spiegel.de/wirtschaft/0,1518,466836,00.html vom 21. Februar 2007, aufgerufen am 7. Oktober 2011

Arbeitsaufträge

1. Stellen Sie heraus, welche Vorteile neue Kommunikationsmittel und modernes Transportwesen für die Globalisierung haben! Wo gäbe es möglicherweise Kritik?
2. Containerschifffahrt ist ein Motor der Globalisierung. Erläutern Sie die umweltpolitischen Aspekte der Containerschifffahrt und stellen Sie beides in einer Kosten-Nutzen-Tabelle gegenüber!

1.3.4 Soziokulturelle Globalisierung

M1 Weltweite Migration

In der Hoffnung auf ein besseres Leben haben Menschen seit jeher ihre Heimat und Familien verlassen. Im 21. Jahrhundert ist Migration zur Selbstverständlichkeit geworden. Auswanderer sind Motor der Globalisierung – und eine wichtige Stütze für die Ökonomie ihrer Heimatländer.

Während in der Vergangenheit nur bestimmte Regionen von Zu- und Abwanderungen betroffen waren, sind es heute – ob als Herkunfts-, Aufnahme- oder Transitland – praktisch alle Länder der Welt. Angesichts dieser neuen Situation wird es für die Staaten immer schwieriger, zum einen ihre Grenzen zu kontrollieren und zum anderen festzulegen, wie das Zusammenleben ihrer Bürger funktionieren soll.

Die gegenwärtigen Migrationsbewegungen haben mehrere Ursachen. Da sind zunächst die enormen Einkommens- und Vermögensunterschiede zwischen Nord und Süd, die zusammen mit dem demografischen Ungleichgewicht einen Gegensatz schaffen zwischen den reichen und alternden Industrieländern (Europa/Japan) und den mehr oder weniger armen und jungen Schwellen- und Entwicklungsländern in Asien, Afrika und Lateinamerika.

Trotzdem macht sich ein großer Teil der weltweit 191 Millionen Migrantinnen und Migranten nicht auf den Weg in den Norden oder Westen. Fast die Hälfte der weltweiten Migration findet zwischen den Ländern des Südens satt: Schätzungen zufolge leben mehr als 47 Prozent der aus Entwicklungsländern stammenden Migranten in anderen Entwicklungsländern. Der Weltbevölkerungsbericht von 2006 geht übrigens davon aus, dass 95 Millionen der internationalen Migranten Frauen sind.

Eine wichtige Rolle für die Mobilität spielt auch die Information. Die Fernsehsender der reichen Länder übermitteln die Lebens- und Konsumgewohnheiten auf die Bildschirme in aller Welt. Die Gegenstände, die Migranten ihren Familien mitbringen, wecken ebenso Wünsche wie das Geld, das sie nach Hause schicken – 2007 waren es insgesamt fast 320 Milliarden Dollar, deutlich mehr als die weltweite staatliche Entwicklungshilfe. Seit Ausbruch der Finanzkrise gehen die Rücküberweisungen von Migranten zurück, was die bestehenden Probleme in vielen Herkunftsländern weiter verschärfte.

Hinzu kommen die vielen neuen Möglichkeiten des Reisens. Die Tourismusbüros in den Industrieländern locken ihre Kunden mit Billigflügen und Rundumsorglos-Paketen (2008 stieg die Zahl der internationalen Touristen auf 924 Millionen, mehr als zwei Drittel davon entfallen auf Europa und Nordamerika). Die Reisebüros in den armen Ländern bieten hingegen Routen zur illegalen Einwanderung, falsche Papiere und zuweilen auch eine inoffizielle Arbeit am Bestimmungsort an. Gleichzeitig schotten die reichen Länder ihre Grenzen gegen Einwanderer aus der Dritten Welt immer stärker ab – ausgenommen die wenigen wohlhabenden und gut ausgebildeten Migranten –, was das Geschäft mit dem Grenzübertritt nur noch lukrativer macht.

Seit dem Untergang der Sowjetunion hat die ethnische Migration zugenommen, nicht zuletzt weil sich in der Bevölkerung, die nach dem politischen Umsturz und der erreichten Unabhängigkeit von einer besseren Zukunft geträumt hatte, Enttäuschung breitgemacht hat. Zunehmende Bedeutung gewinnt auch die Pendelmigration, bei der Leute, die über die entsprechenden Voraussetzungen verfügen (Dauervisum, Mehrfachvisum, doppelte Staatsbürgerschaft), regelmäßig zwischen ihrem Herkunfts- und dem Zielland hin und her wechseln.

Angesichts sich verschärfender Krisen (Afrika, ehemaliges Jugoslawien, Naher Osten, Kurdengebiete), religiöser Konflikte und durch den Klimawandel unbewohnbar gewordener Gebiete sind mittlerweile Millionen Menschen auf der Flucht, ohne dass ihr Status als Flüchtlinge anerkannt wäre. [...]

In liberalen Wirtschaftssystemen besitzt die Mobilität der Menschen, vergleichbar mit dem freien Verkehr von Kapital, Waren und kulturellen Ausdrucksformen, einen hohen Wert. Die Länder konkurrieren sogar miteinander um die Eliten. Insbesondere Länder mit rückläufigen Bevölkerungszahlen haben längst erkannt, dass Mobilität eine Quelle der Kreativität und der wirtschaftlichen und sozialen Dynamik ist.

In den meisten Aufnahmeländern gilt Zuwanderung aber als Bedrohung und löst Ängste vor „Identitätsverlust" aus. Vor allem rechte Medien beklagen „Überfremdung" und fordern noch mehr Grenzkontrollen sowie Abschreckung und Repression gegenüber illegalen Einwanderern. Gleichzeitig ermöglichen viele Länder ihrer ausländischen Community – insbesondere in den Metropolen, wo sie teils eigene Kirchen, Schulen, Vereine, Geschäfte und Restaurants haben – das Festhalten an ihrer Herkunftskultur.

Verschiedene Organisationen plädieren bereits seit einiger Zeit dafür, die Migrationsströme besser zu steuern. Wenn sich Experten, Politik und Verbände zusammentun und darauf konzentrieren würden, die Migrationsbewegungen zu begleiten, statt sie mit allen Mitteln und auf Kosten der Menschenleben zu verhindern, wäre viel erreicht.

Catherine Withol de Wenden: Migration – viele Gründe, viele Grenzen, in: Le Monde diplomatique (Hrsg.): Atlas der Globalisierung, taz Verlags-GmbH, Paris/Berlin 2009, S. 16 f.

M2 Kennzeichen heutiger kultureller Globalisierung

Die gegenwärtigen Formen kultureller Globalisierung sind vor allem durch drei Aspekte gekennzeichnet:

1. Die Eine-Waren-Welt

[...] Im niederbayerischen Dorf werden die gleichen „Seifenopern" gesehen wie in New York, Tokio, Bombay oder in den Favelas von Rio de Janeiro.

800 Millionen Barbiepuppen weltweit propagieren das Schönheits- und Lebensideal der weißen US-amerikanischen Mittelschicht, und inzwischen stammeln in 120 Ländern die Teletubbies ihr „Winke, winke" über die Bildschirme. McDonald's gibt es nun nahezu überall auf der Welt, wie auch überall Blue Jeans getragen werden, Coca Cola getrunken und Marlboro geraucht wird. Diese universellen Bilder-, Kultur- und Konsumwelten verbinden unterschiedliche kulturelle Lebenswelten. Kulturelle Globalisierung tritt hier vor allem als globale Kulturindustrie auf und bringt eine Angleichung kultureller Symbole und Lebensformen hervor. Die eine Welt erscheint als Eine-Waren-Welt.

Diese kulturelle Nivellierung betrifft vor allem die Bereiche der Unterhaltungskultur, die über Film, Fernsehen und Rundfunk, Kassetten, CDs und Videos zu den Menschen kommen, sowie zahlreiche Konsumgüter. Viele dieser Angebote für das alltägliche Leben wie Kleidung, Essen und Trinken sind gleichermaßen Gebrauchsgegenstände und – wenn es sich um bestimmte Markenerzeugnisse handelt – ästhetisch-kulturelle Kennzeichen. Nike-Schuhe oder eine Adidas-Hose zu tragen, Coca Cola zu trinken und bei McDonald's zu essen symbolisiert einen Lebensstil und ist mindestens ebenso sehr kultureller Ausdruck wie die Befriedigung eines körperlichen Bedürfnisses. […]

Da viele Markenkonzerne ihren Ursprung und Hauptsitz in den USA haben, wird für diese Ausbreitung westlicher Konsum- und Kulturmuster oft synonym von „Amerikanisierung" oder „McDonaldisierung" gesprochen.

Abb. 19.1: McDonald's in St. Petersburg

So augenscheinlich die Ausbreitung der westlichen Konsum- und Popularkultur über den gesamten Erdball ist, so verfehlt ist es, daraus den Schluss zu ziehen, dass sich dadurch eine einheitliche Weltkultur herausgebildet hat oder herausbilden wird, die an die Stelle der lokalen Kulturen tritt und diese zum „Einheitsbrei" der „McDonaldisierung" zusammenschmilzt. […]

Zutreffend ist allerdings der Einwand von Kritikern kultureller Globalisierung, dass die Inhalte der global angebotenen Kultur der amerikanisch-europäisch-japanischen Kulturindustrie vor allem „westliche" Geschichten und ihre visualisierten Lebensbilder transportieren. Da diese unter ökonomischen Gesichtspunkten verbreitet werden, sind sie zudem weitgehend durch allgemeine Konsumierbarkeit, behagliche Unterhaltung und die Stimulanz von Konsum geprägt. […]

2. Lokal – Global – Glokal

Die immer stärkere Ausbreitung westlicher Konsumgüter und Kulturmuster geht oft mit einer verstärkten Rückbesinnung auf lokale kulturelle Traditionen und ihre Wiederentdeckung einher. In Anbetracht vieler weltweit gleicher Kulturangebote werden die Besonderheiten der eigenen Kultur gegenüber anderen Kulturen hervorgehoben. Kulturelle Identitätssuche in lokalen, regionalen und nationalen Bezügen zur Selbstvergewisserung bildet nicht nur bei Migranten, nationalen Minderheiten und in Ländern des Südens die andere Seite der kulturellen Globalisierung. Lokal-, Regional- und Nationalkulturen als Ausdruck kultureller Traditionen sollen dabei ein Zusammengehörigkeitsgefühl vermitteln und dadurch den Menschen einen Orientierungspunkt bieten. […]

Für die enge Verknüpfung von Globalisierung mit einer neuen Betonung des Lokalen hat der englische Soziologe Roland Robertson (1998) die Bezeichnung „Glokalisierung" geprägt, die inzwischen vielfach aufgegriffen und benutzt wird. […]

Wie notwendig die Verbindung des Ortsspezifischen mit dem Globalen ist, erfahren viele multinationale Konzerne dort schmerzhaft, wo sie die kulturellen Kontexte eines neuen Absatzmarktes für ihre Produkte ignorieren. Das reicht von Produktnamen über die Werbestrategien bis zum Design und den Verkaufsformen […]

3. „Hybride Kulturen"

Jede Kultur ist immer vermischt mit anderen Kulturen, aus dem Austausch mit ihnen entstanden, ein Bastard und multikulturell. Dieser Prozess ist nie abgeschlossen. Es war bislang aber in der Regel eine eher allmähliche Herausbildung und kontinuierliche Weiterentwicklung. Die gegenwärtige kulturelle Situation ist im Gegensatz dazu nicht nur durch ständig wechselnde kulturelle Moden, sondern auch in immer kürzeren Abständen neu entstehende Kulturformen und Kulturstile geprägt. Diese entwickeln sich aus der Kombination und Durchmischung unterschiedlicher Kulturtraditionen. Dafür wird der Begriff „Hybridisierung" gebraucht. Hybridisierung meint die Vermischung verschiedener kultureller Stile, Formen und Traditionen, aus der etwas Neues, eine „globale Melange" entsteht. […]

Bernd Wagner: Kulturelle Globalisierung. Von Goethes „Weltliteratur" zu den weltweiten Teletubbies, in: Aus Politik und Zeitgeschichte, Sammelbände der Beilage zur Wochenzeitung Das Parlament, Band 12, Bonn 2002, aufgerufen unter www.bpb.de am 1. Juni 2011

Arbeitsaufträge

1. Nehmen Sie Stellung zu der These, ob Migration eine zwangsläufige Folge der Globalisierung ist!
2. Häufig wird der Kampf islamistischer Fundamentalisten mit der zunehmenden „Verwestlichung" ihrer eigenen Kulturräume begründet. Erörtern Sie, inwiefern diese Haltung nachvollziehbar ist!
3. Begründen Sie, ob eine globale multikulturelle Weltgesellschaft möglich ist!

Kompetent in Kürze: Ursachen und Indikatoren der Globalisierung

Auch nach der Finanz- und Wirtschaftskrise von 2007 bis 2009 ist der **Außenhandel** wesentlicher Bestandteil der deutschen Wirtschaft. Mittlerweile kann der ehemalige Exportweltmeister an die Ex- und Importzahlen anknüpfen, die in der Vergangenheit in der Regel zu einer positiven **Außenhandelsbilanz** führten. Dabei ist es nach wie vor bezeichnend, dass Deutschland vor allem in Branchen mit hoher Wertigkeit exportiert, welche zudem ein angemessenes Know-how voraussetzen (Kraftfahrzeuge, Maschinen, chemische Erzeugnisse). Um Außenwirtschaftsbeziehungen richtig bewerten zu können, werden die entsprechenden Leistungen in der **Zahlungsbilanz** festgehalten (siehe Abb. 20.1).

Dimensionen der internationalen Wirtschaftsbeziehungen

Die stetig umfangreichere Zahlungsbilanz der Bundesrepublik Deutschland ist das Ergebnis eines stetig steigenden Welthandels. Richtig ist die Beobachtung, dass sich seit dem Ende des Zweiten Weltkrieges das durchschnittliche **Bruttoinlandsprodukt aller Staaten der Erde** in seiner Gesamtheit verachtfacht hat. Allerdings hat sich der **Welthandel** im gleichen Zeitraum verdreißigfacht.
Also mehr Handel mit proportional weniger Ware? Dabei ist die Vielfältigkeit internationaler Wirtschaftsbeziehungen zu beachten, die bereits über den traditionellen Welthandel hinausgeht. Vor allem Dienstleistungen und Kapitalverkehr schaffen neue Dimensionen und Wachstumsmärkte des internationalen Welthandels (siehe auch Abb. 21.1). Neue Kommunikations- und Transportmöglichkeiten bei gleichzeitig geringeren Kosten führen zu einer globalen Vernetzung der Wirtschaft. In der Regel wird dieses Phänomen mit dem Wort **Globalisierung** umschrieben. Allerdings ist Globalisierung nicht allein Ausdruck weltweiten wirtschaftlichen Handels. Globalisierung ist vielmehr so komplex, dass es bisher zu keiner allgemeingültigen Definition gekommen ist. Globalisierung lässt sich aber in einzelne gesellschaftspolitische Felder unterteilen, um einen möglichst facettenreichen Zugang zu diesem Fachbegriff zu erhalten.

Ökonomische Globalisierung

Antrieb und Motor der Globalisierung sind:

1. Liberalisierung: Innerhalb der nationalen Grenzen ist durch die allgemeine Entwicklung kaum Handel ohne den Wirtschaftsteilnehmer Ausland möglich. Absatzmöglichkeiten in anderen Staaten fördern den Wettbewerb und haben Einfluss auf die nationalen Anbieter und die Preise für die Verbraucher.

2. Privatisierung: Viele staatliche Unternehmen wurden Ende des 20. Jahrhunderts privatisiert (Beispiele für Deutschland sind die Telekommunikation, die Post, die Bahn). Entweder wurden diese staatlichen Einrichtungen z. B. in Aktiengesellschaften umgewandelt oder aber der Staat ließ Wettbewerb in diesem Wirtschaftssegment zu. Ganz im Sinne der Marktwirtschaft, die den Wettbewerb und das Privateigentum vorsieht, sollen auf diese Weise alle Güter bestmöglich verteilt werden.

3. Deregulierung: Damit Liberalisierung und Privatisierung funktionieren, ist ein Abbau staatlicher Vorschriften oder Beschränkungen notwendig. Die Rolle des Staates soll sich verringern, was allerdings auch einen (wirtschafts-) politischen Bedeutungsverlust der Nationalstaaten mit sich bringt.
Gerade die Globalisierung der Finanz- und Kapitalmärkte ist in den letzten Jahren sichtbar geworden. Die Immobilienkrise der USA in 2007 entwickelte sich zu einer Bankenkrise, die eine weltweite Wirtschafts- und Finanzkrise zur Folge hat. Die anhaltende Eurokrise wirkt ähnlich, nämlich nicht nur auf private Haushalte, sondern auch auf der Staat, die Unternehmen sowie die Banken und das Ausland sind betroffen.

Abb. 20.1: Die Zahlungsbilanz

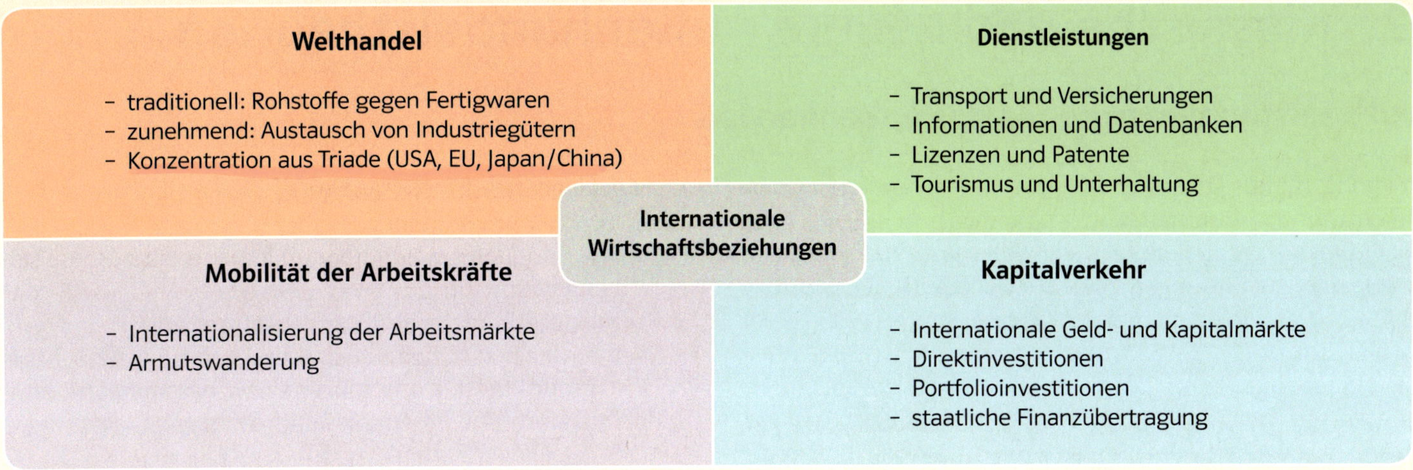

Abb. 21.1: Dimensionen der internationalen Wirtschaftsbeziehungen

Politische Globalisierung

Mit dem Ende des sogenannten „Kalten Krieges" und dem Zerfall der Sowjetunion (UdSSR) 1989/1991 verschwanden auch die ideologische Ausrichtung des Kommunismus und die damit verbundene Zentralverwaltungswirtschaft. Zunehmend wandten sich die osteuropäischen Staaten und Russland der Marktwirtschaft zu. Die Veränderung von der Zentralverwaltungswirtschaft zur Marktwirtschaft ist ein langwieriger Prozess, der nicht zwangsläufig in eine soziale Marktwirtschaft deutscher Prägung mündet, wie das Beispiel Russland beweist.

Einen anderen Weg geht die Volksrepublik China. Die sozialistische Marktwirtschaft versucht, den Kommunismus chinesischer Prägung mit der Marktwirtschaft zu verbinden. Dies hat dazu geführt, dass sich der ehemalige Ostblock und auch China den traditionellen Marktwirtschaften geöffnet haben: ein Absatzmarkt von ca. zwei Milliarden Menschen. Umgekehrt produzieren und exportieren diese Länder – China ist Exportweltmeister – in erheblichem Umfang. Eine weltweite wirtschaftliche Vernetzung durch die Veränderung der politischen Gegebenheiten ist möglich geworden.

Technologische Globalisierung

Die rasante Entwicklung in der Informations- und Kommunikationstechnik lässt die Welt enger zusammenrücken. Innerhalb von Sekunden ist es mittlerweile möglich, wichtige Informationen und nahezu unbegrenzte Datenmengen auf der ganzen Welt zu versenden und zu empfangen. Gleichzeitig sind Transportkosten durch steigende Transportkapazitäten und günstige Betriebsstoffe gesunken. Diese beiden technischen Fortschritte lassen weltweite Unternehmensstandorte zu. Auch der weltweite Rohstofftransport zu günstigen Kosten führt zu weltweitem Handel: Bestellungen per Internet und der Transport über z. B. Flugzeuge oder Container sind vergleichsweise preiswert. Allerdings sind die umweltpolitischen Folgen und ihr möglicherweise notwendige Ausgleich problematisch.

Soziokulturelle Globalisierung

Nicht nur Waren, Güter, Dienstleistungen und Kapital bewegen sich global. Hinter all diesen Entwicklungen stecken Menschen, für die es mittlerweile auch keine Grenzen mehr gibt: Mobilität ist das Stichwort. Hinzu kommt die ‚Eine-Ware-Welt', in der sich Produkte weltweit durchsetzen wie Coca-Cola oder McDonald's. Dies begünstigt zwar den kulturellen Austausch, wird aber auch kritisiert, weil dadurch die Vielfalt der Kulturen eingeschränkt würde (kulturelle Nivellierung).

Andere Menschen wiederum sind aus wirtschaftlichen oder politischen Gründen gezwungen, ihr Land zu verlassen. Diese Migration (z. B. ethnische Migration, Krisenmigration) kann jedoch auch zu Misstrauen (Identitätsverlust, Überfremdung) führen. Die Steuerung und Kontrolle der Migration stehen daher immer wieder auf der politischen Tagesordnung.

Online-Code
006591-0021

2. Klassische und neuere Außenhandelstheorien

2.1 Bestimmungsgründe des Außenhandels

Warum findet Außenhandel statt? Die Frage nach dem „Warum“ des internationalen Güteraustauschs gehört zu den ältesten Fragestellungen der Volkswirtschaftslehre. Bedeutsame Ausführungen finden sich bereits bei den klassischen Nationalökonomen wie Adam Smith (1723–1790), David Ricardo (1772–1823) und John Stuart Mill (1806–1873). In allgemeiner Form lässt sich die Ausgangsfrage so beantworten: Inländer kaufen dann Güter aus dem Ausland, wenn diese nicht oder nur zu einem höheren Preis oder nicht in der gewünschten Art und Qualität aus inländischer Produktion verfügbar sind.

Die Beweggründe für Außenhandel lassen sich also in drei Punkten zusammenfassen:

- mangelnde Liefermöglichkeiten im Inland, z. B. wegen fehlender Rohstoffe,
- Preisunterschiede zwischen In- und Ausland,
- Vielfalt der persönlichen Geschmäcke und unterschiedliche Produktgestaltung führen dazu, dass manche Kunden ausländische Erzeugnisse bevorzugen.

Ursachen des internationalen Handels
Ursachen der internationalen Arbeitsteilung

Mangelnde Liefermöglichkeiten im Inland

- fehlende Rohstoffvorkommen
- ungeeignetes Klima
- unzureichende Fertigkeiten der Arbeiter
- fehlendes Kapital
- fehlende geeignete Unternehmer
- ungeeignete geografische Gegebenheiten

Kundengeschmack

- persönlicher Geschmack der Kunden
- höheres Einkommen (führt tendenziell zu steigenden Importen)
- unterschiedliche Produktgestaltung

Kostenvorteile

- absolute Kostenvorteile: Produkt kann in dem anderen Land billiger hergestellt werden
- komparative Kostenvorteile: unterschiedliche Kosten- bzw. Preisrelationen zwischen In- und Ausland
- mögliche Ursache für Kostenunterschiede: Spezialisierung, kostengünstige Massenproduktion (→ **economies of scale**)

Abb. 22.1: Ursachen des internationalen Handels

2.1.1 Mangelnde Liefermöglichkeiten im Inland

M1 Ohne Gewässer kann man keine Fische fangen

Der Vorteil des internationalen Austauschs liegt auf der Hand, wenn es sich um Güter handelt, die jeweils nur in einem Land vorkommen. Man spricht hier von Nicht-Verfügbarkeiten. Die Ursache ist eine unzureichende Menge oder Qualität der benötigten Produktionsfaktoren im betreffenden Land. Aufgrund unterschiedlicher Beschaffenheit des Faktors Boden, zu dem auch Klima und Rohstoffausstattung zählen, können einige Staaten manche Güter nicht selbst herstellen oder anbieten, Beispiele sind Erdöl oder tropische Früchte. Solche natürlichen Produktionsvoraussetzungen sind, wenn überhaupt, nur mit großem Kostenaufwand zu verändern. So müssten beispielsweise erst Gewächshäuser gebaut werden, um Bananen in Deutschland anbauen zu können.

Klaus-Peter Kruber/Anna Lena Mees/Christian Meyer: Theoretische Grundlagen des internationalen Handels, in: Informationen zur politischen Bildung Heft 299, Bonn 2008, S. 23

Abb. 22.2: Durch die Austrocknung weiter Teile des Aralsees in Zentralasien wurde die einst große Fischfangflotte überflüssig.

2.1.2 Absolute Kostenvorteile

M2 Arbeitsteilung

Die drei Seefahrer Anton, Björn und Christian hat es als Schiffbrüchige auf eine einsame Insel verschlagen, auf der sie sich selbst versorgen müssen. Jeder „arbeitet" zwölf Stunden täglich: vier Stunden zum Pflücken von Kokosnüssen, vier Stunden zum Pflücken von Bananen und vier Stunden zum Fischen. Dabei erzielen sie, je nach Geschicklichkeit, folgende Produktionsleistungen:

	Kokosnüsse	Bananen	Fische
Anton	5	20	2
Björn	2	7	15
Christian	10	5	5
insgesamt	17	32	22

Stefan Prochnow, eigener Text

M3 Adam Smith

Bereits der Gründervater der Nationalökonomie, der schottische Philosoph Adam Smith (1723–1790), hat die Vorteile der Spezialisierung durch internationale Arbeitsteilung 1776 an einem anschaulichen Beispiel begründet:

Ein Familienvater, der weitsichtig handelt, folgt dem Grundsatz, niemals etwas herzustellen zu versuchen, was er sonstwo billiger kaufen kann. So sucht der Schneider nicht seine Schuhe selbst zu machen, er kauft sie vielmehr vom Schuhmacher. Dieser wiederum wird nicht eigenhändig seine Kleider nähen, sondern lässt sie vom Schneider anfertigen. Auch der Bauer versucht sich weder an dem einen noch an dem anderen, er kauft beides jeweils vom Handwerker. Alle finden, dass es im eigenen Interesse liegt, ihren Erwerb uneingeschränkt auf das Gebiet zu verlegen, auf dem sie ihren Nachbarn überlegen sind, und den übrigen Bedarf mit einem Teil ihres Erzeugnisses oder, was dasselbe ist, mit dem Erlös daraus, zu kaufen. Was aber vernünftig im Verhalten einer einzelnen Familie ist, kann für ein mächtiges Königreich kaum töricht sein. Kann uns also ein Land eine Ware liefern, die wir selbst nicht billiger herzustellen imstande sind, dann ist es für uns einfach vorteilhafter, sie mit einem Teil unserer Erzeugnisse zu kaufen, die wir wiederum günstiger als das Ausland herstellen können.

Adam Smith: An Inquiry into the Nature and Causes of the Wealth of Nations, 1776, zitiert nach: Der Wohlstand der Nationen, nach der 5. Auflage von 1789 übersetzt von Horst Claus Recktenwald, C.H. Beck Verlag, München 1974, S. 371 f.

M4 Absolute Kostenvorteile in einem Beispiel

	Produktionskosten für 1 kg Kartoffeln	Produktionskosten für 1 kg Reis
Inland	1 $	2 $
Ausland	2 $	1 $

Jedes der beiden Länder hat bei einem Gut gegenüber dem anderen Land absolute Kostenvorteile. Das Inland kann Kartoffeln und das Ausland kann Reis kostengünstiger herstellen. Es ist einsichtig, dass es sich für beide Länder lohnt, auf die Produktion des jeweils kostenungünstigeren Produkts ganz oder teilweise zu verzichten, die dadurch frei werdenden Produktionsfaktoren für eine vermehrte Produktion des kostengünstigeren Gutes einzusetzen und die Güter auszutauschen. Für 6 $ könnte jedes Land bei Selbstversorgung je zwei Kilogramm Kartoffeln und Reis herstellen. Insgesamt wären also vier Kilogramm Kartoffeln und Reis vorhanden. Spezialisiert sich aber das Inland auf die Produktion von Kartoffeln, kann es für 6 $ sechs Kilogramm Kartoffeln herstellen. Das Ausland kann bei entsprechender Spezialisierung für 6 $ sechs Kilogramm Reis erzeugen. Kommt es nun zum Außenhandel und tauschen die beiden Länder 3 kg Reis gegen 3 kg Kartoffeln, so hat jedes Land durch den Handel 3 kg Reis und 3 kg Kartoffeln für 6 $. Das entspricht einer Steigerung um 50 % gegenüber der Selbstversorgung. Daraus wird deutlich, dass internationale Arbeitsteilung und Außenhandel jedem Land Vorteile bringt.

Abb. 23.1: Möglich, aber trotz Geothermalenergie nicht billig: Obst- und Gemüseproduktion in Gewächshäusern auf Island.

Internationale Arbeitsteilung mit anschließendem Güteraustausch ist also ökonomisch sinnvoll, wenn in verschiedenen Ländern bei der Produktion eines oder mehrerer Güter Kostenunterschiede bestehen und sich die Länder jeweils auf dasjenige Gut oder diejenigen Güter spezialisieren, die sie billiger herstellen können. Die Kostenunterschiede müssen allerdings größer sein als die anfallenden Transportkosten und es darf keine Zölle oder ähnliche Handelsbeschränkungen geben.

Stefan Prochnow, eigener Text

Arbeitsaufträge

1. Durch Arbeitsteilung können die drei Schiffbrüchigen in M2 die Gesamtproduktion ihrer kleinen „Volkswirtschaft" ohne Mehrarbeit steigern. Stellen Sie dies ähnlich wie im Beispiel M4 dar!
2. Übertragen Sie das Beispiel M2 auf die internationale Arbeitsteilung!

2.1.3 Komparative Kostenvorteile

Wenn internationaler Handel auf Kostenvorteilen beruht, wie kann dann ein Land mit so hohen Lohn- und Lohnnebenkosten wie Deutschland ein Großexporteur sein? Es leuchtet unmittelbar ein, dass sich Arbeitsteilung immer dann lohnt, wenn ein Land das Gut A und ein anderes Land das Gut B kostengünstiger herstellen kann. Macht Arbeitsteilung aber auch dann Sinn, wenn eines der Länder beide Güter billiger herstellen kann als das andere? Der englische Nationalökonom David Ricardo (1772–1823) wies nach, dass zwei Handelspartner selbst dann durch internationale Arbeitsteilung Vorteile erzielen können, wenn eines der Länder sämtliche Produkte billiger erzeugen kann (vgl. M2).

Betrachten wir dies zunächst an dem veränderten Beispiel M4 aus Kapitel 2.1.2 (Seite 23): Wenn das Beispiel so abgeändert wird, dass im Inland für die Produktion von 1 kg Kartoffeln 1 $, für 1 kg Reis 2 $ Kosten entstehen, aber das Ausland für 1 kg Kartoffeln 3 $ und für 1 kg Reis 4 $ aufwenden muss, hat das Inland sowohl bei Kartoffeln als auch bei Reis einen absoluten Kostenvorteil. Die **komparativen** (relativen) **Kosten** sind jedoch unterschiedlich.

	absolute Kosten		komparative (relative) Kosten	
	Kosten für 1 kg Kartoffeln	Kosten für 1 kg Reis	Kostenverhältnis Kartoffeln/Reis	Kostenverhältnis Reis/Kartoffeln
Inland	1 $	2 $	0,50	2,00
Ausland	3 $	4 $	0,75	1,33

Für das Inland gilt: 1 kg Kartoffeln kostet in der Herstellung so viel wie ½ kg Reis. Also kostet 1 kg Reis so viel wie 2 kg Kartoffeln.
Für das Ausland gilt: 1 kg Kartoffeln kostet in der Herstellung so viel wie ¾ kg Reis. Also kostet 1 kg Reis so viel wie 1,33 kg Kartoffeln.
Nach der Theorie der komparativen Kosten ist in diesem Fall ein Warenaustausch für beide Länder vorteilhaft, da relative Kostenunterschiede bestehen. Das Ausland hat einen relativen Kostenvorteil bei Reis (1,33 zu 2); es kann Reis vergleichsweise („komparativ") günstiger herstellen als das Inland. Das Inland hat einen relativen Kostenvorteil bei Kartoffeln (0,50 gegenüber 0,75); es kann Kartoffeln vergleichsweise günstiger herstellen als das Ausland. Es lohnt sich daher, Reis vom Ausland ins Inland und Kartoffeln vom Inland ins Ausland zu tauschen, wie folgende Beispielrechnung belegt:

Tausch von Kartoffeln vom Inland ins Ausland	Tausch von Reis vom Ausland ins Inland
• Das Inland produziert 1 kg Kartoffeln mehr und muss dafür auf den Anbau von 0,5 kg Reis verzichten, da die Produktionskapazitäten und die Arbeitskräfte des Landes damit voll ausgelastet sind. • Die Kartoffeln werden ins Nachbarland transportiert und gegen Reis getauscht. Dort entspricht 1 kg Kartoffeln 0,75 kg Reis. • Der Tauschgewinn für das Inland beträgt somit 0,25 kg Reis (abzüglich der Transportkosten).	• Das Ausland produziert 1 kg Reis mehr und muss dafür auf die Produktion von 1,33 kg Kartoffeln verzichten, da die Produktionskapazitäten des Landes damit ausgelastet sind. • Der Reis wird ins Nachbarland transportiert und gegen Kartoffeln getauscht. Dort entspricht 1 kg Reis 2 kg Kartoffeln. • Der Tauschgewinn für das Ausland beträgt 0,67 kg Kartoffeln (ohne Transportkosten).

M1 Komparative Kostenvorteile im Alltag

Gegen das Beispiel mit den drei Schiffbrüchigen (vgl. S. 23 M2) könnte man einwenden, dass die Arbeitsteilung dort nur deswegen Vorteile bringe, weil jeder der drei Gestrandeten von jeweils einem Gut mehr produzieren kann als die beiden anderen Personen. Am Beispiel des jungen Ehepaars Jens und Kathrin kann man belegen, dass Arbeitsteilung selbst dann für alle Vorteile bringt, wenn einer alle Tätigkeiten schneller oder billiger erledigen kann als die anderen Personen. Jens und Kathrin haben beide vor ihrer Hochzeit allein gelebt. In dieser Zeit mussten sie natürlich u. a. auch abwaschen und bügeln. Wir nehmen an, dass sie beide jeweils ein Geschirrset pro Tag abwaschen und ein Hemd und eine Hose bzw. eine Bluse und eine Hose bügeln mussten. Dafür benötigten die beiden folgende Zeiten:

	Jens	Kathrin
einen Satz Geschirr abwaschen	5 Min.	4 Min.
eine Hose und ein Hemd bzw. eine Bluse bügeln	6 Min.	3 Min.

Als die beiden zusammenziehen, verweigert Jens jegliche Mitarbeit. Er ist der Meinung, dass Arbeitsteilung in ihrem Fall keinen Sinn mache, weil Kathrin ja beides schneller erledigen könne als er.

Stefan Prochnow, eigener Text

M2 Wein und Tuch aus Portugal und England

Das folgende Beispiel geht auf David Ricardo zurück. Sein Hauptwerk „Über die Grundsätze der Politischen Ökonomie und der Besteuerung" erschien 1817, hat zahlreiche Wirtschaftsdenker nach ihm beeinflusst und bestimmt bis heute die Freihandelsdebatte.

Um eine bestimmte Menge Wein zu produzieren, sind
- in Portugal 80 Arbeitsstunden,
- in England 120 Arbeitsstunden erforderlich.

Um eine wertmäßig gleiche Menge Tuch herzustellen, sind
- in Portugal 90 Arbeitsstunden,
- in England 100 Arbeitsstunden erforderlich.

Für je eine Einheit Wein und Tuch benötigt England also 220 Arbeitsstunden, Portugal 170 Stunden.

Stefan Prochnow, eigener Text

M3 Effekte flexibler Wechselkurse

Gegen die Theorie der komparativen Kosten könnte man einwenden, dass über den Kauf von Waren aus dem In- oder Ausland gewöhnlich nicht die Regierungen entscheiden, die das Prinzip der komparativen Kostenvorteile erkannt und das Wohl der gesamten Bevölkerung im Auge haben, sondern einzelne Unternehmen. Sie aber kaufen dort, wo eine Ware absolut betrachtet am billigsten ist, denn sie sind am Gewinn orientiert. Sind Wein und Tuch in Portugal billiger, dann würden die Händler *beide* Güter dort kaufen, vorausgesetzt die Qualität ist gleich.

Und dennoch gilt die Theorie der komparativen Kosten. Unter bestimmten Voraussetzungen entwickeln sich nämlich die Preise und *Wechselkurse* so, dass sich Händler genau so verhalten, wie es der Theorie entspricht. Wer Güter im Ausland kauft, braucht Geld des Auslands, damit er sie bezahlen kann. Dieses Geld wird auf den Devisenbörsen gehandelt. Sein Preis, der Wechselkurs, richtet sich nach Angebot und Nachfrage, soweit er nicht staatlich festgesetzt ist. Die Umrechnung über den Wechselkurs erlaubt es den Engländern, auch die Preise der portugiesischen Waren in Pfund Sterling (£) auszudrücken, und den Portugiesen, die Preise der englischen Güter in Euro (€) umzurechnen. Damit ist ein Vergleich der Preise möglich.

Nehmen wir an, der Wechselkurs sei so, dass zu Beginn der Handelsbeziehungen beide Güter in Portugal billiger seien, genauso, wie es den Kosten entspricht. Die Abnehmer in beiden Ländern kaufen dann zunächst beide Güter aus Portugal. Um die portugiesischen Waren bezahlen zu können, brauchen die englischen Käufer €, die sie auf dem Devisenmarkt beziehen. Da zunächst nur die Engländer in Portugal kaufen, nicht aber die Portugiesen in England, steht der hohen Nachfrage nach € keine nennenswerte Nachfrage nach £ entgegen. Der Kurs des € gegenüber dem £ steigt deshalb. Durch die Kurssteigerung werden portugiesische Waren für Engländer teurer, denn sie müssen nun für einen € mehr £ bezahlen als vorher. Die Preisvorteile Portugals werden dadurch geringer. Das trifft zunächst das Gut, das die Portugiesen mit einem geringeren Zeit- bzw. Kostenvorteil produzierten, also Tuch.

Der Kurs des € steigt schließlich so hoch, dass das Tuch von Abnehmern beider Länder aus England billiger bezogen werden kann. Der Kurs des € steigt jetzt nicht weiter. Denn da die Portugiesen jetzt ebenfalls Waren aus England kaufen und ein Teil der englischen Nachfrage nach portugiesischen Waren weggefallen ist, steigt die Nachfrage nach € auf dem Devisenmarkt nicht weiter.

Stefan Prochnow, eigener Text

M4 Soll Dirk Nowitzki seinen Rasen selber mähen?

Abb. 25.1: Dirk Nowitzki

Dirk Nowitzki ist ein großer Basketballspieler. Er gehört im Basketball zu den Besten und ist vielleicht auch für anderes begabt. Gewiss könnte er auch seinen Rasen am Haus selbst mähen. Vielleicht könnte er den Rasen sogar schneller mähen als manch einer seiner dafür zuständigen Bediensteten oder eine willige Nachbarin. Doch heißt das auch, dass er ihn wirklich selbst mähen sollte? Um diese Frage zu beantworten, bedienen wir uns der Konzeptionen der Opportunitätskosten und des komparativen Vorteils. Nehmen wir an, Dirk könnte den Rasen in zwei Stunden mähen. In diesen zwei Stunden könnte er aber auch einen Auftritt absolvieren, bei dem er netto 10 000 $ Werbeeinnahmen erzielt. Anders verhält es sich mit Tosca S., die um die Ecke wohnt und bei McDonald's 16 $ pro Stunde verdient. Sie braucht zwar drei Stunden für die Rasenpflege, erwartet dafür aber nur 48 $ oder ein wenig mehr an Bezahlung.
In diesem Beispiel betragen Dirk Nowitzkis Opportunitätskosten für das Rasenmähen 10 000 $, die Opportunitätskosten von Tosca S. jedoch nur 48 $. Dirk hat zwar einen absoluten Vorteil, weil er nur zwei anstatt drei Stunden Arbeitszeit aufwenden müsste. Doch Tosca verfügt über einen komparativen Vorteil beim Rasenmähen, weil sie niedrigere Opportunitätskosten hat. Der „Handelsvorteil" ist in diesem Beispiel gewaltig. Dirk Nowitzki sollte sich für den Werbeauftritt entscheiden und Tosca zum Rasenmähen anstellen. Solange Dirk ihr mehr als 48 $ und weniger als 10 000 $ bezahlt, sind beide bessergestellt. […]

N. Gregory Mankiw u. a.: Grundzüge der Volkswirtschaftslehre, Schäffer-Poeschel Verlag, 4. Auflage Stuttgart 2008, S. 63

Arbeitsaufträge

1. Weisen Sie an Kathrins Stelle nach, dass Arbeitsteilung hier für beide zeitliche Vorteile bringt **M1**! Berechnen Sie den Zeitvorteil, den Jens bzw. Kathrin erreichen können, in Minuten in einer Woche! Beachten Sie, dass die beiden bei der Arbeitsteilung auch die Geschirrsets des Partners abwaschen bzw. die Kleidung des Partners mitbügeln müssen!
2. Überprüfen Sie, ob sich im Falle Portugals und Englands ein Warenaustausch lohnt **M2**! Geben Sie an, auf welches Gut sich die beiden Länder jeweils spezialisieren sollten und wie groß der Zeitvorteil durch die Arbeitsteilung ist!
3. Erklären Sie am Beispiel Dirk Nowitzki **M4** die Begriffe Opportunitätskosten, absolute Kosten und komparative Kosten!

2.1.4 Faktorproportionen

Die Theorien von Smith und Ricardo (vgl. Kapitel 2.1.2 und 2.1.3) lassen offen, worin die unterschiedlichen Produktionskosten in den einzelnen Ländern begründet sind. Die Ursachen für die Kostenunterschiede lassen sich aus den Bestimmungsfaktoren für den Außenhandel ableiten. Weist ein Land beispielsweise sehr große Rohstoffvorkommen auf, so ist es zumindest wahrscheinlich, dass diese auch kostengünstiger abbaubar sind als in Ländern, wo es nur sehr geringe Vorkommen gibt. Ebenso können Unterschiede im Produktionsverfahren und im Nachfrageverhalten die Ursachen für unterschiedliche Produktionskosten sein.

Neben den Unterschieden in der Qualität, Menge und Verfügbarkeit spielen auch die Kosten für die Produktionsfaktoren eine wichtige Rolle, denn z. B. Grundstücks- und Rohstoffpreise, Löhne, Sozialabgaben oder Kreditzinssätze weichen zwischen verschiedenen Ländern voneinander ab.

Mögliche Ursachen für unterschiedliche Produktionskosten in verschiedenen Ländern

Unterschiede im Produktionsverfahren
- Verfügbarkeit von natürlichen Ressourcen
- unterschiedliche natürliche Produktionsbedingungen, z. B. liegt die Steinkohle in Deutschland tiefer als etwa in den USA, daher ist der Abbau teurer
- technologische Lücken, z. B. können nicht alle Länder hochkomplexe Güter wie Computer oder Flugzeuge produzieren
- Größenersparnisse durch Massenproduktion: Außenhandel vergrößert die Märkte und eröffnet somit die Chance, die Kostenvorteile der Massenproduktion verstärkt zu nutzen

Unterschiede in der Faktorausstattung
- relativ kapitalreiche Länder exportieren eher kapitalintensive Produkte (z. B. Maschinen)
- relativ arbeitskräftereiche Länder exportieren eher arbeitsintensive Produkte (z. B. Kleidung)
- relativ rohstoffreiche Länder exportieren tendenziell Bodenschätze

↓ **Faktorproportionen-Theorem von Heckscher und Ohlin**

Unterschiede im Nachfrageverhalten

Das unterschiedliche Nachfrageverhalten in verschiedenen Ländern kann – auch bei gleichen Produktionsverfahren und gleicher Faktorausstattung – Preisunterschiede begründen, die dann wiederum Außenhandel lohnend erscheinen lassen.

↓ **Präferenzvielfalt und Produktdifferenzierung**

Abb. 26.1: Mögliche Ursachen für unterschiedliche Produktionskosten in verschiedenen Ländern

M1 Theorie der Faktorproportionen

Die schwedischen Ökonomen Eli Heckscher (1879–1952) und Bertil Ohlin (1899–1979) haben die Theorie der komparativen Kostenvorteile verallgemeinert und erweitert. Sie berücksichtigen neben den Arbeitskosten – die bei Ricardo im Mittelpunkt standen – auch die Ausstattung eines Landes mit den anderen Produktionsfaktoren. Sie argumentieren, dass die relative Knappheit der Produktionsfaktoren Natur, Arbeit und Know-how sowie Kapital darüber entscheidet

- ob der Lohn in diesem Land im Verhältnis zum Zins hoch oder niedrig ist,
- ob Know-how zu günstigen Bedingungen zur Verfügung steht und
- ob der „Verbrauch" von natürlichen Ressourcen als Kostenfaktor zu Buche schlägt oder nahezu „frei" verfügbar ist.

Dementsprechend werden Länder, in denen Arbeitskräfte oder Rohstoffe in Relation zu anderen Produktionsfaktoren reichlich vorhanden und dementsprechend vermutlich billig sind, bei der Produktion von arbeits- oder rohstoffintensiven Gütern einen relativen Kostenvorteil aufweisen. Umgekehrt haben Volkswirtschaften, die über eine hohe Kapitalausstattung bzw. umfangreiches Know-how verfügen, bei der Herstellung von kapitalintensiven bzw. technologisch anspruchsvollen Gütern Vorteile. Die relative Knappheit der Produktionsfaktoren bestimmt das Verhältnis der Preise für die Produktionsfaktoren in einer Volkswirtschaft, und die daraus folgenden komparativen Kostenunterschiede beeinflussen die Struktur der internationalen Arbeitsteilung.

Je reichlicher ein Land über einen bestimmten Produktionsfaktor verfügt (Boden, Arbeitskräfte, Kapital), umso (relativ) günstiger werden tendenziell die Preise des Faktors sein. Daraus folgt, dass ein Land das kapitalintensivere Produkt exportieren wird, wenn Kapital (relativ) reichlich vorhanden ist, und ein arbeitsintensives Produkt dann, wenn Arbeitskraft (relativ) reichlich vorhanden ist.

Bei Untersuchungen des US-amerikanischen Außenhandels hat der Volkswirt Wassily Leontief (1906–1999) jedoch festgestellt, dass die USA als relativ kapitalreiches Land vielfach auch kapitalintensive Produkte importierten und in wesentlichem Umfang arbeitsintensive Erzeugnisse exportierten. Offenbar lässt sich die Theorie von Heckscher und Ohlin keineswegs in allen Fällen in der Realität nachweisen.

Stefan Prochnow, eigener Text

2.1.5 Produktlebenszyklus

Raymond Vernon (1913–1999) entwickelte eine Produktlebenszyklus-Theorie der internationalen Arbeitsteilung. Jedes neu entwickelte Produkt durchläuft demnach einen Lebenszyklus aus mehreren Phasen, in denen sich Absatzmenge, Produktpreis und Umsatz systematisch und dadurch vorhersehbar ändern.

M2 Produktlebenszyklus und Produktionsstandorte

Ein neu entwickeltes Produkt ist zunächst relativ teuer und wird nur von wenigen Verbrauchern gekauft. Neue Erfindungen erfordern meist sehr viel technisches Wissen, moderne Technologie und teure Anlagen. Auch bei der Produktion sind unter Umständen noch Facharbeiter nötig. Teure Facharbeiter sind angesichts des anfänglich hohen Produktpreises aber kein Problem. Oftmals werden neue technische Produkte daher in den Industrieländern Europas, in Japan oder den USA produziert. Die Produkte werden zunächst (**Innovationsphase**) auch fast ausschließlich auf dem heimischen Markt oder allenfalls in anderen Industrieländern nachgefragt.

Standortfaktoren	Innovationsphase	Ausreifungsphase	Sättigungsphase
qualifizierte Arbeitskräfte	++	o	o
hochwertige Infrastruktur	++	o	o
Marktnähe	+	+	o
geringe Lohnkosten	o	+	++
niedrige Standortkosten	o	+	++

++ sehr wichtig, + wichtig, o weniger wichtig

Abb. 27.1: Durchschnittliche Bedeutung von Standortfaktoren im Verlauf eines Produktlebenszyklus

In der **Ausreifungsphase** steigen die Produktions- und Absatzzahlen. Setzt sich das Produkt auf dem Markt durch, wollen immer mehr Verbraucher es kaufen. Mit zunehmender Standardisierung des Produkts, die sich mit der Zeit einstellt, ist es möglich, die Herstellungskosten infolge der Massenproduktionsvorteile zu reduzieren. Auch drängen in dieser Phase zusätzliche Anbieter auf den Markt, wenn das Produkt nicht durch Patente vor Nachahmern geschützt werden kann. Die zusätzlichen Anbieter sorgen für verstärkten Wettbewerb, auch das drückt die Preise nach unten und treibt die Absatzzahlen in die Höhe. Die Forschungs- und Entwicklungsarbeit an diesem Gut lässt nach. Nun ist es sinnvoll, die Produktion in Länder mit billigeren Arbeitskräften zu verlagern, denn einerseits sind nun keine Facharbeiter mehr nötig und andererseits zwingt der wachsende Preisdruck zu Kostensenkungen. Hinzu kommt, dass nun auch Kunden in Schwellenländern am Produkt Interesse zeigen. Die Produktion verlagert sich also oftmals in solche Schwellenländer, wie z. B. Südkorea, Taiwan oder Malaysia in Asien. Mitunter kommen auch die Industrieländer Osteuropas in Betracht.

In der **Sättigungsphase** besitzen die meisten Verbraucher in Industrie- und Schwellenländern bereits das einstmals neue Gerät oder aber das Interesse erlischt, weil bereits andere Erfindungen dem Produkt den Rang ablaufen. Das Produkt wird zwar weiterhin in Massenproduktion gefertigt, die nur geringe Anforderungen an das Personal stellt. Nun aber wird wegen der geringeren Lohnkosten möglicherweise sogar in Entwicklungsländern produziert. Meist geschieht dies jedoch nicht durch einheimische Firmen, sondern durch Fabriken im Besitz der Industrieländer. Schließlich exportieren auch Entwicklungsländer das Produkt in diejenigen Länder, aus denen die Erfindung ursprünglich stammte.

Stefan Prochnow, eigener Text

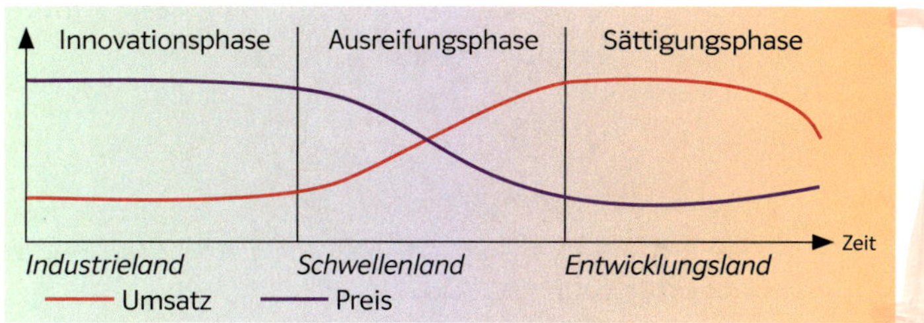

Abb. 27.2: Preis- und Umsatzentwicklung im Laufe eines idealtypischen Produktlebenszyklus'

M3 Aus dem Lebenszyklus des CD-Spielers

Als Mitte der 1980er-Jahre die CD-Spieler auf den Markt kamen, stammten die ersten dieser für die damalige Zeit als Hightech zu bezeichnenden Geräte aus Japan oder Europa, wo auch die Erfinder dieser Technologie ihren Firmensitz hatten. Anfang der 1990er-Jahre verlagerte sich die Produktion der zwischenzeitlich gereiften und problemlos zu produzierenden Geräte in Länder wie Südkorea, Indonesien und Malaysia. In Japan hingegen wurden zu jener Zeit DAT-Rekorder produziert, das sind digitale Kassettenrecorder, die zu jener Zeit gerade auf den Markt gekommen waren. Seit dem Ende der 1990er-Jahre sind CD-Spieler zur industriellen Massenware geworden. Abgesehen von einigen Luxus- und sonstigen Nischenmodellen werden sie überwiegend in asiatischen Schwellen- und Entwicklungsländern wie China oder Indonesien von billigen Arbeitskräften am Fließband hergestellt.

Stefan Prochnow, eigener Text

M4 Preisrutsch bei Flachbildschirmen

FRANKFURT, 12. Oktober. Der Preisverfall auf dem Markt für Flachbildschirme hinterlässt auch in Deutschland seine Spuren. Im dritten Quartal waren die Weltmarktpreise für Flachbildschirme um mehr als 15 Prozent gesunken und der Preisverfall geht weiter. […] Auch der Mainzer Spezialglashersteller Schott verlagert seine Flachbildschirmproduktion nach Asien, gründete aber ein technologisches Entwicklungszentrum in Jena.

Frankfurter Allgemeine Zeitung vom 13. Oktober 2004, S. 17

2.1.6 Präferenzvielfalt und Produktdifferenzierung

Beobachtet man den Handel zwischen Volkswirtschaften, die ähnliche Produktions- und Kostenverhältnisse aufweisen, so fällt auf, dass zwischen diesen Ländern in erheblichem Umfang Güter derselben Güterart ausgetauscht werden. Man spricht auch vom **intraindustriellen Handel**. Beispielsweise exportiert sowohl Deutschland Kraftfahrzeuge nach Frankreich, wie auch französische Wagen Abnehmer in Deutschland finden. Dieser Handel kann offenkundig nicht durch Preisvorteile eines Landes erklärt werden, da dann der Handelsstrom nur in eine Richtung fließen würde.

Eine Erklärung zeigt sich auf, wenn man davon ausgeht, dass in den Augen der meisten Verbraucher z.B. Autos verschiedener Marken nicht ohne Weiteres miteinander vergleichbar und somit austauschbar sind. Überspitzt formuliert sind also z.B. ein Mercedes-Benz und ein gleich großes koreanisches Auto aus der Sicht vieler Verbraucher zwei ganz verschiedene Güter. Der Grund hierfür können vom Nachfrager wahrgenommene tatsächliche oder vermeintliche Qualitätsunterschiede sein – z.B. weil ein Markenname ein besonderes *Image* besitzt oder weil der Verbraucher einer bestimmten Marke besonders zugeneigt ist. Angesichts solcher Überlegungen wird es nachvollziehbar, dass manchmal sogar teurere Güter aus dem Ausland den inländischen vorgezogen werden. Geht man realistischerweise davon aus, dass die Vorlieben (Präferenzen) für die Güter bei unterschiedlichen Personen unterschiedlich sind, so ist es leicht vorstellbar, dass z.B. Familie Schmidt in Wolfsburg einen Alfa Romeo, Familie Sandinetti in Mailand aber einen Volkswagen fährt.

M5 Produktdifferenzierung

Als Produktdifferenzierung bezeichnet man eine Ergänzung eines bereits eingeführten Produkts um eine neue Variante. Häufig werden an einem bestehenden Produkt kundengruppenspezifische Merkmalsanpassungen vorgenommen, um die unterschiedlichen Bedürfnisse einzelner Kundengruppen gezielter befriedigen zu können. Ein Beispiel wäre die Einführung eines Kombi-Modells für eine bereits existierende Pkw-Limousine, das speziell Familien mit Kindern anspricht.

Ansatzpunkte zur Umsetzung der Produktdifferenzierung:

- Angebot von Baukastensystemen: modular aufgebaute Produkte, bei denen sich der Kunde selbst unterschiedliche Produktvarianten aus Modulen zusammenstellen kann.
- Angebot von produktbegleitenden Dienstleistungen, sogenannten „Value-added-Services": Der Kunde erhält die Möglichkeit, den Nutzen eines bestehenden Produkts durch den Erwerb von zusätzlichen Dienstleistungen zu steigern.

Im Zuge der Produktdifferenzierung und Präferenzvielfalt der Konsumenten können auch importierte Waren vermehrt auf das Interesse der Kunden stoßen.

Stefan Prochnow, eigener Text

M6 Economies of scale

Selbst wenn anfänglich keine Kostenunterschiede zwischen zwei Staaten bestehen, kann die Spezialisierung durch Außenhandel für beide vorteilhaft sein. Angenommen, die Niederlande und Belgien stellen beide Stahl und Autos her. In einer Situation ohne Außenhandel produzieren die Fabriken in beiden Ländern mit sehr hohen Stückkosten, weil die nationalen Märkte zu klein sind für die Ausnutzung von Massenproduktionsvorteilen. Stahl- und Autofabriken weisen hohe Fixkosten auf, das bedeutet, dass die Kosten pro Stück bei zunehmender Herstellungsmenge abnehmen (→ **economies of scale**). Öffnen die beiden Länder ihre Grenzen und spezialisieren sich auf eines der beiden Güter, können sie beide Produkte zu günstigeren Preisen herstellen und durch ihren Austausch untereinander ihre Wohlstandssituation verbessern.

Klaus-Peter Kruber/Anna Lena Mees/Christian Meyer: Theoretische Grundlagen des internationalen Handels, in: Informationen zur politischen Bildung Heft 299, Bonn 2008, S. 27

Arbeitsaufträge

1. Deutschland gilt als kapitalreiches Land mit wenigen Naturressourcen und relativ wenigen bzw. teuren Arbeitskräften. Stellen Sie anhand der wichtigsten Export- und Importprodukte (vgl. Kapitel 1.2, Seite 6, M4 und M5) fest, inwieweit die Theorie der Faktorproportionen Deutschlands Außenhandelsstruktur erklären kann M1!
2. Beschreiben Sie den Produktlebenszyklus eines Produktes Ihrer Wahl M2! Überprüfen Sie das Produktlebenszyklus-Modell dann hinsichtlich der Produktionsstandorte in den verschiedenen Phasen anhand Ihres Beispiels!
3. Erklären Sie die „economies of scale" M6!
4. Stellen Sie mögliche Vor- und Nachteile außenwirtschaftlicher Beziehungen tabellarisch gegenüber! Berücksichtigen Sie dabei die Qualität und Auswahl an Gütern, die Anzahl und Vielfalt an Arbeitsplätzen, die Höhe der Preise für die Verbraucher, wirtschaftliche und politische Abhängigkeiten, die Wettbewerbssituation für die Unternehmen! Beachten Sie, dass manche Aspekte sowohl Vorteile als auch Nachteile mit sich bringen können.

2.2 Protektionismus oder Freihandel? – Leitbilder der Außenwirtschaftspolitik

Als Außenwirtschaftspolitik bezeichnet man alle staatlichen Maßnahmen, die darauf abzielen, die außenwirtschaftlichen Beziehungen eines Landes im Sinne der eigenen Zielsetzungen zu beeinflussen.

Leitbilder der Außenwirtschaftspolitik

Autarkie	Merkantilismus	Erziehungszölle	Freihandel
möglichst keinerlei Außenhandel, völlige Selbstversorgung des Landes	nationaler Wohlstand durch Maximierung der Exporte und Minimierung der Importe	Schutz junger Wirtschaftszweige durch zeitlich begrenzte protektionistische Maßnahmen	ungehinderter Handel, Ausnutzen der absoluten und komparativen Kostenvorteile

Abb. 29.1: Übersicht über Leitbilder der Außenwirtschaftspolitik

Zur Umsetzung ihrer Außenwirtschaftspolitik stehen den Regierungen zahlreiche Instrumente zur Verfügung. Die wichtigsten sind in Abb. 29.2 aufgeführt.

Instrumente der Außenwirtschaftspolitik

Preispolitik	Mengenpolitik	Währungspolitik	Entwicklungspolitik
• Exportförderung durch Subventionen • Importbegrenzung durch Zölle	• Kontingente • Quotenregelungen • Ein- oder Ausfuhrverbote	• Entscheidung für feste oder freie Wechselkurse • Auf-/Abwertung der Währung	• internationale Abkommen über Handelserleichterungen • Kapitalhilfen

Abb. 29.2: Übersicht über Instrumente der Außenwirtschaftspolitik

M1 Freihandel versus Protektionismus

Die Geschichte der internationalen Wirtschaftsbeziehungen ist geprägt durch die Auseinandersetzung zwischen Vertretern des Freihandels und des Protektionismus. Erstere plädieren für den Abbau von Handelshemmnissen und die gegenseitige Öffnung der Märkte. Protektionisten befürworten den Schutz des heimischen Marktes durch Aufbau von Handelshemmnissen.

In der Wirtschaftsgeschichte lassen sich Phasen unterscheiden, in denen mal das eine, mal das andere Prinzip stärker dominierte. Im Zeitalter des Merkantilismus (16. bis 18. Jahrhundert) war die Außenhandelspolitik der europäischen Staaten beispielsweise geprägt vom Protektionismus. Mit der Industrialisierung und der Verbesserung des Transportwesens begann ab Ende des 18. Jahrhunderts eine Phase intensiver Ausdehnung des internationalen Handels. Vorreiter des Freihandels war zunächst England, die stärkste Wirtschaftsnation des 19. Jahrhunderts.

Bereits 1817 schrieb David Ricardo: „Unter dem System von vollständig freiem Handel widmet natürlicherweise jedes Land sein Kapital und seine Arbeit solchen Verwendungen, die jedem am segensreichsten sind. Dieses Verfolgen des individuellen Nutzens ist wunderbar mit der allgemeinen Wohlfahrt der Gesamtheit verbunden." Zwischen 1850 und 1880 setzte sich der Freihandel in Europa und Nordamerika weitgehend durch, der Welthandel erlebte bis zum Ersten Weltkrieg eine Blütezeit.

Von 1914 bis 1945 dominierte wiederum der Protektionismus. Die beiden Weltkriege und die Weltwirtschaftskrise führten zu einem starken Rückgang des Handels, die Staaten schotteten sich gegeneinander ab, der Welthandel schrumpfte auf einen Bruchteil des Standes vor 1914. Nach dem Zweiten Weltkrieg ging die Initiative zur Wiederbelebung der Weltwirtschaft von den USA aus. Instrument der Handelsliberalisierung war das → **GATT** bzw. ab 1995 die Welthandelsorganisation WTO. Auch die Bildung regionaler Freihandelszonen hat zum Abbau von Zöllen und anderen Handelshemmnissen beigetragen. Bekanntestes Beispiel ist die wirtschaftliche Integration im Gemeinsamen Markt der Europäischen Union.

Allerdings erfasste auch in Zeiten verstärkter Liberalisierung die Tendenz zum Freihandel nicht alle Wirtschaftszweige gleichermaßen. Weltweit unbeschränkten Freihandel hat es nie gegeben. So haben die Industriestaaten bis heute ihren Agrarsektor stark untereinander und gegenüber den Entwicklungsländern abgeschottet, und auch in vielen anderen Wirtschaftszweigen werden Handelshemmnisse zäh verteidigt und neue eingeführt. Nicht nur in den Entwicklungsländern, sondern gerade auch in den Industrieländern, die gemeinhin zu den „Gewinnern" der Globalisierung gerechnet werden, lassen sich verstärkt Rufe nach Abschottung gegen „unfaire" Konkurrenz vernehmen.

Klaus-Peter Kruber/Anna Lena Mees/Christian Meyer: Theoretische Grundlagen des internationalen Handels, in: Informationen zur politischen Bildung Heft 299, Bonn 2008, S. 28 f.

2.2.1 Merkantilismus und Protektionismus

Noch im 16. bis frühen 18. Jahrhundert war die Außen- und Wirtschaftspolitik der europäischen Staaten vom Geist des Merkantilismus und vom Streben nach → **Autarkie** geprägt:

- Die inländischen **Manufakturen** wurden durch **Subventionen** bei der Ausfuhr eigener Fertigprodukte unterstützt;
- durch Ausfuhrverbote und Exportzölle sollten die heimischen Rohstoffe der eigenen Wirtschaft vorbehalten bleiben;
- Behinderungen bei der Einfuhr von ausländischen Fertigwaren sollten die inländischen Anbieter vor ausländischer Konkurrenz schützen.

Die Handelspolitik im Merkantilismus ging von der Annahme aus, dass die beteiligten Staaten in einen Interessengegensatz gerieten, weil ein Land seinen Handel nur zulasten anderer Länder ausweiten könne. Angestrebt wurde, die eigenen Exporte zu maximieren und gleichzeitig Importe möglichst zu vermeiden. Außenhandel galt somit als **Nullsummenspiel**, wo die Gewinne des einen Landes (in den Augen der Merkantilisten waren das nur die Exporte) gleichzeitig die Verluste des anderen Landes waren (nämlich die Importe des anderen Landes).

M1 Zölle lähmten Deutschland

Achtunddreißig Zoll- und Mautlinien in Deutschland lähmen den Verkehr im Innern und bringen dieselbe Wirkung hervor, wie wenn jedes Glied des menschlichen Körpers unterbunden wird, damit das Blut ja nicht in ein anderes überfließe. Um von Hamburg nach Österreich, von Berlin in die Schweiz zu handeln, hat man zehn Staaten zu durchschneiden, zehn Zoll- und Mautordnungen zu studieren, zehnmal Durchgangszoll zu bezahlen.

Aus einer Bittschrift des Allgemeinen Deutschen Handels- und Gewerbevereins an die Bundesversammlung vom 20. April 1819; nach Friedrich List: Schriften, Reden und Briefe, Band 1, Berlin 1929, zitiert nach: Manfred Görtenmaker: Deutschland im 19. Jahrhundert, 4. Auflage Leske+Budrich, Opladen 1994, S. 166

M2 Der Irrtum der Merkantilisten

Abraham Lincoln, Präsident der USA von 1861 bis 1865, wird folgender Ausspruch zugeschrieben: „Ich weiß nicht viel über Zölle. Was ich jedoch weiß: Wenn ich einen englischen Mantel kaufe, bekomme ich den Mantel und England das Geld. Kaufe ich jedoch einen amerikanischen Mantel, bekomme ich auch den Mantel, aber Amerika bekommt das Geld."

Diese Denkweise zeigt einen uralten Irrtum auf, der typisch für den sogenannten Merkantilismus des 17. und 18. Jahrhunderts war. Vertreter dieser Richtung betrachteten jene Länder als glücklich, die mehr Güter verkaufen konnten, als sie einkauften, weil eine solche „wünschenswerte" Handelsbilanz bedeutete, dass Gold als Bezahlung des Exportüberschusses ins Land floss.

Die merkantilistische Argumentation verwechselt Mittel und Zweck. Die Anhäufung von Gold oder sonstigen Zahlungsmitteln allein verbessert den Lebensstandard eines Landes nicht. Geld ist kein Selbstzweck, sondern soll verwendet werden, um von anderen Ländern kaufen zu können. Aus diesem Grund verwerfen heute die meisten Ökonomen den Gedanken, die Erhebung von Zöllen zur Erzielung eines Außenhandelsüberschusses könne dem wirtschaftlichen Wohlergehen eines Landes nützen.

Paul A. Samuelson/William D. Nordhaus/Michael J. Mandel: Volkswirtschaftslehre. Verlag Carl Ueberreuter GmbH, Frankfurt am Main/Wien 1998, S. 794

Abb. 30.1: Karikatur von 1849 auf den Schutz der deutschen Arbeit durch Erhebung von Zöllen: Der Tanzplatz, auf dem sich Handwerk und Industrie, (dargestellt durch vermenschlichte Werkzeuge) tummeln, ist durch Schranken abgesperrt. Dem englischen Wappenlöwen und dem französischen Wappenhahn, die Waren hineinbringen wollen, hält der deutsche Reichsadler zwei Büchsen für die Einfuhrzölle hin.

Abb. 31.1: Comic (Steffen Jähde, in Anlehnung an „The Story of Trade and Foreign Exchange, Federal Reserve Bank of New York)

M3 Erst Protektionismus, dann Freihandel?

Die entwickelten Länder verdanken ihren heutigen Reichtum gerade jener Politik, die sie den „Nachzüglern" aus dem Süden und Osten verwehren wollen. Denn nicht durch Freihandel, sondern durch protektionistische Export- und Importzölle, eine selektive Politik im Hinblick auf ausländische Direktinvestitionen, Kapitalverkehrskontrollen und ohne Patentschutz auf technologische Innovationen – also durch Praktiken, die die WTO untersagt – sind die heute entwickelten und reichen Industrieländer entwickelt und reich geworden: Freihandel ist etwas für Länder auf einem etwa gleichen wirtschaftlichen Niveau. Wer nachhinkt, fährt mit protektionistischen Maßnahmen für heimische Unternehmen allemal besser – so lange, bis diese auf globalen Märkten wettbewerbsfähig sind. Erst nach Erreichen einer technischen Vorreiterrolle oder einer den → **„economies of scale"** sich verdankenden Vorherrschaft im internationalen Wettbewerb erweist sich die Öffnung von Märkten als sinnvoll.
Dennoch drängen die ökonomisch starken Länder des Nordens ärmere Entwicklungs- und Schwellenländer dazu, Märkte ohne Rücksicht auf die Konkurrenzfähigkeit der einheimischen Industrie zu öffnen. Dies geschieht zum einen durch multilaterale Abkommen im Rahmen der WTO, immer häufiger aber auch durch interregionale und bilaterale Handels- und Investitionsabkommen.

Birgit Mahnkopf: Investition als Intervention – Wie interregionale und bilaterale Investitionsabkommen die Souveränität von Entwicklungsländern beschneiden, in: Internationale Politik und Gesellschaft, Heft 1/2005, Friedrich-Ebert-Stiftung Berlin, S. 122

Arbeitsaufträge

1. Erklären Sie die Ziele und Instrumente des Merkantilismus!
2. Beschreiben und interpretieren Sie die Karikatur Abb. 30.1!
3. Erklären Sie die Aussagen Adam Smiths im Comic!
4. Nehmen Sie Stellung zu der These: „Zölle und andere protektionistische Maßnahmen können sinnvoll sein, um den Aufbau einer eigenen Industrie zu ermöglichen."

Tarifäre Handelshemmnisse

Unter Protektionismus wird der gezielte politische Einsatz von Maßnahmen verstanden, deren Ziel es ist, inländische Unternehmen vor ausländischer Konkurrenz zu schützen. Im engeren Sinne sind hierunter alle Maßnahmen der Importbehinderung zu fassen, im weiteren Sinne auch exportfördernde Maßnahmen, da sie der einheimischen Wirtschaft zusätzliche Vorteile im internationalen Wettbewerb verschaffen. Protektionismus ist im Gegensatz zum Freihandel eine Außenhandelspolitik, die den Schutz der inländischen Wirtschaft gegen ausländische Konkurrenz beabsichtigt.

Als Instrumente ihrer Außenhandelspolitik können die Staaten verschiedene Maßnahmen treffen, um Umfang und Struktur ihrer Ein- und Ausfuhren zu beeinflussen und die einheimischen Anbieter vor ausländischen Wettbewerbern zu schützen. Grundsätzlich unterscheidet man dabei zwischen tarifären Handelshemmnissen – das sind alle Arten von Zöllen, Abschöpfungen, Subventionen sowie Mengenbeschränkungen – und nichttarifären Handelshemmnissen.

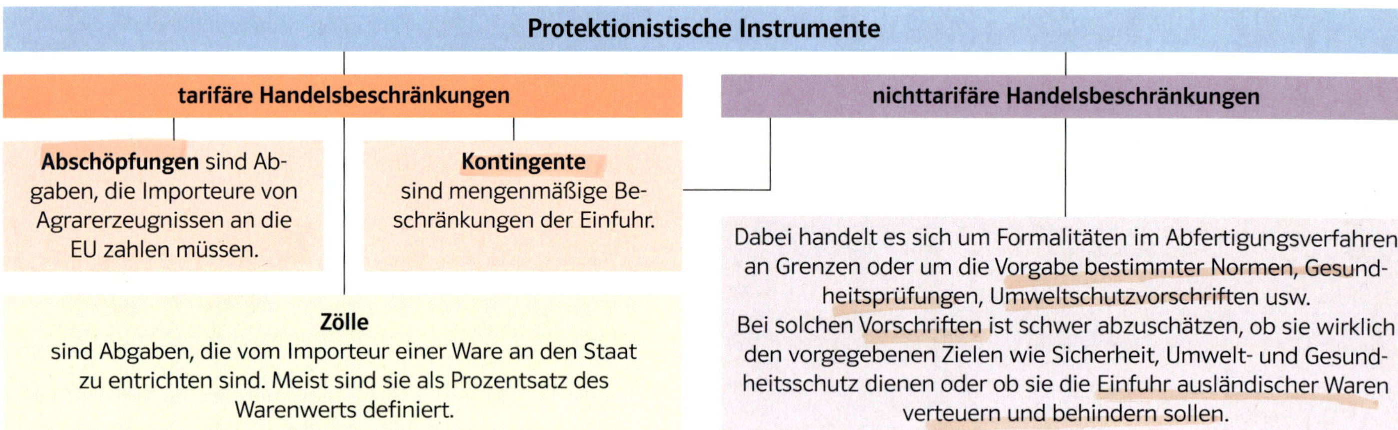

Abb. 32.1: Protektionistische Instrumente im Überblick

M1 Nothing to declare?

Jedes Jahr tappen Tausende von Touristen – wissentlich oder unwissentlich – in die Falle: Bei der Rückkehr von Flugreisen aus Nicht-EU-Ländern benutzen sie den falschen Ausgang am Flughafen Hannover: den mit der Aufschrift „nichts zu verzollen – *nothing to declare*". Dabei müssen Waren aller Art in einem Gesamtwert von mehr als 430 € (der Wert wird regelmäßig angepasst) verzollt werden, also nicht nur Alkohol und Zigaretten, wie viele unbewusste Schmuggler glauben.

Pressemitteilung des Deutschen Zolls vom 1. Juli 2009

Warenart	Zollsatz in % des Zollwertes
Bekleidung aus • Textilien • Leder	 12 4
Computer, Notebooks	frei
CDs, DVDs	3,5
DVD-Spieler	13,9
Pkws	10
Motorräder bis 250 cm^3 Hubraum	8
Fahrräder	14
Schuhe mit Oberteil • aus Leder • anderes Material	 8 17
Fotoapparate	4,2
Objektive	6,7

Abb. 32.2: Beispiele für Zollsätze bei der Einfuhr in die EU, Stand September 2011. Zusätzlich sind 19 % bzw. 7 % Einfuhrumsatzsteuer zu bezahlen.

M2 Tarifäre Handelsbeschränkungen

Zölle sind das klassische Instrument des Protektionismus. Einfuhrzölle sind Zwangsabgaben an den Staat, die der Importeur von Gütern entrichten muss, sobald er ausländische Waren über die Grenze einführt. Durch Einfuhrzölle verteuern sich also ausländische Produkte bei der Einfuhr. Wird der Preis der importieren Ware dadurch für den Verbraucher höher als bei vergleichbaren einheimischen Produkten, so kauft er eher das inländische Gut. Ist der Zoll so hoch, dass praktisch kein ausländisches Gut einer Warengruppe mehr gekauft wird, spricht man auch von einem **Prohibitivzoll**. In allen Fällen bringt der Zoll der Staatskasse Einnahmen.

Ein Sonderfall von Zöllen sind die flexiblen **Abschöpfungen** der EU: Die Europäische Union schützt damit ihre Bauern vor Agrareinfuhren. Die Agrarminister legen den Preis fest, der mindestens für importierte Agrarprodukte (z. B. Weizen) gelten soll (*Schwellenpreis*). Er liegt regelmäßig höher als der *Weltmarktpreis*. Die Differenz zwischen Schwellenpreis und Weltmarktpreis muss ein Importeur als Abschöpfung an die EU zahlen. Dadurch wird verhindert, dass Importe billiger als zu dem Schwellenpreis verkauft werden können.

Bei den sogenannten **Kontingenten** – die manchmal auch zu den nichttarifären Handelshemmnissen gezählt werden – handelt es sich um wert- oder mengenmäßige Beschränkungen der Einfuhr. Jahrelang war z. B. die Einfuhr japanischer Autos in die EU und die USA auf eine bestimmte, jährlich festgelegte Anzahl begrenzt.

Stefan Prochnow, eigener Text

Nichttarifäre Handelshemmnisse

Zu den nichttarifären Handelshemmnissen zählen alle Vorschriften, die ausländische Anbieter benachteiligen.
Zu Handelsverzerrungen kommt es auch durch **Subventionen**, die inländische Erzeuger generell oder speziell bei der Ausfuhr ihrer Produkte erhalten. Sie stellen derzeit eines der wichtigsten protektionistischen Instrumente in der Welt dar.
In Zusammenhang mit der Subventionierung kann es zum **Dumping** kommen. Dumping liegt vor, wenn ein Produkt im Ausland systematisch und dauerhaft zu Preisen verkauft wird, die nicht die Produktionskosten decken. Die Verluste werden aus Gewinnen bei anderen Produkten, in anderen Ländern oder durch staatliche Exportzuschüsse gedeckt. Die Wiedereinfuhr des im Ausland billiger verkauften Produktes ins Inland wird durch Einfuhrzölle verhindert. Das Dumpingverhalten dient dazu, auf einem Markt eine marktbeherrschende Stellung zu erringen und mit den dann zu erwartenden hohen Monopolgewinnen die Verluste wieder auszugleichen. Ein Beispiel für Dumping ist die Eroberung des Schiffbau-Weltmarktes durch Südkorea, die nicht nur auf Lohnkostenvorteile, sondern auch auf massive staatliche Subventionen zurückzuführen ist.

M3 Sie dürfen importierte Autos kaufen, aber ...

Wenn der deutsche Wirtschaftsminister [...] am Sonntag vom Seouler Flughafen ins Hotel chauffiert wird, darf er gespannt sein, wann das erste ausländische Auto vor, neben oder hinter ihm auftaucht. Er könnte die ganze 40-minütige Wegstrecke vergeblich darauf warten. Es gibt zwar jede Menge einheimische Staus, aber nur sehr wenige Mercedes, BMW oder Volkswagen darin. Mehr als 900 000 Autos wurden im vergangenen Jahr in Südkorea neu zugelassen, ganze 2 400 davon kamen aus dem Ausland. „Die passen zusammen auf einen einzigen Hotelparkplatz", höhnt in einer Art Galgenhumor Karsten Engel, Chef der EU-Vereinigung für Autoimporteure in Seoul. [...] Natürlich ist es auch in Südkorea nicht ausdrücklich verboten, einen Mercedes oder Landrover zu fahren, offiziell ist es sogar erlaubt, aber leider nur mit erheblichen Risiken und Nebenwirkungen. [...] Erst jüngst, weiß der EU- und BMW-Vertreter zu erzählen, streute das Ministerium das Gerücht, man erwäge eine Steuerprüfung für Leute, die einen Wagen mit großem Hubraum fahren, womit in der Regel ein ausländisches Auto gemeint ist. Schon diese vage Drohung habe bei BMW am nächsten Tag zu 25 Abbestellungen geführt. „Es gibt unzählige Beispiele, dass die Steuerfahndung wirklich zu stolzen Limousinen-Besitzern kommt und um jeden Preis etwas finden will, was Strafe und Nachzahlung bewirkt", sagt Engel. [...]

Angela Köhler: Schwer beweisbare unsichtbare Schikanen, in: Stuttgarter Zeitung vom 27. Mai 2000

M4 Beispiele für nichttarifäre Handelshemmnisse

- Zeitweise erlaubten die USA die Einfuhr ausländischer (meist asiatischer) Videorekorder nur über ein Zollamt an der amerikanischen Ostküste, das der Einfuhrmenge nicht gewachsen war. Die Geräte stapelten sich wochenlang beim Zoll.
- Manche Organisationen fordern, dass die Einfuhr gentechnisch veränderter Lebensmittel in die EU verboten wird.
- Während die europäische Füllmenge bei Sauerkonserven bis 2009 festgelegte 720 g pro Glas betrug, erlaubten kanadische Vorschriften nur ein erheblich geringeres maximales Füllgewicht. Die Einfuhren aus Europa kamen daher bei diesen Waren zeitweise beinahe zum Erliegen.
- In Deutschland durften die Kirschen in einem Joghurt mit Roter Beete gefärbt worden sein, der Joghurt selbst aber nicht. In Belgien war es genau umgekehrt.
- Manche Regierungen oder Organisationen rufen die Verbraucher dazu auf, einheimische Produkte zu bevorzugen.
- Um den Import deutscher Fernsehgeräte nach Italien zu reduzieren, wurde eine Sicherheitsvorschrift erlassen, nach der bei allen Geräten die Bedienungsanleitung in italienischer Sprache in die Rückwand der Geräte einzustanzen sei. Erst durch EU-Gesetze wurde diese Vorschrift verboten.
- Aus Gründen des Verbraucherschutzes wehrt sich die EU gegen die Einfuhr von Fleisch aus den USA, wo die Tiere mit Hormonen behandelt werden dürfen.

Stefan Prochnow, eigener Text

Arbeitsaufträge

1. Versuchen Sie die unterschiedliche Höhe der Zollsätze in Abb. 32.2 zu erklären!
2. Welche der in M4 genannten nichttarifären Handelsregelungen halten Sie für gerechtfertigt, welche nicht? Begründen Sie Ihre Meinung!
3. Es ist bekannt, dass Deutschlands Konkurrenten im Schiffbau-Markt, z. B. Werften in Japan und Korea, erhebliche Subventionen erhalten. Sollte Deutschland deshalb auch Subventionen zahlen, um dem Schiffbau an Nord- und Ostsee Überlebenschancen zu sichern? Erörtern Sie diese Frage!
4. Angenommen, deutsche Textilhersteller produzieren für 20 € ein Hemd, während ausländische Produzenten das gleiche Hemd für 15 € anbieten können:
   a) Würde ein Zoll von 6 € pro Hemd den deutschen Anbietern helfen, mit dem Ausland konkurrieren zu können?
   b) Würden Subventionen in Höhe von 6 € pro Hemd den einheimischen Fabrikanten im Wettbewerb helfen?
   c) Worin liegt der Unterschied zwischen den Auswirkungen des Zolls und den Subventionen für die in- und ausländischen Anbieter?

2.2.2 Freihandel – Wohlstand für alle?

Die Theorien von Adam Smith und David Ricardo führten zu der Forderung nach → **Liberalisierung** mit dem Ziel der weltweiten Durchsetzung des → **Freihandels**. Wie die folgenden Materialien zeigen, gibt es viele Argumente für den Freihandel. Kapitel 3 erörtert anschließend mögliche Gegenargumente sowie Chancen und Risiken der Globalisierung.

M1 Verrätselte Quelle

Die folgende Quelle wurde verändert: Anstelle des Wortes „Globalisierung" steht im Original ein anderer Begriff.

[...] Das Bedürfnis nach einem stets ausgedehnteren Absatz für ihre Produkte jagt [die Globalisierung] über die ganze Erdkugel. Überall muss sie sich einnisten, überall anbauen, überall Verbindungen herstellen. Die [Globalisierung] hat durch ihre Exploitation [Ausbeutung] des Weltmarkts die Produktion und Konsumption aller Länder kosmopolitisch gestaltet. Sie hat zum großen Bedauern der Reaktionäre den nationalen Boden der Industrie unter den Füßen weggezogen. Die uralten nationalen Industrien sind vernichtet worden und werden noch täglich vernichtet. Sie werden verdrängt durch neue Industrien, deren Einführung eine Lebensfrage für alle zivilisierten Nationen wird, durch Industrien, die nicht mehr einheimische Rohstoffe, sondern den entlegendsten Zonen angehörige Rohstoffe verarbeiten und deren Fabrikate nicht nur im Lande selbst, sondern in allen Weltteilen zugleich verbraucht werden. [...] An die Stelle der alten lokalen und nationalen Selbstgenügsamkeit und Abgeschlossenheit tritt ein allseitiger Verkehr, eine allseitige Abhängigkeit der Nationen voneinander. [...] Die [Globalisierung] reißt [...] durch die unendlich erleichterte Kommunikation alle, auch die barbarischsten Nationen in die Zivilisation [...]

M2 Argumente für den Freihandel I

Abb. 34.1: Stormy-Annika Mildner

Stormy-Annika Mildner, geb. 1976, ist Mitglied der Institutsleitung bei der Stiftung Wissenschaft und Politik in Berlin.

Von den neoklassischen und neuen Handelstheorien lassen sich zahlreiche Argumente für den Freihandel ableiten:

- Kostenvorteile: Durch internationalen Handel können sich Länder auf die Produktion des Gutes spezialisieren, in dem sie einen komparativen Vorteil besitzen (sie können das Produkt kostengünstiger und effizienter produzieren), mehr von diesem herstellen und exportieren. Gleichzeitig können sie mehr Güter importieren, als sie unter der Abwesenheit internationalen Handels selbst hätten produzieren können. Durch Spezialisierung und internationalen Handel werden also die Konsummöglichkeiten erhöht.
- Internationaler freier Handel führt zu einem steigenden Angebot und somit zu sinkenden Preisen, ist also im Interesse des Konsumenten.
- Spezialisierung: Durch internationalen Handel und Spezialisierung kommt es zu einer optimalen internationalen Allokation [Verteilung, Zuteilung] der Ressourcen. So werden Produkte dort erzeugt, wo die Produktion am kostengünstigsten und effektivsten ist, wodurch eine produktivitätssteigernde internationale Arbeitsteilung erzielt wird.
- Exportgeleitetes Wachstum: Freier Handel öffnet neue Märkte und kann somit zu einem exportgeleiteten Wachstum führen. So steigt durch die Öffnung neuer Märkte die Nachfrage nach den heimischen Produkten, sodass die Produktion ausgedehnt werden kann.
- Effizienz: Durch steigenden Wettbewerb im Inland werden Unternehmen gezwungen, effizienter und billiger zu produzieren. Es kommt zum Abbau von Marktverzerrungen und Ineffizienzen. Ineffiziente Produzenten und Industrien werden aus dem Markt verdrängt.
- Skalenerträge: Durch internationalen Handel, die Bedienung neuer Märkte, Spezialisierung und Ausdehnung der Produktion können sogenannte interne und externe Skalenerträge (→ **„economies of scale"**) realisiert werden. **Interne** Skalenerträge bei einem Hersteller liegen dann vor, wenn durch Spezialisierung der Produktion bei proportionaler Erhöhung aller Produktionsfaktoren eine überproportionale Erhöhung der Output-Menge erzielt werden kann. Somit steigen die Gesamtkosten der Produktion unterproportional zum steigenden Output. Die Durchschnittskosten nehmen also mit steigender Output-Menge ab. Überdies können durch Spezialisierung **externe** Skalenerträge erzielt werden. Diese treten zum Beispiel auf, wenn es zu einer Konzentration bestimmter Industrien in einer Region kommt, wobei Technologien und Wissen von einer Industrie auf die andere „überschwappen", sodass hierdurch die Kosten für ganze Produktionszweige reduziert werden. Dieses sind externe Effekte, da sie in die Kostenrechnung der Unternehmen nicht einbezogen werden.
- Technologietransfer: Freier Handel ermöglicht einen internationalen Technologietransfer und fördert somit Innovation.
- Beschäftigung: Durch internationalen Handel und die damit einhergehende wachsende Nachfrage steigt die Produktion und somit die Nachfrage nach Arbeitskräften, sodass die Beschäftigung steigt.
- Qualität der Arbeitsplätze: Handel fördert exportorientierte Industriezweige. Da die Löhne in diesen Industriezweigen zumeist höher sind als in den binnenwirtschaftlich orientierten Industrien, ist die Qualität der neuen Arbeitsplätze höher.

Insgesamt führt Handel zu aggregierten [angehäuften] Einkommensgewinnen. Gleichwohl darf nicht vergessen werden, dass es kurzfristig durchaus zu Umverteilungseffekten infolge von Handelsliberalisierung kommen kann. Auch wenn die gesamtwirtschaftlichen Einkommenseffekte positiv sind, profitieren nicht alle Sektoren und Bevölkerungsgruppen gleichermaßen von Handelsliberalisierung. Es ist Aufgabe der Politik, die Anpassungskosten abzufedern.

Stormy-Annika Mildner: Begriffe und Konzepte internationaler Wirtschaftsbeziehungen, erstmals veröffentlicht auf www.weltpolitik.net, überarbeitet am 2. März 2010

M3 Argumente für den Freihandel II

Freihandel fördert Wettbewerb und Innovationsdynamik und bindet nicht Kapital und Arbeitskräfte in „alten" Produktionszweigen [Förderung des Strukturwandels].
Freihandel sichert [dadurch] langfristig Arbeitsplätze.
Die Öffnung der Märkte von Industrieländern für Einfuhren aus Entwicklungsländern ermöglicht dieses Wachstum aus eigener Kraft [„trade, not aid"].
„Erziehungszölle" sind [nur dann] mit Freihandel vereinbar, wenn sie nicht zu dauerhaften Schutzzöllen werden.
Freihandel verbilligt Verbraucherpreise und Vorprodukte.
Die Errichtung von Einfuhrhemmnissen provoziert Vergeltung („Handelskrieg").

Klaus-Peter Kruber/Anna Lena Mees/Christian Meyer: Theoretische Grundlagen des internationalen Handels, in: Informationen zur politischen Bildung Heft 299, Bonn 2008, S. 28

M4 Reiche Nachbarn sind gute Nachbarn

[...] Ein Volk, das es durch Außenhandel zu Reichtum bringen will, wird das sicherlich am ehesten dann zuwege bringen, wenn alle seine Nachbarn reiche, arbeitsame und Handel treibende Völker sind.

Adam Smith: Untersuchung über Wesen und Ursachen des Reichtums der Völker. Verlag Wirtschaft und Finanzen, Düsseldorf 1999, S. 498

M5 Frieden durch Freihandel

Abb. 35.1: Ludwig Heinrich Edler von Mises

Ludwig Heinrich Edler von Mises (1881–1973), war ein österreichischer Wirtschaftswissenschaftler und ein bedeutender Vertreter der liberalen Schule der Ökonomie.

Das Ziel der inneren Politik des Liberalismus ist auch das seiner auswärtigen Politik: Frieden. So wie im Innern der Staaten, so strebt der Liberalismus auch im Verkehr zwischen den Staaten friedliches Zusammenwirken an. Der Ausgangspunkt des liberalen Denkens ist die Erkenntnis des Wertes und der Wichtigkeit menschlicher Kooperation, und alles, was der Liberalismus plant und ins Werk setzen will, dient der Erhaltung des gegenwärtig erreichten Standes und dem weiteren Ausbau der wechselseitigen Kooperation der Menschen. Als letztes Ideal schwebt dabei immer der Gedanke einer vollständigen Kooperation der ganzen Menschheit vor, die sich friedlich und ohne Reibungen abwickelt. Das Denken des Liberalen hat immer das Ganze der Menschheit im Auge und nicht nur Teile, es haftet nicht an engen Gruppen, es endet nicht an den Grenzen des Dorfes, der Landschaft, des Staates und des Erdteils. Es ist ein kosmopolitisches, ein ökumenisches Denken, ein Denken, das alle Menschen und die ganze Erde umspannt. Der Liberalismus ist in diesem Sinne Humanismus, der Liberale Weltbürger, Kosmopolit. [...]
Das entscheidende, unwiderlegbare Argument gegen den Krieg holt der Liberalismus aus der Tatsache der internationalen Arbeitsteilung. Die Arbeitstellung überschreitet schon lange die Grenzen der politischen Gemeinschaft. Kein Kulturvolk befriedigt heute seine Bedürfnisse selbstgenügsam unmittelbar durch eigene Produktion. Alle Völker sind darauf angewiesen, Waren aus dem Ausland zu beziehen und durch die Ausfuhr von eigenen Erzeugnissen zu bezahlen. Die Unterbindung des internationalen Warenaustausches würde die Menschheit kulturell schwer schädigen, würde den Wohlstand, ja die Existenzgrundlage von Millionen und Millionen von Menschen untergraben[. In] einem Zeitalter, in dem die Völker wechselseitig auf die Erzeugnisse ausländischer Produktion angewiesen sind, können Kriege nicht mehr geführt werden.

Ludwig von Mises: Liberalismus. Nachdruck der Erstauflage von 1927, 2. Auflage Academia Verlag, St. Augustin 2001, S. 93 ff.

Arbeitsaufträge

1. Recherchieren Sie, von wem und aus welchem Jahr die Quelle M1 ursprünglich stammt! Welcher Begriff wurde in M1 durch das Wort „Globalisierung" ersetzt?
2. Formulieren Sie „Regeln" für eine globalisierte Welt, die sicherstellen, dass das zentrale Versprechen der Freihandelsbefürworter in Erfüllung geht: steigender Wohlstand für die Menschen in allen Ländern!
3. Richtig oder falsch? Nehmen Sie Stellung zu den folgenden Aussagen!
   a) „Ein Land kann auch dann noch vorteilhaft am Außenhandel teilnehmen, wenn es gegenüber seinen Handelspartnern bei allen Produkten absolute Kostennachteile hat."
   b) „Wenn ein Geschäft für eine Person vorteilhaft ist, kann es nicht zugleich für die andere Person ebenfalls vorteilhaft sein."
   c) „Bestimmte Länder haben bei allen Gütern einen komparativen Vorteil."
4. Nehmen Sie aus Sicht eines Freihandelskritikers Stellung zu den in M2 bis M5 genannten Vorteilen des Freihandels!
5. Führen Sie eine Pro- und Kontra-Debatte zum Thema „Freihandel jetzt" durch. Stellen Sie dazu arbeitsteilig Argumente aus den Kapiteln 2 und 3 zusammen. Beachten Sie bei Ihrer Argumentation die Perspektiven von Konsumenten, Arbeitnehmern, Aktionären, Unternehmern, Landwirten und den Regierungen in Deutschland sowie in einem Entwicklungsland!
6. Anstelle einer Debatte können Sie auch ein Gerichtsverfahren durchführen, in dem Ricardo und die Freihandelsanhänger auf der einen Seite und List und die Protektionisten auf der anderen Seite ihre Positionen – auch mit Plädoyers – vertreten müssen. Mehrere Gruppen sollten sich mithilfe der Kapitel 2 und 3 arbeitsteilig auf die Gerichtsverhandlung vorbereiten: Richter, Schöffen, Staatsanwälte, die „Rechtsanwälte" und Vertreter von Unternehmern, Gewerkschaften und Bauern aus Industrie- und Schwellenländern als Zeugen. Ihr Urteil?

Kompetent in Kürze: Klassische und neuere Außenhandelstheorien

Ursachen des Außenhandels

Warum findet Außenhandel statt? Die Frage nach dem „Warum" des internationalen Güteraustausches gehört zu den ältesten Fragestellungen der Volkswirtschaftslehre. Bedeutsame Ausführungen finden sich bereits bei den klassischen Nationalökonomen wie *Adam Smith* (1723 bis 1790), *David Ricardo* (1772–1823) und *John Stuart Mill* (1806–1873).

In allgemeiner Form lässt sich die Ausgangsfrage so beantworten: Inländer kaufen dann Güter aus dem Ausland, wenn diese nicht oder nur zu einem höheren Preis oder nicht in der gewünschten Art und Qualität aus inländischer Produktion verfügbar sind.

Die Beweggründe für Außenhandel lassen sich also in drei Punkten zusammenfassen:

- Mangelnde Liefermöglichkeiten im Inland, z. B. wegen fehlender Rohstoffe
- Preisunterschiede zwischen In- und Ausland
- Vielfalt der persönlichen Geschmäcke und unterschiedliche Produktgestaltung führen dazu, dass manche Kunden ausländische Erzeugnisse bevorzugen.

Komparative Kostenvorteile

In Bezug auf Preisunterschiede zwischen In- und Ausland sind die absoluten Kostenvorteile nicht unbedingt der einzige Beweggrund für den Austausch von Gütern. Internationale Arbeitsteilung und Handel können auch dann sinnvoll sein, wenn ein Handelspartner bei allen Gütern höhere Kosten hat als der andere. In einem solchen Fall profitieren beide von einem Austausch, wenn sich der günstiger produzierende Partner auf das Gut spezialisiert, bei dem sein Kostenvorteil vergleichsweise größer ist bzw. der teurer produzierende Partner dasjenige produziert, bei dem sein Kostennachteil vergleichsweise geringer ist (**Prinzip der komparativen Kosten** nach David Ricardo).

Heckscher-Ohlin-Theorie der Faktorproportionen

Gründe für unterschiedliche Kosten in verschiedenen Ländern können darin liegen, dass die für ein Gut benötigten **Produktionsfaktoren** in unterschiedlicher Menge vorhanden sind. Die Ursachen für die Kostenunterschiede lassen sich aus den Bestimmungsfaktoren für den Außenhandel ableiten. Weist ein Land beispielsweise sehr große Rohstoffvorkommen auf, so ist es zumindest wahrscheinlich, dass diese auch kostengünstiger abbaubar sind als in Ländern, wo es nur sehr geringe Vorkommen gibt.
Ebenso können Unterschiede im Produktionsverfahren und im Nachfrageverhalten die Ursachen für unterschiedliche Produktionskosten sein (**Heckscher-Ohlin-Theorie der Faktorproportionen**).
Neben den Unterschieden in der Qualität, Menge und Verfügbarkeit spielen auch die Kosten für die Produktionsfaktoren eine wichtige Rolle, denn z. B. Grundstücks- und Rohstoffpreise, Löhne, Sozialabgaben oder Kreditzinssätze weichen zwischen verschiedenen Ländern voneinander ab.

Ursachen des internationalen Handels
Ursachen der internationalen Arbeitsteilung

Mangelnde Liefermöglichkeiten im Inland

- fehlende Rohstoffvorkommen
- ungeeignetes Klima
- unzureichende Fertigkeiten der Arbeiter
- fehlendes Kapital
- fehlende geeignete Unternehmer
- ungeeignete geografische Gegebenheiten

Kundengeschmack

- persönlicher Geschmack der Kunden
- höheres Einkommen führt tendenziell zu steigenden Importen
- unterschiedliche Produktgestaltung

Kostenvorteile

- absolute Kostenvorteile: Produkt kann in dem anderen Land billiger hergestellt werden
- komparative Kostenvorteile: unterschiedliche Kosten- bzw. Preisrelationen zwischen In- und Ausland
- mögliche Ursache für Kostenunterschiede: Spezialisierung, kostengünstige Massenproduktion (*economies of scale*)

Abb. 36.1: Ursachen des internationalen Handels

Produktlebenszyklus und Standortwahl

Internationaler Handel kann sich auch aus der Tatsache ergeben, dass ein Produkt verschiedene Phasen in einem „Lebenszyklus" durchläuft. Je nachdem, in welcher Phase des Lebenszyklus' sich ein Produkt gerade befindet, kommt den einzelnen Faktoren, die bei der Wahl des Produktionsstandortes eine Rolle spielen, eine unterschiedliche Gewichtung zu. Ebenso ist zu beobachten, dass die Entwicklung, die Produktion und die Entsorgung von Produkten auf verschiedene Standorte verteilt sind. Bekleidung wird z.B. in Paris oder Mailand gestaltet, mit amerikanischer oder afrikanischer Baumwolle in Asien produziert und dann weltweit vermarktet, um schließlich als „Altkleidung" irgendwann vielleicht wieder auf einem Second-Hand-Markt in der „Dritten Welt" zu landen.

Präferenzvielfalt und Produktdifferenzierung

Nicht zu unterschätzen ist die Bedeutung der Geschmacksvielfalt der Bevölkerung vor allem in wohlhabenden Industrieländern (Präferenzvielfalt). Diese steigert die Nachfrage nach importierten Produkten und erhöht die Produktauswahl (Produktdifferenzierung).

Freihandel

Verfechter des Freihandels fordern, dass die Vorteile der internationalen Arbeitsteilung, wie sie z.B. David Ricardo beschrieben hat, möglichst ungehindert wirksam werden können. Sie verlangen daher die Abschaffung von Zöllen und sonstigen Handelshemmnissen. Die Welthandelsorganisation (WTO) hat sich dementsprechend die Abschaffung der Zölle und die weltweite Ausweitung des Handels zum Ziel gesetzt.

Protektionismus

Kritiker des Freihandels bezweifeln, dass ein rascher Abbau von Zöllen und Handelshemmnissen für alle Menschen Vorteile bringt. Sie verweisen auf die ungleichen Bedingungen im Welthandel, die es insbesondere Entwicklungsländern erschweren, im Wettbewerb mit den reicheren Industrieländern mitzuhalten. Auf der anderen Seite befürchten sie, dass der globale Freihandel zu einer Abwärtsspirale bei Löhnen, Sozial- und Umweltstandards führen könnte. Daher verteidigen Freihandelskritiker das Recht von Staaten, ihre heimischen Anbieter vor ausländischer Konkurrenz zu schützen (Protektionismus).

Zu den protektionistischen Instrumenten zählen die **tarifären** und die **nichttarifären Handelshemmnisse**. Unter tarifären Handelshemmnissen versteht man u.a. Zölle (Einfuhrgebühren, die importierte Waren verteuern) und Kontingente (mengenmäßige Einfuhrbeschränkungen). Bei den nichttarifären Handelshemmnissen handelt es sich z.B. um bürokratische Regelungen, die die Einfuhr von Waren aus dem Ausland verkomplizieren oder verteuern. Bei solchen Vorschriften ist mitunter schwer abzuschätzen, ob sie wirklich den vorgegebenen Zielen wie Sicherheit, Umwelt- und Gesundheitsschutz dienen, oder ob sie schlichtweg die Einfuhr ausländischer Waren verteuern oder behindern sollen.

Online-Code
006591-0037

3. Chancen und Risiken der Globalisierung

3.1 ... aus der Sicht der Verbraucher

M1 Die Verbraucher profitieren vom Freihandel

Freihandel eröffnet die Chance für einen höheren Wohlstand für alle Länder. Wie Ricardo anhand seines Beispiels mit Tuch und Wein aus England und Portugal aufgezeigt hat (siehe S. 24, M 2), bietet der Freihandel die Chance, dass die Verbraucher in beiden beteiligten Ländern Wein und Tuch günstiger erhalten als ohne Handel. Der internationale Handel erlaubt also – und zwar für alle Länder – eine Ausweitung der Produktions- und Konsummöglichkeiten.

Freihandel sorgt für mehr Wettbewerb, eine größere Auswahl und lässt die Vorteile der Massenproduktion zum Tragen kommen. Besonders in kleinen Ländern oder bei sehr speziellen Produkten kann es ohne Freihandel leicht dazu kommen, dass es in einem Land nur einen oder wenige Anbieter eines Produkts gibt. Jeder weiß oder kann sich vorstellen, welche Nachteile ein fehlender Wettbewerb in puncto Preis, Qualität und Service haben kann. Der Freihandel kann dieses Problem lösen. Viele sehr kleine Anbieter innerhalb eines Landes sind nämlich nicht unbedingt eine gute Lösung, wenn dadurch die Produktion jedes Betriebs so klein wird, dass die Vorteile der Massenproduktion (bessere Auslastung der Maschinen, Mengenrabatte bei der Rohstoffbeschaffung usw.) nicht genutzt werden können.

Freihandel ist sozial. Freihandel sorgt dafür, dass den Konsumenten billigere Produkte in ausreichenden Mengen angeboten werden können. Davon profitieren die unteren Einkommensschichten in besonderem Maße, da sie den Großteil ihres Einkommens für Konsumgüter ausgeben müssen.

Protektionistische Maßnahmen werden meist von lautstarken Minderheiten gefordert, die sich auf Kosten der schweigenden Mehrheit einen Vorteil herbeidemonstrieren. Besonders einflussreiche Branchen (z. B. Landwirte) und Großunternehmen sowie wählerstarke Interessengruppen rufen oft die Regierungen der Industrieländer auf den Plan, sich gegen die „Bedrohung" durch billige Importe aus z. B. Schwellen- und Entwicklungsländern mit protektionistischen Maßnahmen zu verteidigen.

Das häufigste Argument zugunsten protektionistischer Maßnahmen lautet, der Freihandel setze die deutschen Arbeitskräfte dem Wettbewerb mit Billiglohnländern aus. Die einzige Möglichkeit, das hohe deutsche Lohnniveau aufrechtzuerhalten, bestehe im Schutz der heimischen Wirtschaft vor der ausländischen Konkurrenz.

Oberflächlich betrachtet erscheint dieses Argument durchaus stichhaltig, aber es hat einen großen Fehler: Dabei wird das Grundprinzip der komparativen Kostenvorteile übersehen. Der Grund, warum deutsche Arbeiter höhere Löhne erhalten, liegt darin, dass sie im Durchschnitt produktiver sind. Die Handelsflüsse entwickeln sich gemäß dem komparativen Vorteil, nicht nach dem Lohnniveau oder einem absoluten Vorteil.

Wie teuer die vermeintliche Arbeitsplatzsicherung durch protektionistische Maßnahmen den Verbrauchern kommt, zeigt folgendes Beispiel:

> In den Jahren 1983/84 beschränkte die US-Regierung die Einfuhr japanischer Autos. Dadurch erhöhte sich der Beschäftigtenstand in der US-Automobilindustrie um 30 000 Arbeiter. Die amerikanischen Autos waren aber durchschnittlich um 500 US$ teurer als vergleichbare japanische Wagen. Für die 7 Millionen Autos, die in diesem Zeitraum jährlich gekauft wurden, zahlten die Konsumenten also einen „Aufpreis" in Höhe von 3,5 Milliarden US$. Jeder der 30 000 Arbeitsplätze kostete die amerikanischen Autokäufer also insgesamt mehr als 100 000 US$.

Protektionismus zieht den Verbrauchern das Geld aus der Tasche. Schätzungen zufolge kostet die EU-Agrarpolitik eine Familie infolge der künstlich erhöhten Preise rund 1 000 € jährlich. Als Steuerzahler zahlen sie weitere 100 € pro Kopf, mit denen die Landwirte in der EU direkt subventioniert werden. Schätzungen zufolge zahlen Verbraucher und Steuerzahler im OECD-Raum insgesamt 350 Milliarden US$ an Preisaufschlägen und Subventionen an ihre Bauern. Diese Summe würde ausreichen, um jede der 41 Millionen Milchkühe im OECD-Raum eineinhalbmal erster Klasse um die Welt fliegen zu lassen.

Stefan Prochnow, eigener Text

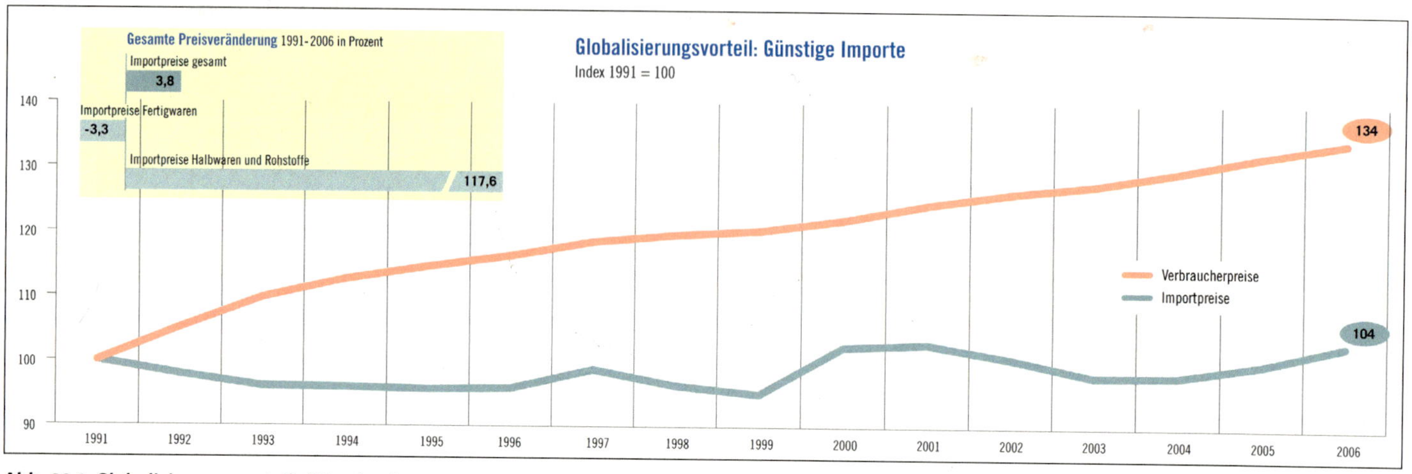

Abb. 38.1: Globalisierungsvorteil: Günstige Importe

Quelle: Statistisches Bundesamt

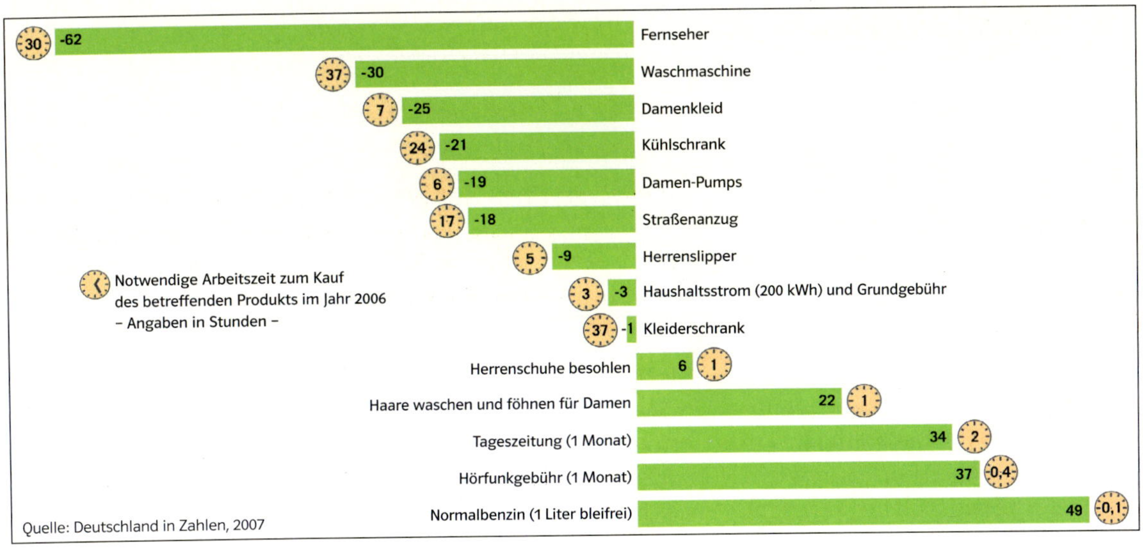

Abb. 39.1: Mehr vom Lohn: Nötige Arbeitszeit zum Kauf ausgewählter Produkte (Veränderung 1991 bis 2006 in Prozent). Viele typische Importwaren sind – in Arbeitszeit gemessen – seit 1991 deutlich billiger geworden. Im Gegensatz hierzu sind die Preise für die heimischen Dienstleistungen merklich angestiegen.

M2 Freihandel gefährdet die Versorgung in der Krise

Wenn ein Land im Zuge der Spezialisierung auf die Herstellung wichtiger Güter wie Weizen, Kohle und Stahl verzichtet, könnte die Versorgung in Krisenzeiten gefährdet sein. Der Staat wäre dann möglicherweise ausländischem Druck ausgesetzt und erpressbar. So stoppte das → **OPEC**-Kartell in den 1970er-Jahren die Erdöllieferungen. Daher streben Wirtschaftspolitiker häufig ein gewisses Maß an → **Autarkie**, also Unabhängigkeit von Einfuhren, an. Dabei gilt es jedoch sorgfältig zu prüfen, ob den damit verbundenen hohen volkswirtschaftlichen Kosten – für die inländischen Konsumenten des Gutes, aber auch für die inländischen Produzenten, deren Exportchancen zum Beispiel durch hohe Energie- oder Vorproduktkosten beeinträchtigt werden, – tatsächlich eine sicherere Versorgung gegenübersteht. So deckt deutsche Kohle gewiss nicht den deutschen Energiebedarf, verteuert aber den Strom.

M3 Beachtung von Verbraucher- und Umweltschutz

Die Notwendigkeit von Vorschriften zum Verbraucherschutz (Gesundheit, Sicherheit von Produkten) und zum Umweltschutz ist heute unbestritten und Gegenstand internationaler Verhandlungen. Technische Normen definieren Mindeststandards, ihre internationale Geltung verbessert die Transparenz und fördert die internationale Arbeitsteilung. Der Gemeinsame Markt der EU ist ein gutes Beispiel für die Angleichung von Standards. Einfuhrkontrollen und gegebenenfalls Einfuhrverbote für gesundheitsgefährdende Produkte liegen im Interesse der Verbraucher, beispielsweise im Falle von → **BSE**-verseuchtem Rindfleisch in der EU oder bei gesundheitlich bedenklichem Spielzeug aus China. Werden solche Vorschriften jedoch diskriminierend in dem Sinne eingesetzt, dass ausländische Anbieter höheren Anforderungen unterliegen als inländische, werden sie zu protektionistischen Instrumenten, sogenannten regulatorischen Handelshemmnissen. Die Übergänge zwischen legitimem Schutzzweck und der protektionistischen Diskriminierung von Konkurrenten sind fließend und ein umstrittenes Thema in der EU und in der Welthandelsorganisation (WTO).

M2 und M3: Klaus-Peter Kruber/Anna Lena Mees/Christian Meyer: Theoretische Grundlagen des internationalen Handels, in: Informationen zur politischen Bildung Heft 299, Bonn 2008, S. 32

M4 Der Fall Wal-Mart

Wal-Mart ist die größte Discount-Supermarktkette (ähnlich wie Aldi und Lidl in Deutschland) in den USA und weltweit.

Viele sehen im Aufstieg Chinas den Beweis, dass der Freihandel eben nicht, wie in der volkswirtschaftlichen Theorie, für alle Beteiligten von Vorteil ist. [...] Die Einzelhandelskette Wal-Mart ist der größte Konzern Amerikas [...]. Wenn ein Unternehmen wie Wal-Mart China zum Großlieferanten macht, hat die amerikanische Industrie ein Riesenproblem. Genau das ist passiert. Während Firmengründer Sam Walton bis zu seinem Tod 1992 noch patriotisch auf heimische Produkte baute („Amerikanische Arbeiter sind besser"), setzen seine Nachfolger so konsequent auf Fernost wie kein zweites Unternehmen: 80 Prozent der Wal-Mart-Lieferanten, insgesamt 5 000 Firmen, sitzen inzwischen im Reich der Mitte. Wäre der Konsumriese ein Staat, stünde er in Chinas Export-Ranking mit einem Handelsvolumen von 18 Milliarden Dollar knapp hinter Deutschland und vor Großbritannien. [...]

Wal-Mart ermuntert auch amerikanische Lieferanten zur Standortverlagerung. Zum Beispiel die Firma Lakewood Engineering & Manufacturing: Lakewood-Ventilatoren kosteten vor zehn Jahren 20 Dollar, das war Wal-Mart zu teuer. Inzwischen lässt das Unternehmen in Shenzhen produzieren, zu Stundenlöhnen von 25 Cent – die Arbeiter am Stammsitz in Chicago hatten 13 Dollar pro Stunde verdient. Die Ventilatoren kosten jetzt nur noch 10 Dollar.

Die Wal-Mart-Story steht für einen neuen Grundkonflikt in der US-Gesellschaft: Über 600 Milliarden Dollar haben die Verbraucher der Investmentbank Morgan Stanley zufolge in den vergangenen zehn Jahren durch Billigimporte eingespart. [...] Andererseits sind allein im verarbeitenden Gewerbe seit 2000 rund 2,7 Millionen Jobs verloren gegangen. Die Wirtschaftsstrategie der USA, sagt Clyde Prestowitz, „besteht faktisch darin, die wichtigsten Industrien des Landes ins Ausland zu verschiffen" [...].

Frank Hornig/Wieland Wagner: Duell der Giganten, in: Der Spiegel 32/2005 vom 8. August 2005, S. 132

Arbeitsaufträge

1. Stellen Sie Argumente für und wider Freihandel und Globalisierung aus der Sicht der Verbraucher gegenüber!

3.2 ... aus der Sicht der Arbeitnehmer

M1 Ein unabhängiges Niedersachsen für mehr Beschäftigung?

Wer gegen den internationalen Freihandel argumentiert, müsste genauso gegen den Freihandel innerhalb Deutschlands protestieren. Außenhandel bringt im Prinzip die gleichen Vorteile wie der Handel innerhalb eines Landes, internationale Arbeitsteilung die gleichen Vorteile wie die Spezialisierung innerhalb eines Landes, etwa die Aufteilung in auf bestimmte Produkte spezialisierte Unternehmen, in auf bestimmte Tätigkeiten spezialisierte Berufe. Niemand würde auf die Idee kommen, die Vorteile der Arbeitsteilung infrage zu stellen und z. B. zu fordern, dass um Niedersachsen herum eine Zollmauer gegen die anderen Bundesländer errichtet wird, um angeblich Arbeitsplätze zu sichern. Doch so absurd es ist, genau diese Forderungen werden aufgestellt, wenn es um die internationale Arbeitsteilung geht. Globalisierungskritiker sind nicht selten Freihandelsgegner und ziehen die Vorteile der internationalen Arbeitsteilung in Zweifel.

Stefan Prochnow, eigener Text

M2 Arbeitsplatzverlagerungen sind gut für die Volkswirtschaft

Der Präsident des Deutschen Gewerkschaftsbundes Michael Sommer sprach von „Erpressung", als der Siemens-Konzern ankündigte, einen Teil der Arbeitsplätze nach Ungarn zu verlagern, falls die geforderten Kostensenkungen in den deutschen Werken nicht erreicht werden. Nun hat auch der Münchner Nutzfahrzeug- und Maschinenbaukonzern MAN mit einer Verlagerung von Arbeitsplätzen gedroht. Und wieder kündigen die Gewerkschaften Widerstand an. Doch sie dürften machtlos bleiben. Diesmal sitzen die Arbeitgeber am längeren Hebel und können die Arbeitnehmervertreter unter Druck setzen. Denn eine Produktionsverlagerung ist eine reine Unternehmensentscheidung. Droht Deutschland nun der Exodus in die Niedriglohnländer Osteuropas?

Grundsätzlich sind es zwei Motive, die deutsche Unternehmen über die Grenzen vor allem nach Osteuropa treiben. Zum einen sind das Expansionsbestrebungen, also Investitionen zur Markterschließung. Durch eine solche Strategie wird keine Produktion in Deutschland ersetzt. Im Gegenteil: Sie kann Arbeitsplätze hierzulande sogar sichern oder mehren. Denn solche Investitionen schaffen in den neuen EU-Beitrittsländern Wohlstand und Kaufkraft – auch für den Erwerb deutscher Produkte. [...]

Nur hinter jenen Investitionen, die aus reinen Kostenmotiven erfolgen, verstecken sich die gefürchteten Arbeitsplatzverlagerungen. Doch wären viele Arbeitsplätze, die bislang verlagert worden sind, aus Kostengründen ohnehin nicht zu erhalten gewesen; sie wären einfach weggefallen. Insofern wird den Unternehmen durch eine Teilverlagerung von Arbeitsplätzen eine Mischkalkulation ermöglicht, um Teile der Produktion in Deutschland zu halten. [...]

Prinzipiell sind Arbeitsplatzverlagerungen in Niedriglohnländer für eine Volkswirtschaft sogar vorteilhaft. Dann kann das Gewicht auf produktivere, innovativere und anspruchsvollere und damit profitablere Tätigkeiten konzentriert werden. Doch dazu benötigt man einen flexibleren Arbeitsmarkt, schneller reagierende Unternehmen und Bildungsinstitutionen sowie – vor allem – eine offenere Mentalität bei Arbeitgebern, Arbeitnehmern und Gesellschaft. Weil die Durchlässigkeit der Branchen in Deutschland nicht sehr groß ist, man auf den „erlernten Beruf" häufig festgelegt wird und weil es Quereinsteiger hierzulande besonders schwer haben, geht der Strukturwandel zu langsam vonstatten. [...]

In Deutschland sucht man nun nach Möglichkeiten, die Standortattraktivität zu verbessern. Zunächst werden Arbeitszeitverlängerungen gefordert. Das lässt die Arbeitskosten etwas niedriger ausfallen, wodurch der Verlagerungsdruck eine Zeit lang vermindert wird. Solchen Aktionen müsste eine Reform des Sozialsystems folgen, um den Faktor Arbeit von Sozialabgaben zu entlasten, und es muss womöglich auch an ein Steuersystem gedacht werden, das günstigere Steuersätze für Unternehmen offeriert. Dann sind Auslandsverlagerungen keine Einbahnstraße mehr, wie das Vielen derzeit noch erscheint. Bereits jetzt kommt auf jede dritte Arbeitsplatzverlagerung ein Unternehmen, das seine Produktion wieder zurückholt. Denn allein die Kostenbetrachtung hat Vielen den Blick dafür verstellt, dass eine Produktion eben nicht nur von Steuersätzen und Arbeitskosten beeinflusst wird, sondern auch von Faktoren wie Arbeitsmentalität, Infrastruktur, Bildungsumfeld. Bei manchem sind die Beitrittsländer aus Osteuropa eben noch nicht wettbewerbsfähig.

Stephan Lorz: Arbeitsplatzverlagerungen sind gut für die Volkswirtschaft, in: Börsen-Zeitung vom 24. April 2004, S. 6

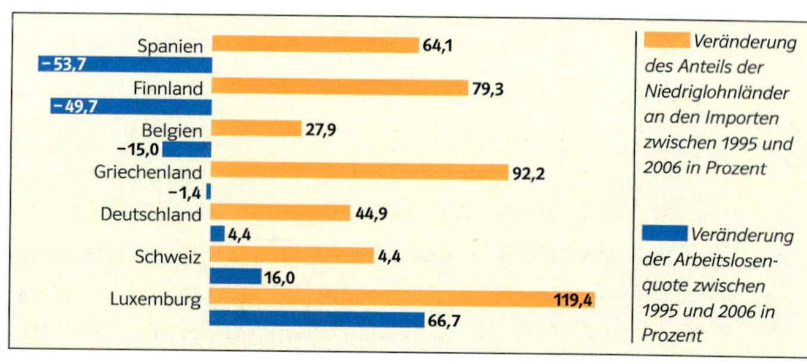

Abb. 40.1: Globalisierung und Arbeitslosigkeit (Quelle: OECD, Initiative Neue Soziale Marktwirtschaft)

M3 Droht uns das Ende der Arbeit?

Die Textilwirtschaft ist abgewandert, ebenso die Möbelindustrie. Heute gibt es kaum noch Jobs in Deutschland in diesen Branchen. Ist das der Lauf der Welt? Geht uns die Arbeit aus, wandert sie ab nach China, Indien oder Osteuropa? Falsch. Was sich in Deutschland und in allen Industrieländern abspielt, nennt man seit Jahrhunderten Strukturwandel, auch wenn es dabei Verlierer und Gewinner gibt. Bei hinreichend flexiblen Arbeits- und Produktmärkten entsteht nämlich auch neue Beschäftigung – vor allem in wissens- und technologieintensiven Branchen.

Jürgen Matthes: Droht uns das Ende der Arbeit?, in: Globalisierung verstehen, Köln 2007, S. 40

M4 Freihandel beschleunigt den Strukturwandel

Wenn internationale Arbeitsteilung dazu führt, dass sich ganze Volkswirtschaften auf bestimmte Wirtschaftstätigkeiten konzentrieren, z. B. die Erzeugung von Computerchips, was geschieht dann mit den Arbeitskräften, die in anderen Wirtschaftszweigen tätig waren? Es verlangt schon sehr viel Anpassungsfähigkeit, wenn von Tausenden Arbeitskräften verlangt wird, dass sie ihren Beruf wechseln und ihre Qualifikation den neuen Anforderungen anpassen. Kann überhaupt aus einem älteren Landarbeiter, der vielleicht Rohstoffe für Kartoffelchips hergestellt hat, ohne Weiteres ein Spezialist für die Produktion von Computerchips werden?

M5 Protektionismus als Medizin gegen Dumpingpreise

Dumpingpreise sind Preise, die unterhalb der Produktionskosten liegen. Unternehmen bieten zu Dumpingpreisen an, wenn sie andere Firmen aus einem Markt verdrängen wollen, um damit eine Monopolstellung zu erringen. Besonders große Unternehmen mit vielen verschiedenen Produkten oder hohen Gewinnspannen bei einigen ihrer Waren können sich eine Zeit lang Dumpingpreise leisten, weil sie die Verluste durch Gewinne bei anderen Produkten oder auf anderen Märkten ausgleichen können. Kleinere Unternehmen – etwa in kleinen Ländern oder in Entwicklungsländern – würden einen Dumpingpreis-Angriff eines ausländischen Großkonzerns nicht lange überleben. Solange es keine wirksame internationale Behörde für die Wettbewerbsaufsicht gibt, die solche Praktiken verhindern oder bestrafen kann, bleibt dem betroffenen Staat nur die Möglichkeit, sich durch Zölle oder andere Schutzmaßnahmen gegen solche Anbieter zu wehren.

M6 Mehr Wohlstand für viele, aber nicht für alle

Ricardo hat die Vorteile des Freihandels an einem Beispiel aufgezeigt (siehe S. 24, M2). Gesamtwirtschaftlich erhöht sich durch die internationale Arbeitsteilung die Produktion in beiden Ländern ohne Mehrarbeit oder Mehrkosten im Vergleich zur → **Autarkie**-Situation ohne Freihandel. Dem ist grundsätzlich auch zuzustimmen. Problematisch ist nur, dass die Freihandelsbefürworter das Schicksal einzelner Arbeitskräfte, aber auch ganzer Regionen vernachlässigen. Was hätte z. B. Mecklenburg-Vorpommern davon, wenn Deutschland sich aufgrund komparativer Kostenvorteile auf den Automobilbau konzentrieren müsste, Landwirtschaft und Schiffbau aber komplett anderen Staaten überlassen würde?

M4 bis M6: Stefan Prochnow, eigener Text

M7 Freihandel führt zu Niedriglöhnen und Sozialabbau

Ricardos Theorie der komparativen Kosten beruht auf → **Produktivität**svorteilen, die Länder bei der Produktion verschiedener Güter ausspielen können, indem sie sich auf diese Güter spezialisieren. Heutzutage spielt sich der Großteil des Handels jedoch zwischen Industrieländern ab, die sehr ähnliche Produktivitätsleistungen erzielen. Ein Arbeiter in den USA kostet nicht viel weniger als in Kanada und kann vergleichbare Güter in gleicher Zeit bzw. Menge herstellen. […] Da die Effizienz und Produktivität bereits durch Konkurrenz und Arbeitsteilung im Inland sehr hoch wird, wird die Verbilligung von Waren – um international konkurrenzfähig zu bleiben – immer mit der Forderung nach niedrigeren Löhnen oder Sozialabgaben einhergehen. Globalisierung und ungehinderter Freihandel können zu einem „Race to the bottom" führen.

Gerald Boxberger/Harald Klimenta: Die 10 Globalisierungslügen. Alternativen zur Allmacht des Marktes. dtv, München 1999, S. 30

M8 Globalisierung: Kein Platz für Geringqualifizierte?

Wer von den Chancen der Globalisierung spricht, sieht die Zukunft der alten Industriestaaten zumeist im Hochtechnologiebereich. Doch nicht jeder ist zum IT-Spezialisten oder begehrten Wirtschaftsingenieur geboren. Gehören Geringqualifizierte also zu den Verlierern der Globalisierung, weil ihre Jobs in besonderer Weise der Niedriglohnkonkurrenz aus dem Ausland ausgesetzt sind? In den letzten Jahrzehnten ist es zu einem massiven Anstieg des globalen Angebots an zumeist gering qualifizierten Arbeitskräften gekommen. China und Indien haben sich dem Weltmarkt geöffnet, ebenso die früheren Ostblockstaaten.

Während das weltweite „Angebot" an Akademikern mit einem Universitätsabschluss […] „nur" um rund 65 Millionen zunahm, hat sich das Angebot an weniger qualifizierten Arbeitnehmern seit 1980 um mehr als 500 Millionen Menschen erhöht. Für den globalen Arbeitsmarkt hat das erhebliche Konsequenzen: Die Arbeitslöhne dürften in Relation zu den Kapitaleinkommen sinken. Ähnliches gilt für die Löhne der Geringqualifizierten im Vergleich zu den Einkommen der Hochqualifizierten […]. Tatsächlich hat die → **Lohnspreizung** vor allem in den USA zugenommen. Für Deutschland weisen die Zahlen ab 1995 nach, dass die Lohnspreizung zwischen Hoch- und Geringqualifizierten deutlich angestiegen ist. Zwar ist ein Teil dieser Entwicklung auf die Wegrationalisierung gering qualifizierter Jobs im Zuge des technischen Fortschritts zurückzuführen; der Rationalisierungsdruck ist aber auch ein Ergebnis eines verschärften globalen Wettbewerbs. […]

Sorgen, dass die → **Reallöhne** in Deutschland auf chinesisches Niveau absinken werden, sind aber unbegründet. Die Arbeitskräfte in Deutschland sind besser ausgebildet als in China und sie arbeiten zumeist an wesentlich besseren Maschinen, das heißt, die → **Produktivität** ist deutlich höher und damit auch das Lohnniveau. […]

Doch auch für Menschen mit geringer Qualifikation gibt es in Zukunft jede Menge Arbeit, etwa in den Zukunftsbranchen Freizeit, Gesundheit und Altenpflege. Solche Tätigkeiten sind naturgemäß an den Standort Deutschland gebunden. Daher sind sie nicht einem so hohen internationalen Wettbewerbsdruck ausgesetzt – und können zudem nicht so leicht wegrationalisiert werden.

nach: Jürgen Matthes: Niedriglohnländer – als Schreckgespenst nicht geeignet, in: Globalisierung verstehen, Köln 2007, S. 46–49

M9 Arbeitsbedingungen in chinesischen Zulieferfabriken von Aldi

Im Auftrag des SÜDWIND Instituts für Ökonomie und Ökumene wurde im Frühsommer 2006 eine Befragung von Beschäftigten aus fünf Kleiderfabriken eines großen chinesischen Unternehmens in Jiangsu durchgeführt. Jiangsu ist eine der drei Spitzenregionen der chinesischen Bekleidungsexportindustrie. Dieses chinesische Unternehmen hat zumindest bis 2005 Aldi beliefert. Unter Bezug auf die entsprechenden ILO-Konventionen wurden die Beschäftigten zu folgenden Themenkomplexen befragt: freie Beschäftigungswahl, Lohn, Diskriminierung am Arbeitsplatz, Kinderarbeit, Vereinigungsfreiheit, Recht auf Kollektivverhandlungen, Arbeitszeiten sowie Arbeits- und Gesundheitsstandards. [...]
Die Aussagen der überwiegend weiblichen Beschäftigten der fünf Kleiderfabriken werden detailliert mit den jeweiligen chinesischen Arbeitsgesetzen verglichen. Die Arbeitsrechtsverletzungen, die in dem Bericht beschrieben werden, gehen über das bisher für chinesische Fabriken bekannte Maß noch hinaus. Neben den schon häufig festgestellten überlangen Arbeitszeiten, Löhnen unterhalb der gesetzlichen Mindestgrenze und Gewerkschaftsrepression enthält dieser Bericht Aussagen über

- wochenlange Lohnzurückhaltungen von Arbeitgebern,
- Kautionszahlungen von Beschäftigten für das Privileg eines Fabrikjobs,
- minderjährige Arbeiter/-innen, die einen Teil ihres Lohns als Vermittlungsgebühren an Schulen abtreten,
- Beschäftigte, die sich nachts heimlich aus den Fabrik-Schlafsälen schleichen, weil sie glauben, vom Management keine Erlaubnis zu einer Kündigung zu erhalten.

Abb. 42.1: Schlafende Textilarbeiterinnen in China (aus dem Film „China Blue“ der Aktion Mensch).

Der Bericht will Importunternehmen wie Aldi nicht auffordern, ihre Lieferbeziehungen zu diesen Fabriken aufzukündigen. Vielmehr sollen sie in den Fabriken Verbesserungen für die Beschäftigten durchsetzen und ihre textile Beschaffung revidieren sowie wirksamen Systemen der Rechenschaftspflicht zustimmen.

Südwind Institut für Ökonomie und Ökumene: All die Textilschnäppchen – nur recht und billig? Siegburg 2007, www.suedwind-institut.de/fileadmin/fuerSuedwind/Publikationen/2007(/2007-2_All_die_Textilschnaeppchen.pdf), aufgerufen am 1. Juni 2011

M10 Sozial- und Arbeitsstandards: Was den Menschen wirklich hilft ...

[...] Jeder kennt die Bilder und ist gleichermaßen schockiert: Kinderarbeit in Afrika, Bergarbeiter in China, die unter unmenschlichen Bedingungen im Bergbau unter Tage arbeiten. Was hat das mit der Globalisierung zu tun? Machen uns die Entwicklungsländer mit niedrigen Arbeits- und Sozialnormen unfaire Konkurrenz? Und müssen Entwicklungsländer nicht ähnliche Sozialstandards wie die Industrieländer einführen, um einen fairen Handel zu gleichen Bedingungen herzustellen und auf diese Weise die Lebensbedingungen vor Ort zu verbessern?
Wer so argumentiert, hat die Moral auf seiner Seite. Er übersieht aber gern, dass die niedrigen Löhne und Sozialleistungen in den Entwicklungsländern der Reflex einer niedrigeren Produktivität der Länder sind. Die Menschen sind schlechter ausgebildet und haben weniger gute Maschinen und Technologien zur Verfügung. Daher erwirtschaften sie weniger als ihre besser qualifizierten Kollegen in den entwickelten Staaten. Folglich ist es nur natürlich, wenn Löhne und durch Sozialstandards bedingte Lohnzusatzkosten dort niedriger sind. Es ist nicht selten einer der wenigen Preisvorteile, mit denen Entwicklungsländer überhaupt Investoren anwerben können. Würde man von heute auf morgen europäische Lohn- und Sozialstandards in den Entwicklungsländern einführen, zögen Investoren ab und die Arbeitslosigkeit stiege. Kein Wunder, dass vor allem die Entwicklungsländer selbst gegen die Einführung von solchen Standards opponieren. Gewerkschaften, die globale Löhne auf westeuropäischem Niveau fordern, haben also nicht das Wohl der Dritten Welt im Auge, sondern in erster Linie die Arbeitsplätze der eigenen Klientel.

nach: Jürgen Matthes: Sozial- und Arbeitsstandards. Was den Menschen wirklich hilft ..., in: Globalisierung verstehen, Köln 2007, S. 150 f.

Land	Textilindustrie	Bekleidungsindustrie
Bangladesch	0,25	0,39
China	0,69	0,88
Dänemark	23,10	18,71
Deutschland	21,48	18,04
Haiti	k. A.	0,49
Honduras	k. A.	1,48
Indien	0,57	0,38
Kenia	0,62	0,38
Kolumbien	1,82	0,98
Polen	3,15	2,77
Portugal	4,51	3,70
Thailand	1,24	0,91
Türkei	2,13	k. A.

Abb. 42.2: Bruttostundenlöhne in US$ im internationalen Vergleich (Stand 2002); Quelle: ITC 2003, EU 2004

M11 Globalisierung macht die Reichen immer reicher

Eigentlich sind es gar nicht viele: „Nur" 514 Dollar-Milliardäre verzeichnet die US-Bank Merril Lynch im ihrem „Weltwohlstandsbericht" aus dem Jahre 2000. 276 davon sind Nordamerikaner, 115 Europäer, 77 Asiaten und 14 kommen aus dem Nahen Osten, aus dem ehemaligen Ostblock oder aus Afrika. Nun wäre dies nicht weiter schlimm, würde sich hinter dieser Zahl nicht ein großes Problem verbergen: Der Weltmarkt spaltet die Menschheit in Gewinner und Verlierer. Die Kluft zwischen Arm und Reich wird immer größer.

In dem „Bericht über die menschliche Entwicklung" aus dem Jahre 1998 zeigt die UNO auf, dass die Einkünfte der reichsten 20 Prozent der Weltbevölkerung 1960 „nur" 30 Prozent höher waren als die Einkünfte der ärmsten 20 Prozent. Im Jahre 1997 hatten die Reichen bereits um knapp 70 Prozent mehr als die Armen – seither ist der Abstand weiter gewachsen. Die Verhältnisse sind dramatisch: Das Vermögen der drei reichsten Personen der Welt ist höher als das Bruttosozialprodukt der 48 ärmsten Länder. Die 225 reichsten Menschen der Welt besitzen mehr als 47 Prozent der Menschheit. Eine Milliarde Menschen muss dagegen mit weniger als einem Dollar pro Tag auskommen.

Publik-Forum (Hrsg.): Dossier Globalisierung 4/2002, Oberursel 2002

Abb. 43.1: Beispiel für eine Kampagne der Aktion Saubere Kleidung zu den Arbeitsbedingungen bei Zulieferbetrieben von Lidl (Ausschnitt aus einem Flyer)

Arbeitsaufträge

1. Stellen Sie mögliche Chancen und Risiken der Globalisierung aus der Sicht der Arbeitnehmer gegenüber!
2. Erklären Sie, ob die folgenden Aussagen richtig sind, und begründen Sie Ihre Antwort! Sollte eine Aussage falsch sein, stellen Sie sie richtig!
   a) „Wir Polen werden mit unserem Nachbarn im Westen nicht konkurrieren können. Die Fabriken dort sind zu effizient, es gibt so viele Maschinen, die Ausbildung der Arbeiter ist einfach zu gut. Wir brauchen Zölle oder wir werden nichts mehr exportieren können. Wir sollten aus der EU austreten."
   b) „Sollten deutsche Arbeitnehmer durch Freihandel dem Wettbewerb mit billigen polnischen oder gar indischen Arbeitskräften ungeschützt ausgesetzt werden, so ist mit einer drastischen Senkung unserer Löhne zu rechnen."
   c) „Zölle und Subventionen könnten Tausende von Arbeitsplätzen in Deutschland sichern!"
3. „Einfuhrbeschränkungen, die den Verkauf billiger ausländischer Waren in Deutschland begrenzen, sind notwendig, um den Wohlstand der Deutschen zu schützen."
   a) Bewerten Sie diese Aussage eines Politikers!
   b) Erklären Sie, warum manche Politiker solche Aussagen besonders vor Wahlen verkünden!
4. „Der durchschnittliche deutsche Arbeitnehmer hat Vorteile durch den Export, aber Nachteile durch den Import." Nehmen Sie Stellung zu dieser Aussage!
5. Angenommen, viele Deutsche würden einheimische Produkte bevorzugen, auch wenn sie teurer sind. Welche Auswirkungen hätte das? Würden dadurch mehr Arbeitsplätze in Deutschland geschaffen?
6. Manche Länder unterstützen einheimische Unternehmen mit Subventionen, die es ihnen ermöglichen, ihre Waren in Deutschland zu geringen Preisen zu verkaufen. Sind Sie der Auffassung, dass Deutschland (bzw. die EU) nun Zollbarrieren errichten sollten, um die staatlich subventionierten, billigeren ausländischen Güter aus Deutschland fernzuhalten? Begründen Sie Ihre Meinung!
7. Wo liegt der Fehler in der folgenden Überlegung? Ein Politiker behauptet, dass Zölle auf importierte Autos die Beschäftigung in Deutschland erhöhen würden. Nachdem er die Zölle eingeführt hat, steigt die Zahl der Arbeitskräfte in der deutschen Autoindustrie um 50 000. Der Politiker brüstet sich fortan, durch die Zölle 50 000 Arbeitsplätze in Deutschland geschaffen zu haben.
8. „Zölle reduzieren nicht nur den Umfang der Importe – sie reduzieren (ungewollt) auch den Umfang der Exporte." Ist diese Aussage richtig oder falsch? Erklären Sie Ihre Antwort!
9. Beschreiben Sie die möglichen Auswirkungen auf die deutsche Wirtschaft und den Arbeitsmarkt, die die Einführung eines hohen Zolls für billigeren ausländischen Stahl hätte!
10. Nehmen Sie zu der Aussage Stellung: „Bei der Entscheidung zwischen Freihandel und Protektionismus ist letztlich zwischen Effizienz und sozialer Gerechtigkeit abzuwägen: Freihandel ist effizient, bietet aber den Schwachen keinen Schutz vor Ausbeutung und keine Gewähr für eine langfristig optimale Entwicklung ihrer Wirtschaftsstruktur."
11. Recherchieren Sie die Bedingungen für die Arbeitnehmer in Zulieferbetrieben von Unternehmen wie Adidas, Ikea oder Lidl. Wie reagieren die Unternehmen? (www.ci-romero.de, www.saubere-kleidung.de)

3.3 ... aus der Sicht der Unternehmer

Aus der Sicht der Unternehmer bietet die Globalisierung sowohl Chancen als auch Risiken: Einerseits können durch globale Beschaffung die Vorprodukte und Zulieferteile billiger werden. Auch bietet sich die Chance, die eigenen Absatzmärkte zu vergrößern. Andererseits erhöht sich aber auch die Zahl der Konkurrenten und somit der Wettbewerbsdruck.

Petition der Hersteller von Kerzen, Talglichtern, Lampen, Leuchtern, Straßenlaternen, Lichtputzscheren und Löschhütchen sowie der Fabrikanten von Talg, Öl, Harz, Alkohol und allem, was mit Beleuchtung zu tun hat

Sehr geehrte Damen und Herren,
Sie machen sich viele Gedanken über das Schicksal der Hersteller. Sie möchten sie von jeder äußeren Konkurrenz befreien, mit einem Wort, Sie wollen den heimischen Markt allein für heimische Arbeit reservieren. [...] Wir müssen aber die unerträgliche Konkurrenz einer ausländischen Rivalin hinnehmen, die, wie es den Anschein hat, bei der Produktion von Licht von Bedingungen profitiert, die unsere bei weitem übersteigen, und so unseren heimischen Markt mit Licht zu absurd herabgesetzten Preisen geradezu überschwemmt; sobald sie auftaucht, hat es mit unserem Geschäft ein Ende. Alle Verbraucher wenden sich ihr zu, und auf einmal stagniert eine ganze, weit verzweigte Branche der heimischen Industrie. Diese Rivalin [...] führt einen so erbitterten Kampf gegen uns, dass man meinen möchte, unsere englischen Feinde hätten sie uns geschickt [...], zumal sie jener hochmütigen Insel eine Rücksicht entgegenbringt, auf die sie uns gegenüber vollkommen verzichtet. Wir fordern höflichst die Einführung eines Gesetzes, das den Verschluss aller Fenster, Dachluken, Lichtöffnungen, Fensterläden, Vorhänge, Oberlichter und Rouleaus gebietet, mit einem Wort aller Öffnungen, Löcher, Spalten und Risse, durch die [unsere Konkurrenz] in unsere Häuser einzudringen pflegt und damit den schönsten Industrien zum Nachteil gereicht, mit denen wir, ohne uns schmeicheln zu wollen, dieses Land ausgestattet haben, welches sich heute nicht so undankbar zeigen wird, uns in diesem ungleichen Kampf im Stich zu lassen [...]

Abb. 44.1: Satirischer Brief des Frederic Bastiat gegen den zunehmenden Protektionismus in Frankreich im 19. Jahrhundert, in: Marianne und Claus Diem (Hrsg.): Der Staat – die große Fiktion, NZZ Libro, Zürich 2009

M1 Protektionismus schadet mehr, als er nützt

Wie Ricardo in seiner Theorie der komparativen Kosten nachgewiesen hat, stellen sich durch internationale Arbeitsteilung und Spezialisierung alle Länder besser. Die Menschen können eine größere Menge an Gütern für dieselbe Arbeitszeit kaufen. Bei Öffnung der Grenzen für den internationalen Handel steigt das Volkseinkommen aller Länder, die sich daran beteiligen. Trotz dieser Tatsache werden die Regierungen laufend von Interessengruppen belagert, die „Schutzmaßnahmen" in Form von Zöllen oder mengenmäßigen Einfuhrbeschränkungen verlangen. Dem nachzugeben ist unvernünftig. Letztlich zahlen nämlich alle Verbraucher die Zeche für die Schutzmaßnahmen, da die „geschützten" Güter für sie dadurch teurer werden. Der Verbraucher wird – sarkastisch formuliert – also davor „geschützt", billigere Waren aus dem Ausland zu kaufen. Dadurch bleibt ihm natürlich auch weniger Geld, um sich andere Waren zu kaufen, sodass der Protektionismus schließlich nach hinten losgeht: Die Verbraucher werden gezwungen, teurere einheimische Produkte zu kaufen, haben deswegen aber auch weniger Geld, um sich andere (darunter auch wiederum einheimische) Produkte zu kaufen. Vom Protektionismus profitieren also allenfalls die Aktionäre und Arbeitskräfte in den geschützten Branchen. Verlierer sind die Verbraucher, die ausländischen Hersteller, aber auch zahlreiche inländische Betriebe, deren Waren weniger gekauft werden, weil a) die inländischen Verbraucher wegen der überteuerten Preise bei „geschützten" Gütern weniger Geld haben und b) das Ausland weniger Geld ausgeben kann, weil es weniger in unser Land exportiert.

Warum treten dann so viele Menschen für protektionistische Maßnahmen ein? Und warum sieht man so gut wie nie Demonstrationen *für* den Freihandel? Nun, für die Unternehmer und Arbeitskräfte in den Branchen, die im internationalen Vergleich zu teuer sind, geht es um das Überleben ihrer Firma. Sie setzen sich daher vehement für ihre Forderungen nach Schutzzöllen oder Subventionen ein und geben auch viel Geld für ihre politische Lobbyarbeit aus. Für den einzelnen Verbraucher macht der Preisunterschied durch die Zölle bei einem einzelnen geschützten Produkt wie beispielsweise einem Lebensmittel vielleicht nur wenige Cent aus – dafür geht kaum einer auf die Straße. Dabei übersieht man nur allzu leicht, dass die zusätzliche Belastung für die Verbraucher insgesamt mehrere Tausend Euro im Jahr betragen kann.

Stefan Prochnow, eigener Text

M2 Importbehinderung ist immer auch Exportbehinderung

Wird die Einfuhr von Vorprodukten (z. B. Kohle, Stahl) durch Zölle verteuert, verschlechtert dies die Exportchancen anderer Wirtschaftszweige, z. B. der Autoindustrie. Dies führt zu hohen, aber nicht für jedermann offensichtlichen volkswirtschaftlichen Verlusten. Werden ausländische Anbieter ausgesperrt – wie dies beim EU-Agrarmarkt der Fall ist –, fehlen der Volkswirtschaft außerdem Exporterlöse, die es ihr ermöglichen würden, Produkte auch aus den EU-Ländern zu kaufen. Über Kredite und Entwicklungshilfe werden diesen Ländern dann Mittel aus Steuergeldern zur Verfügung gestellt, die sie ohne die Handelsbehinderungen mit ihren Exporten selbst verdienen könnten.

Stefan Prochnow, eigener Text

M3 Eine strategische Handelspolitik kann zukunftsträchtige Branchen fördern

Moderner Protektionismus ist strategische Handelspolitik. Mithilfe gezielter Subventionen fördert der Staat solche Branchen, die zukunftsträchtig sind und somit langfristig sichere Arbeitsplätze bieten. Beispiele sind die Computerindustrie, Windkraft- und Solaranlagen. Auch die Airbus-Flugzeugfamilie verdankt ihren Erfolg der strategischen Handelspolitik der EU, ohne deren Subventionen sich die europäischen Flugzeuge wohl niemals gegen die etablierte US-amerikanische Konkurrenz hätten durchsetzen können.

Stefan Prochnow, eigener Text

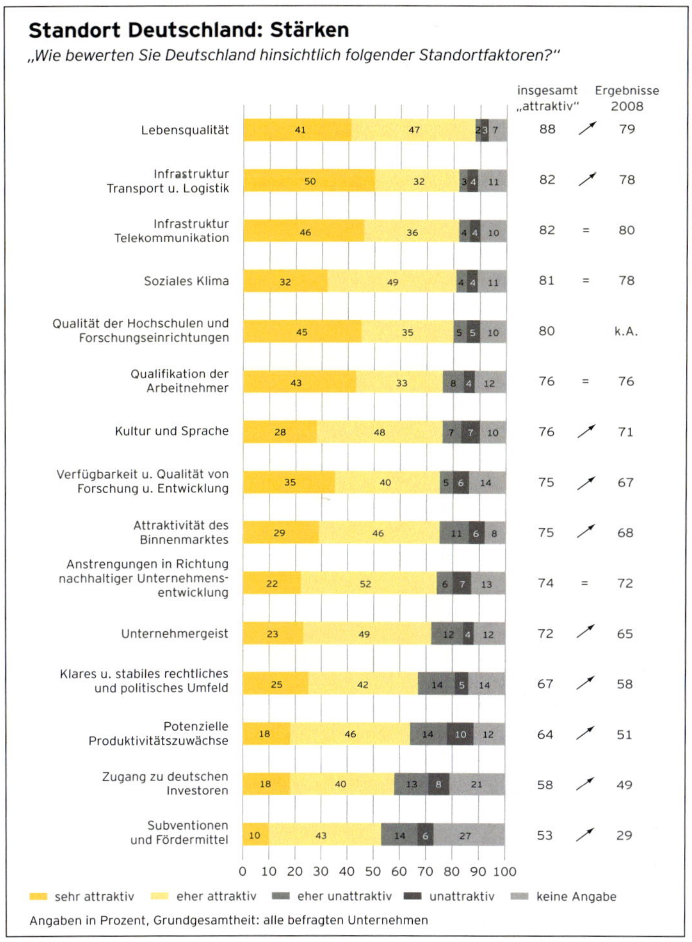

Abb. 45.1: Standort Deutschland – Stärken

M4 Panik in Granit

Die Grabsteinindustrie im US-Städtchen Elberton sah einer glänzenden Zukunft entgegen – bis eine chinesische Firma in den Ort kam. [...] Ein Drittel aller US-Grabmale stammen von hier. Allein vergangenes Jahr wurden 250 000 Stück aus der grau-blauen Vene gehauen, die sich 56 Kilometer lang und knapp 10 Kilometer breit unter dem Ort entlangzieht und 2 300 Menschen Lohn und Brot beschert. [...] Doch plötzlich, ein Jahr vor den Feierlichkeiten zum 200. Stadtgeburtstag, gerät die Zukunft von Elberton ins Wanken. „Der Schatten der Globalisierung senkt sich über die US-Grabsteinindustrie", warnt Tom Robinson, Geschäftsführer der Elberton Granite Association (EGA).

Der Schatten hat sich nur wenige Meter neben dem Ortskern niedergelassen, eine weiße Lagerhalle gleich neben den Bahngleisen. Hier zog 1998 die Firma Sinostone ein, eine Tochter der chinesischen Wanli Stone Group aus Xiamen. Sinostone importiert fertig polierte Grabmale aus China. Und verkauft sie in den USA für die Hälfte der einheimischen Preise. [...] „Wir zahlen unseren Arbeitern Stundenlöhne von 15 bis 25 Dollar, die Chinesen schuften 16 Stunden für einen Dollar am Tag. Wie sollen wir da konkurrieren?", klagt Bob Paul von Eagle Granite. Gene Roberts, Präsident von Old South Granite, marschierte Anfang des Jahres kurzerhand zu Sinostone-Geschäftsführerin Su Xian. Ihre Steine seien zu billig, sagte er ihr, das würde amerikanische Jobs vernichten. Chinesische Menschen brauchen auch Jobs, habe die ihm geantwortet. [...] „Freier Handel bedeutet auf lange Sicht eine Bedrohung für Amerikas ökonomische Unabhängigkeit", sagt Robinson. „Die Stahl-, Textil- und Elektronikindustrie, einst Ikonen amerikanischen Handwerks, sind bereits vernichtet. Wenn wir so weitermachen, kann uns die ganze Welt erpressen."

Michaela Schießl: Panik in Granit, in:
Der Spiegel Nr. 33 vom 12. August 2002, S. 78

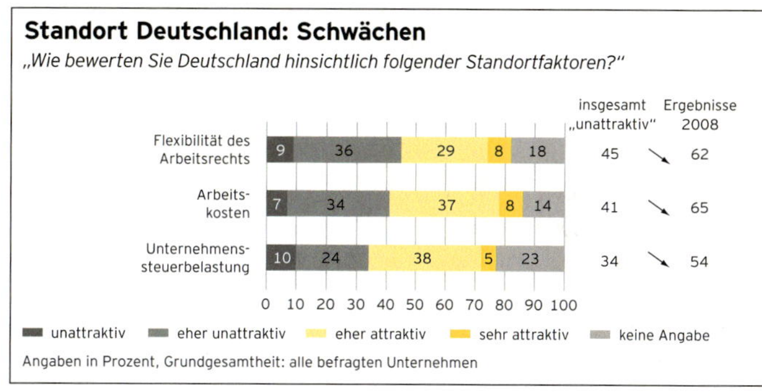

Abb. 45.2: Standort Deutschland – Schwächen

Arbeitsaufträge

1. Dechiffrieren Sie den satirischen Text von Frederic Bastiat (S. 44): Was kritisiert der Verfasser? Und wer ist die „ausländische Rivalin", die den einheimischen Lampenherstellern angeblich so zu schaffen macht?
2. Nennen Sie Interessengruppen, die in Deutschland Interesse an der Durchsetzung
   a) protektionistischer Maßnahmen bzw.
   b) des Freihandels haben!
3. Stellen Sie die Chancen und Risiken des Freihandels bzw. des Protektionismus aus der Sicht der Unternehmer der Sicht der Arbeitnehmer gegenüber!
4. Erklären Sie, warum viele Staaten höhere Zölle bei der Einfuhr von Fertigwaren als bei Rohstoffen erheben!
5. Mit welchen Argumenten fordern die Unternehmer aus Elberton in M4 protektionistische Maßnahmen? Welche Überlegungen sprechen aus Sicht der amerikanischen Regierung für, welche gegen die Einführung solcher Maßnahmen? Erklären Sie Ihre Antwort!
6. Nehmen Sie Stellung zu folgender Aussage: „Nicht ganze Länder sind Gewinner oder Verlierer des Freihandels oder des Protektionismus, sondern einzelne Regionen und Arbeitnehmergruppen innerhalb der Länder."

Multinationale Unternehmen

M1 Multinationale Unternehmen in der Kritik

Die Vorwürfe sind vielfältig: Sie seien inzwischen mächtiger als Staaten, siedelten sich vorzugsweise in Entwicklungsländern mit Unrechtsregimen an und beuteten die Menschen in den armen Ländern […] aus. Diese Kritik ist jedoch überzogen.

Als vermeintlichen Beleg für den großen Einfluss der → **multinationalen Unternehmen** führen manche Globalisierungsgegner oft an, der Umsatz zahlreicher Firmen sei größer als die Wirtschaftsleistung vieler Staaten. Dabei vergleichen sie jedoch Umsatz mit **Wertschöpfung,** was nicht das Gleiche ist. Im Umsatz sind die Zulieferungen anderer Unternehmen enthalten. Wenn diese grob herausgerechnet werden, gab es im Jahr 2000 immerhin 43 Länder, die eine höhere Wertschöpfung hatten als das größte internationale Unternehmen (Wal-Mart). Zudem zeigt sich: Die 50 größten multinationalen Unternehmen kommen zusammen lediglich auf ein Zwanzigstel der Wertschöpfung der 50 größten Volkswirtschaften. Doch finanzielle Größe ist nicht gleichzusetzen mit politischem Einfluss. So wird der Spielraum der Konzerne durch die Macht der Verbraucher eingeengt. Denn sehr oft sind die Absatzzahlen vom Image einer Marke abhängig, sodass die Firmen auf ihre Reputation achten müssen. Vor allem aber werden die globalen Unternehmen von den Wettbewerbsbehörden in ihre Grenzen gewiesen, wie etwa die Fälle Microsoft und General Electric gezeigt haben. Alles in allem versuchen die multinationalen Konzerne zweifellos, politischen Einfluss zu nehmen, doch darf dieser gerade angesichts einer stark mittelständisch geprägten Wirtschaft in Deutschland nicht überschätzt werden.

Ihre Aktivitäten in Entwicklungsländern haben die transnationalen Firmen im Zeitverlauf immer weiter ausgedehnt und sich dabei auch zunehmend ärmeren Staaten zugewandt […]. Grundsätzlich sind die Entwicklungsländer daran interessiert, ausländische **Investitionen** anzuziehen, weil eigenes Kapital für heimische Investitionen knapp ist und weil die Möglichkeit besteht, von den moderneren Technologien und dem Know-how zu lernen. Die Globalisierungsgegner behaupten nun, dass die multinationalen Unternehmen den Wunsch der Entwicklungsländer nach ausländischen Investitionen ausnutzen würden, um möglichst billige Produktionsbedingungen zu erhalten, und möglicherweise sogar undemokratische Länder bevorzugen, wo sie sich die Gunst des Regimes und günstigere Konditionen erhoffen würden. Sicherlich gibt es immer wieder Einzelfälle, in denen multinationale Unternehmen in dieses Raster passen. Doch wissenschaftliche Studien zeigen, dass dies für das überwiegende Gros der transnationalen Firmen nicht zutrifft. So fallen die ausländischen **Direktinvestitionen** im Länderquerschnitt umso höher aus, je besser die demokratischen Rechte und die grundlegenden Arbeitsnormen, etwa das Verbot von Kinderarbeit, ausgestaltet sind. Zudem bieten die multinationalen Unternehmen in den Entwicklungsländern im Durchschnitt bessere Arbeitsbedingungen, als die Menschen sie bei heimischen Betrieben erhalten. […]

Jürgen Matthes: „Multinationale Unternehmen" im INSM-Lexikon, http://insm-lexikon.de, aufgerufen am 7. Oktober 2011

Abb. 46.1: Karikatur (Horst Haitzinger)

M2 Fusionswelle

Der Trend zu internationalen Fusionen hält an. Fusionen gelten als Mittel zur Steigerung des → **Shareholder Values** und der → **Produktivität**. Sie können zur Erschließung neuer Märkte führen, zu einer Ausweitung der Produktpalette oder zu Größenvorteilen bei der Produktion. Sie können somit die Wettbewerbsfähigkeit in rauer werdenden globalen Märkten steigern. Allerdings können sie auch zu stärkerer Marktkonzentration und damit zu weniger Wettbewerb führen. Nicht wenige befürchten, dass große MNUs [multinationale Unternehmen] dann auch an politischem Einfluss gewinnen. Medienriesen können unsere Wahrnehmung der Ereignisse bestimmen, hochmobile Konzerne immer dort produzieren, wo Löhne oder Sozial- und Umweltstandards gerade am niedrigsten sind. Arbeitnehmer und Regierungen werden erpressbar. Was gut ist für die Konzerne, ist auch gut für unser Land? […] Je mächtiger ein Unternehmen ist, desto größer ist auch seine soziale Verantwortung.

nach: Michael Renner: Die Fusionswelle rollt, in: Lester R. Brown/ Michael Renner/Brian Halweil: Vital Signs – Zeichen der Zeit 2000/2001, Wochenschau-Verlag, Schwalbach 2000, S. 136 f.

M3 Global Compact – ein Schritt zu mehr Verantwortung?

Global Compact ist der Name für einen weltweiten Pakt, der zwischen Unternehmen und der UNO geschlossen wird, um die Globalisierung sozialer und ökologischer zu gestalten. Die Teilnahme am Global Compact ist denkbar einfach. In einem kurzen Brief an den UN-Generalsekretär erklärt ein Unternehmen seinen Willen, sich darum zu bemühen, in Zukunft bestimmte soziale und ökologische Mindeststandards einzuhalten. Unternehmen, die den Global Compact unterschreiben, sollen

1.) die international verkündeten Menschenrechte respektieren und ihre Einhaltung innerhalb ihrer Einflusssphäre fördern,
2.) sicherstellen, dass sie nicht bei Menschenrechtsverletzungen mitwirken,

3.) die Rechte ihrer Beschäftigten, sich gewerkschaftlich zu betätigen, respektieren sowie deren Recht auf Kollektivverhandlungen effektiv anerkennen,
4.) alle Formen von Zwangsarbeit bzw. erzwungener Arbeit ausschließen,
5.) an der Abschaffung von Kinderarbeit mitwirken,
6.) jede Diskriminierung in Bezug auf Beschäftigung und Beruf ausschließen,
7.) eine vorsorgende Haltung gegenüber Umweltgefährdungen einnehmen,
8.) Initiativen zur Förderung größeren Umweltbewusstseins ergreifen,
9.) die Entwicklung und die Verbreitung umweltfreundlicher Technologien ermutigen und
10.) gegen alle Arten der Korruption eintreten, einschließlich Erpressung und Bestechung.

Das deutsche Netzwerk umfasst 20 der DAX-30-Konzerne, kleine und mittelständische Unternehmen sowie wissenschaftliche Einrichtungen wie die Freie Universität Berlin und Nichtregierungsorganisationen wie Amnesty International.

Kritik

Die Prinzipien des Global Compact sind Minimalstandards, die auf Dokumenten beruhen, die von einem Großteil der Völkergemeinschaft akzeptiert werden und daher ohnehin in die nationale Rechtsprechung eingeflossen sind. Sie werden daher als zu schwach und unwirksam kritisiert. Darüber hinaus ist die Einhaltung der Kriterien freiwillig. Es gibt keine Sanktionen, falls ein Unternehmen die selbst gesteckten Ziele nicht erfüllt. Das derzeit einzige Instrument des Global Compact ist die Verpflichtung zur jährlichen Kommunikation, die über Fortschritte und Probleme in der Entwicklung der Unternehmen berichten soll. Nicht kommunizierende Unternehmen werden auf der Website der Organisation gesondert aufgeführt, bei zweimaligem Versäumnis wird die Teilnahme als beendet angesehen. Die Inhalte der abgegebenen Berichte werden jedoch nicht überprüft und stellen somit nur eine freiwillige Selbstauskunft dar. Die Richtlinien der Global Reporting Initiative werden zwar als mögliche, aber unverbindliche Standards für diese Nachhaltigkeitsberichte empfohlen.
Die niedrige Aufnahmebarriere führt außerdem dazu, dass sich auch Unternehmen, die gegen die Prinzipien verstoßen, auf der Liste der Teilnehmer befinden. Es ist somit von außen nicht ersichtlich, ob das Unternehmen die Richtlinien tatsächlich einhält oder sich zumindest in einem Prozess der Besserung befindet, oder die Mitgliedschaft in der Organisation als Werbemaßnahme ansieht.
Zusammenfassend lautet die Kritik, dass die beteiligten Unternehmen mit dem Global Compact keine Verpflichtung eingehen, sondern ihn als Werbeinstrument missbrauchen. Sie profitieren vom seriösen Ruf der UNO, ohne tatsächlich soziale und ökologische Mindeststandards einzuhalten. In Anspielung auf die blaue Farbe der UNO wird dieses Verhalten als bluewash (blauwaschen) bezeichnet. Einige nichtstaatliche Organisationen haben deshalb gedroht, den Pakt zu verlassen, wenn er nicht verbindlicher wird.

Stefan Prochnow, eigener Text

M4 Dokumentarfilm „The Corporation"

- Google-Video „The Corporation", 144 Minuten, Englisch mit deutschen Untertiteln
- http://web760.andrea.webhoster.ag/upload/uni/Protokoll_WorldCafe.pdf
- www.thecorporation.com

(aufgerufen am 7. Oktober 2011)

M5 Shareholder Value

Der Begriff „Shareholder Value" stammt aus dem englischen Sprachgebrauch und heißt übersetzt so viel wie „Aktionärsvermögen" (Shareholder = Aktionär; Value = Wert, Vermögen). Hiermit meint man eine Unternehmensstrategie, bei der sich die Geschäftspolitik auf die langfristige Gewinnmaximierung für die Aktionäre ausgerichtet hat.
Beim Shareholder Value werden alle Unternehmensentscheidungen danach orientiert, den Kurswert der Aktien und die Dividendenzahlungen nachhaltig zu steigern, um damit auch eine Mehrung des Aktionärsvermögens zu erreichen. Folglich ist auch der Unternehmenswert langfristig von der Profitabilität und dem Wachstum des Betriebes abhängig.
Allerdings erfährt das Shareholder-Value-Konzept auch regelmäßig Kritik, da es allein auf Gewinnmaximierung ausgerichtet ist und dadurch die Interessen anderer Personengruppen missachtet. So gelangen beispielsweise die Beschäftigten, die Zulieferer, der Staat und die allgemeine Öffentlichkeit in den Hintergrund.

www.finanz-lexikon.de/shareholder%20value_547.html, aufgerufen am 7. Oktober 2011

Arbeitsaufträge

1. Beschreiben Sie die Gründe für Unternehmensfusionen M2! Inwiefern sind MNU gleichzeitig Antreiber und Getriebene im globalen Wettbewerb?
2. Beschreiben und interpretieren Sie die Karikatur (Abb. 46.1)!
3. Erklären Sie die Bedeutung multinationaler Unternehmen im Globalisierungsprozess!
4. Beurteilen Sie, inwiefern der Global Compact M3 einen Schritt zu mehr globaler Verantwortlichkeit für Unternehmen darstellt!
5. Unterbreiten Sie Vorschläge, wie Unternehmen dazu gebracht werden können, ihrer sozialen Verantwortung gerecht zu werden!
6. Diskutieren Sie ausgewählte Thesen des Films „The Corporation" M4 !
7. Erläutern Sie den Begriff „Shareholder Value" (M5, Glossar)!

3.4 … aus der Sicht des Staates

M1 Neue Machtverteilung zwischen Wirtschaft und Politik

*Auszüge aus einem Interview mit Ernst Ulrich von Weizsäcker (geb. 1939, SPD), dem Vorsitzenden der → **Enquête-Kommission** „Globalisierung der Weltwirtschaft – Herausforderungen und Antworten zu Auswirkungen der Globalisierung“:*

Frage: Zu welchen Ergebnissen ist Ihre Enquête-Kommission gelangt?

Weizsäcker: Die wichtigste Erkenntnis ist, dass die Demokratien auf die Globalisierung, also auf die immer stärkere Verflechtung des Austauschs von Waren und Dienstleistungen, mutig reagieren müssen – grundsätzlich wie im Detail. Noch vor 25 Jahren haben die Staaten den Unternehmen gesagt, was sie tun müssen, damit sie willkommen sind. Heute ist es genau umgekehrt. Die Firmen sagen den Staaten, was zu geschehen hat, damit sie so gnädig sind zu investieren. Diese Umkehrung darf Demokratien nicht gleichgültig lassen.

Frage: Sehen Sie darin eine Gefahr für die Demokratien?

Weizsäcker: Ja, durchaus. Denn die Machtverteilung zwischen Markt und Staat stimmt nicht mehr. Die Bürger wissen, dass die Partei oder die Person, die sie bei einer Wahl unterstützen, nicht mehr so souverän ist wie vor 30 Jahren. Das gilt es zu ändern und dem Politischen gegenüber dem rein Ökonomischen wieder mehr Bedeutung zu geben.

Frage: Die Anhänger der Globalisierung würden jetzt einwenden, dass diese möglichst ungehindert ablaufen sollte.

Weizsäcker: Niemand bestreitet die guten Seiten. Ein Blick in die Warenhäuser und Supermärkte genügt. Die Zahl der anspruchsvollen Arbeitsplätze ist gestiegen – auch in ärmeren Ländern. Globalisierung heißt auch kulturelle Bereicherung. Aber der politische Handlungsbedarf liegt nicht bei den Segnungen, sondern bei den Schattenseiten.

Delmenhorster Kreisblatt vom 28. Juni 2002, S. 7

M2 Die einen spielen Schach, die anderen Mühle

Ulrich Beck (geb. 1944) ist einer der bedeutendsten deutschen Soziologen. Er war Professor an der Universität München und der London School of Economic and Political Science.

Worauf gründet sich die neue Macht transnationaler Unternehmen? […] Sie können erstens Arbeitsplätze dahin exportieren, wo die Kosten und Auflagen für den Einsatz der Arbeitskräfte möglichst niedrig sind.

Sie sind zweitens in der Lage […], Produkte und Dienstleistungen so zu zerlegen und arbeitsteilig an verschiedenen Orten der Welt zu erzeugen, dass nationale und Firmen-Etiketten geradezu als Irreführung gelten müssen.

Sie sind drittens in der Position, Nationalstaaten oder einzelne Produktionsorte gegeneinander auszuspielen und auf diese Weise „globalen Kuhhandel“ um die billigsten Steuer- und günstigsten Infrastrukturleistungen betreiben zu können, ebenso können sie Nationalstaaten „bestrafen“, wenn sie als „teuer“ oder „investitionsfeindlich“ gelten.

Schließlich können sie viertens in dem erzeugten und kontrollierten Dickicht globaler Produktion zwischen Investitionsort, Produktionsort, Steuerort und Wohnort selbsttätig unterscheiden und diese gegeneinander ausspielen. Mit dem Resultat: Die Führungskräfte können dort leben und wohnen, wo es am schönsten ist, und dort Steuern zahlen, wo es am billigsten ist. Wohlgemerkt: alles ohne Eingabe oder Beratung im Parlament, ohne Regierungsbeschluss, ohne Gesetzesveränderung, ja, nicht einmal eine Debatte in der Öffentlichkeit ist dazu erforderlich. […]

Von außen betrachtet ist alles beim Alten geblieben. Die Konzerne produzieren, rationalisieren, entlassen, stellen ein, bezahlen Steuern usw. Das Entscheidende aber ist, sie tun dies nicht länger im nationalstaatlichen Spielregelsystem, sondern so, dass sie im Weiterspielen des alten Spiels dessen Spielregeln aufheben und umgestalten. Es handelt sich also nur scheinbar um das alte Spiel von Arbeit und Kapital, Staat und Gewerkschaften, dieses wird nun nämlich zugleich und gegenläufig von dem einen Mitspieler weiter im nationalstaatlichen, von dem anderen schon im weltgesellschaftlichen Rahmen gespielt. […]

Es wird also sozusagen zugleich von den Arbeitnehmern, Gewerkschaften und Regierungen noch „Mühle“, von den Transnational-Konzernen schon „Schach“ gespielt. Auf diese Weise kann ein scheinbares „Mühle-Steinchen“ in der Hand der Konzerne zum Springer werden, der den völlig überraschten nationalstaatlichen König plötzlich matt setzt. […]

Warum bedeutet Globalisierung Politisierung? Weil die Inszenierung der Globalisierung es den Unternehmen und ihren Verbänden erlaubt, die politisch und sozialstaatlich gezähmte Handlungsmacht des demokratisch organisierten Kapitalismus aufzuschnüren und zurückzuerobern. Globalisierung ermöglicht, […] dass die Unternehmen, insbesondere die global agierenden, nicht nur eine Schlüsselrolle in der Gestaltung der Wirtschaft, sondern der Gesellschaft insgesamt innehaben – und sei es auch „nur“ dadurch, dass sie der Gesellschaft die materiellen Ressourcen (Kapital, Steuern, Arbeitsplätze) entziehen können. […]

Die Inszenierung von Globalisierung als Drohfaktor, also die Politik der Globalisierung zielt nicht nur darauf, die gewerkschaftlichen, sondern auch die nationalstaatlichen Fesseln abzustreifen, sie betreibt eine Entmächtigung nationalstaatlicher Politik. Die Rhetorik wichtiger Wirtschaftsrepräsentanten gegen die sozialstaatliche Politik und ihre Vertreter lässt an Klarheit wenig zu wünschen übrig. Letztlich geht es um das Schleifen des staatlichen Auftrags und Apparates, um die Verwirklichung der marktanarchistischen Utopie des minimalen Staates. […]

Die Politiker der verschiedenen Parteien, überrascht und fasziniert von dem „Institutionen-Weichmacher“ Globalisierung, beginnen erst dunkel zu ahnen, dass sie, wie von dem alten Marx beschrieben, zum „Totengräber“ ihrer selbst gemacht werden sollen. Auf mich jedenfalls wirkt es unfreiwillig komisch, wie einige Politiker nach Markt, Markt und noch mehr Markt rufen und offenbar gar nicht bemerken, dass sie sich auf diese Weise den eigenen Lebensnerv abtöten, den Geld- und Machthahn zudrehen. Hat man so eine bedenkenlose, fröhliche Aufführung eines öffentlichen Selbstmordes schon einmal erlebt?

Ulrich Beck: Was ist Globalisierung? Suhrkamp Verlag, Frankfurt am Main 1997, S. 14 ff. und 116 ff.

M3 „Welche Macht?“

Carl Christian von Weizsäcker (geb. 1938) ist Wirtschaftswissenschaftler an der Universität Köln. Sein Vater war der Physiker und Philosoph Carl Friedrich von Weizsäcker, Ernst Ulrich (siehe M1) ist sein Bruder.

DIE ZEIT: In Teilen der Bevölkerung wächst die Furcht vor den mächtigen, wachsenden Weltkonzernen. Teilen Sie solche Sorgen?

Weizsäcker: Einen gewissen Einfluss haben große Unternehmen immer gehabt. Ich kann aber nicht erkennen, dass er gestiegen wäre. Die Unternehmen müssen sich ihren Aktionären heute viel verantwortlicher zeigen. Zugleich hat auf den internationalen Märkten der Wettbewerb zugenommen. Ein Konzernmanager war früher viel autonomer.

DIE ZEIT: Den Kritikern geht es aber nicht unbedingt um Personen. Sie kritisieren, dass gerade diese → **Shareholder**-Interessen gelegentlich denen der Nationalstaaten und ihrer Gesellschaften zuwiderlaufen.

Weizsäcker: Ich würde nur dann von Macht sprechen, wenn es eine Konzentration von Einfluss auf wenige Personen gibt. Die Shareholder von heute sind eine Millionenschar, die für ihr Alter vorsorgt.

DIE ZEIT: Kollektiv führt der „Shareholder-Value“ zu bestimmten Verhaltensweisen. Manager müssen noch mehr an die Dividende denken, noch weniger zum Beispiel an Dinge wie den Erhalt von Arbeitsplätzen im Land ihrer Herkunft.

Weizsäcker: Natürlich kann es solche Interessenkonflikte geben. Doch nehmen wir Ihr Beispiel. Wenn der Konzern sich unter dem Diktat des Shareholder-Value entschließt, Leute zu entlassen, ist das letztlich ein Teil des normalen Strukturwandels und keineswegs ein Machtmissbrauch. Irgendwo fallen unrentable Arbeitsplätze weg, und anderswo entstehen produktivere neue. Das ist hart, aber die Quelle unseres Wohlstands.

DIE ZEIT: Zugleich entsteht ein Erpressungspotenzial. Große, mobile Konzerne drohen den Politikern mit Abwanderung, wenn die Dinge nicht in ihrem Sinne passieren.

Weizsäcker: Ich würde auch hier nicht von Macht sprechen, sondern von Wettbewerb. Die Unternehmen machen sich die Standortkonkurrenz zunutze.

DIE ZEIT: Aus der Sicht der Politiker ist das eine Machtverschiebung. Sie können national immer weniger Regeln setzen, und international fehlen Institutionen für eine Aufsicht über die Konzerne. Im Zeitalter der Mega-Fusionen gibt es nicht mal ein Welt-Kartellamt [→ **Kartellamt**].

Weizsäcker: Also, die Marktmacht von Weltkonzernen halte ich wirklich nicht für ein Problem. Die Globalisierung hat auch die Märkte ungeheuer vergrößert und den Wettbewerb in den allermeisten Produktkategorien verstärkt. Ein Welt-Kartellamt würde da nicht viel bringen.

DIE ZEIT: Kartellaufsicht entspricht einer klassischen → **ordoliberalen** Vorstellung: Der Staat baut einen Rahmen für den Markt. Darauf wollen Sie verzichten?

Weizsäcker: Sie müssen das praktisch sehen. Die US- und EU-Wettbewerbsbehörden nehmen doch gemeinsam quasi schon für alle praktischen Belange die Funktion einer Welt-Kartellbehörde wahr.

DIE ZEIT: Globalisierungskritiker vermissen den „Aufsichtsrahmen“ des Staates an allen Enden. Einige fürchten sich sogar davor, dass die Konzerne ungehindert eine weltweite Konsumkultur verbreiten und das Leben der Menschen immer mehr beeinflussen.

Weizsäcker: Gewisse kulturelle Entwicklungen sind nicht zu leugnen. Doch die einzige Antwort wäre eine Zensur der Werbung und ein Staatsmonopol der Medien – eine sehr → **paternalistische** Vorstellung.

DIE ZEIT: Man könnte auch gezielter die öffentlichen Gegenangebote ausbauen – nicht-kommerzielle Inhalte als Alternative.

Weizsäcker: Es ist ja nicht so, dass etwa bei den Medien kein Wettbewerb herrschen würde. Da gibt es doch ungeheuer viele Mitspieler.

DIE ZEIT: Die Wahl zwischen den Game- und Talkshows nimmt zu. Konsum- und Popkultur, getragen von Medienkonzernen und der werbenden Wirtschaft, drängen öffentliche Information und Bildung zurück.

Weizsäcker: Aber soll eine geistige Elite bestimmen, was der Medienkonsum der Gesamtbevölkerung ist? Soll sich der Staat zum Anwalt der Goethe-Fans machen? Hinter Ihrer Frage steckt eine pseudodemokratische Vorstellung.

DIE ZEIT: Demokratie braucht Bildung.

Weizsäcker: Man kann sich natürlich die Frage stellen: Was passiert, wenn das Bildungsniveau der Bürger durch die beschriebenen Entwicklungen so weit sinkt, dass die Demokratie nicht mehr funktioniert? Die Frage lautet dann, ob Demokratie eine stabile Staatsform ist. Es ist aber nicht die Frage, ob mächtige Mediengiganten das Volk verdummen.

DIE ZEIT: Die Demokratie versagt in Ihrem Gedankenspiel, weil konzerngemachte Pop- und Konsumkultur andere Einflüsse zurückdrängen.

Weizsäcker: Das ist nicht die Macht der Konzerne, sondern die Macht des Konsumenten. Wenn der Konsument seichte Unterhaltung will, wird sie von den Konzernen produziert.

Thomas Fischermann: Interview mit Carl Christian von Weizsäcker, in: DIE ZEIT 37/2000, S. 11

Arbeitsaufträge

1. Fassen Sie die Kritik Ernst Ulrich von Weizsäckers M1 zusammen!
2. An nicht abgedruckter Stelle des Interviews sagt von Weizsäcker: „Das gute System [der sozialen Marktwirtschaft] ist nach 1990 durch den Wegfall der Konkurrenz schlechter geworden.“ Erklären Sie diese Aussage!
3. Nennen Sie Faktoren, die die neue Macht der globalen Konzerne begründen (M1, M2)!
4. Kommentieren Sie die Thesen von Ulrich Beck M2 und Ernst Ulrich von Weizsäcker M1 aus der Sicht des Ökonomen Carl Christian von Weizsäcker M3!
5. Inwiefern ist die Globalisierung „undemokratisch“? Inwiefern kann sie andererseits zur „Demokratisierung der Welt“ beitragen? Erörtern Sie diese Fragen!
6. Nehmen Sie Stellung zu der These, dass durch die Globalisierung die soziale Ungleichheit auf der Welt abnimmt!

3.4.1 Zukunft des Sozialstaats

M1 Der Sozialstaat führt zu Massenarbeitslosigkeit

Die Globalisierung ist nicht das Ergebnis der Verschwörung einiger Kapitalisten, sondern sie ist das Resultat einer Abstimmung, die alle Bürger täglich an den Ladenkassen mit ihren Geldscheinen als Stimmzetteln vornehmen.

Für die Produzenten bedeutet das, dass alle Kostenbestandteile ihrer Produkte auf den Prüfstand kommen. Den größten Anteil an den betrieblichen Kosten haben die Löhne. […]

Nun sind bekanntlich die Löhne in Deutschland höher als in jedem anderen Land der Welt, mit Ausnahme des Erdöllandes Norwegen und des internationalen Finanzplatzes Schweiz. […] Diese Lohnunterschiede, und damit der von ihnen ausgehende Wettbewerbsdruck, werden noch Jahrzehnte bestehen. Empirische Untersuchungen haben ergeben, dass die wirtschaftliche Anpassung der ärmeren an die reicheren Regionen lange dauert. In den letzten 30 Jahren verringerte sich in Westeuropa der Unterschied im Einkommen der Länder um 1,1 % pro Jahr. Außerhalb Europas wurde ein Konvergenztempo von 2 % gemessen.

Viele Deutsche hoffen, dass es möglich sei, den Wettbewerbsdruck zu ignorieren. Die große Koalition der Besitzstandswahrer versucht, durch protektionistische Maßnahmen zu retten, was doch nicht zu retten ist. Jeder Bürger hat zwei Seelen in seiner Brust. In seiner Eigenschaft als Produzent möchte er sein Einkommen maximieren, indem er seine Produkte zu möglichst hohen Preisen verkauft. In seiner Eigenschaft als Konsument strebt er nach größtmöglichem Nutzen, indem er sich bei Waren gleicher Qualität für das jeweils Billigste entscheidet, auch wenn es ausländischer Herkunft ist. In der Politik setzen sich immer die gut organisierten Produzenten durch, während die Interessen der politisch schwachen Konsumenten unberücksichtigt bleiben. Das hat sehr nachteilige volkswirtschaftliche Konsequenzen. Hierzu der Ökonom Hans-Werner Sinn: „Westliche Politiker reagieren auf den Niedriglohndruck, indem sie das Lohnsystem noch starrer machen. In Deutschland beispielsweise plant man, einen gesetzlichen Mindestlohn einzuführen, wie es ihn in anderen Ländern schon länger gibt. Aber derartige Maßnahmen verschlimmern die Situation nur noch. Die Spezialisierung auf kapitalintensive, arbeitssparende Sektoren wird verstärkt, noch mehr Kapital fließt aus dem Land, und noch mehr Menschen wandern aus dem Ausland zu und verdrängen die Einheimischen in den Sessel, den der Sozialstaat für sie bereithält. Die Massenarbeitslosigkeit sinkt nicht, sondern steigt. Die Globalisierung bewirkt einen Faktorpreisausgleich auf den beteiligten Märkten, d. h. eine Angleichung der Preise, die für die Produktionsfaktoren Kapital, Arbeit und Boden gezahlt werden. Für den Produktionsfaktor Kapital, der schon immer besonders mobil war, hat sich in den letzten 200 Jahren weltweit ein Zinssatz von 4 % pro Jahr herausgebildet. Dieser Weltmarktzinssatz war im gesamten Zeitraum erstaunlich stabil. Für den Faktor Arbeit verursacht nun die Globalisierung einen ähnlichen Prozess der Angleichung der Preise, die für die Nutzung von Arbeitskraft zu zahlen sind."

Der Faktorpreisausgleich sorgt, über die Landesgrenzen hinweg, für eine Verringerung der Unterschiede in den Löhnen für gleiche Arbeit. Wenn in den Hochlohnländern die Gewerkschaften eine Korrektur der Löhne nach unten verhindern, dann entsteht Arbeitslosigkeit, Unternehmen gehen pleite und Kapital wandert in Länder mit günstigeren Bedingungen ab. Die internationale Angleichung der Löhne, die für eine jeweilige Qualifikationsstufe zu zahlen sind, lässt sich nicht verhindern, es sein denn, man schließt sich völlig vom Ausland ab. Die Gewinne aus der internationalen Arbeitsteilung gibt es nur gemeinsam mit dem Faktorpreisausgleich.

Die deutschen Löhne können nicht unter das Niveau fallen, das durch die Lohnersatzleistungen des Sozialstaates gegeben ist. Warum sollte ein Arbeitnehmer einen Lohnabschlag hinnehmen, wenn er dadurch weniger verdient, als er für Nichtstun vom Sozialstaat bekommt? Die sozialstaatlichen Lohnersatzleistungen begründen einen Mindestlohnanspruch gegenüber der privaten Wirtschaft, der von ihr im Zeitalter der Globalisierung immer weniger erfüllt werden kann. Der Sozialstaat verursacht Massenarbeitslosigkeit, und diese wiederum zerstört ihren Verursacher, indem sie ihn unfinanzierbar macht. Hierzu erneut Hans-Werner Sinn: „Der auf Lohnersatz und Mindestlöhnen beruhende europäische Sozialstaat wird die Globalisierung nicht überleben. Es wird möglicherweise noch weitere zehn oder zwanzig Jahre dauern, bis die Politiker das verstehen, aber am Ende werden sie es verstehen müssen. […]"

Adolf Rasch: Globalisierung macht wohlhabend. www.liberalismus-portal.de/globalisierung.htm, aufgerufen am 7. Oktober 2011

M2 Es gibt durchaus eine Alternative

There is no alternative – mit diesem Argument versuchen neoliberale Politiker seit Margaret Thatcher in England und Ronald Reagan in den USA – und längst auch Politiker in Deutschland – ihre Reformvorschläge durchzusetzen: Sozialabbau, Lohnzurückhaltung, → **Privatisierung**, Abbau der → **Mitbestimmung** usw. Es gäbe keine Alternative, weil 1. die Globalisierung und der weltweite Standortwettbewerb und 2. der demografische Wandel, also die steigende Anzahl an Rentnern, dazu zwängen.

Dass die neoliberale „Medizin" nicht wirkt oder erhebliche Nebenwirkungen hat, wird geflissentlich verschwiegen – es gibt ja keine Alternative. Die Medizin soll sogar in immer höheren Dosen angewendet werden. Abgesehen davon, dass sowohl die Globalisierung als auch der demografische Wandel keine unvermeidbaren Naturkatastrophen sind, wird hier vonseiten interessierter Kreise versucht, sozialpolitische Umverteilung durch Scheinargumente aus der gesellschaftlichen Debatte zu verbannen. Wie sagte schon Margaret Thatcher: „There is no such thing as society. There are individual men and women, and there are families. And no government can do anything except through people, and people must look to themselves first. It's our duty to look after ourselves, and then also to look after our neighbour."

Stefan Prochnow, eigener Text

3.4.2 Spielräume der Wirtschaftspolitik

M3 Wirtschaftspolitik in Zeiten der Globalisierung

[... Es ist] notwendig, dass die Wirtschaftspolitik die Machtbalance ändert. Es gilt, die Arbeitnehmer und die innovativen Unternehmer zu stärken und zugleich die Macht der Finanzmarktinvestoren und derjenigen, die Sozialabbau und Ausweichstrategien als Renditequelle nutzen, zu begrenzen. Dies kann nur in einem internationalen Kontext durch Verhandlungen zwischen den G8-Staaten erreicht werden. Solche Vereinbarungen sollten gewährleisten, dass Finanzinvestoren transparenten Regeln folgen, die zudem auch die Risiken für die Anleger und für gekaufte Firmen begrenzen. Dazu gehört, dass die Absicherung von Krediten so geregelt wird, dass das Finanzsystem nicht in Gefahr gerät. Es gehört auch dazu, dass übernommene Firmen nicht mit dem Kaufpreis belastet werden dürfen, sodass sie hoch verschuldet und damit hoch gefährdet werden. Viele internationale Finanztransfers dienen zudem spekulativen Zwecken. Um den Anreiz hierfür zu mildern, sollte es eine EU-weite Tobin-Steuer auf internationale Transaktionen geben, die in einigen Ländern schon existiert. Auch sollte verschärft – z. B. durch Handelssanktionen – gegen Steueroasen vorgegangen werden [...].

Es gilt ferner, die Verhandlungsmacht der Arbeitnehmer zu stärken, damit die Lohnentwicklung sich wieder enger am Zuwachs der Leistungsfähigkeit, dem Produktivitätszuwachs orientiert. [...] Einerseits müsste durch die Einführung eines gesetzlichen Mindestlohns – wie in vielen anderen Ländern auch – eine untere Schranke eingeführt werden. [...] Es ist wichtig, dass die Stabilisierungspolitik so lange besonders expansiv ausgerichtet bleibt, bis sich die Arbeitsmarktlage so gebessert hat, dass die Lohnentwicklung diese Bedingung erfüllt. Ein solcher Prozess [...] führt lediglich zu einem Ende der lohndeflationären Politik und der ständigen Abwertung gegenüber den Handelspartnern innerhalb des Euroraums. Die Stimulanz [...] muss von der Fiskalpolitik [Steuerpolitik] geleistet werden. Ein Funktionieren dieser Politik setzt allerdings voraus, dass alle Länder im Währungsraum einer solchen Strategie folgen. Sie impliziert für einige Länder, wie Spanien, sogar einen stärkeren Bremskurs. Wichtig ist auch, dass die Geldpolitik im Euroraum stärker als bisher auf Wachstumsziele verpflichtet wird.

Der Einwand, eine solche Politik würde die öffentlichen Haushalte in Deutschland immer weiter in eine Schuldenfalle treiben, liegt auf der Hand, ist aber falsch. Indem die Wirtschaft und auch die Lohnentwicklung wieder in Schwung kommen, steigen die Steuereinnahmen deutlich an und müssen auch vollständig zur Konsolidierung genutzt werden. Selbst weitere Haushaltskürzungen sind dann sinnvoll. Neben dieser gesamtwirtschaftlichen neuen Linie müssen aber auch die Sozialsysteme gründlich reformiert werden, um die negativen Verteilungswirkungen der Globalisierung besser zu kompensieren als bisher. Das bisherige Sozialsystem belastet niedrige Einkommen überproportional. Dies muss durch eine stärkere Steuerfinanzierung geändert werden.

Gustav Horn: Wirtschaftspolitik in Zeiten der Globalisierung, in: Online-Akademie der Friedrich-Ebert-Stiftung, aufgerufen am 7. Oktober 2011

Abb. 51.1: Karikatur (Gerhard Mester)

M4 Globalisierung zwingt zu guter Wirtschaftspolitik

Die Globalisierung schränkt die Regierungen in ihrer Wirtschaftspolitik nur insofern ein, indem sie dafür sorgt, dass eine schlechte Politik umgehend durch negative Folgen bestraft wird. Nachhaltiges Wachstum, niedrige Inflation und soziale Fortschritte werden dagegen von internationalen Märkten und Investoren belohnt. [...] Allerdings kann es kurzfristig zu Überreaktionen an den Märkten kommen, wenn beispielsweise aufgrund einer geänderten Lagebeurteilung kurzfristig und sehr massiv Investorengelder aus einem Land abgezogen werden. Anstrengungen zur Erhöhung der Stabilität der internationalen Finanzströme sind daher wesentlich zur Stärkung der Finanzmarktstabilität. [...] Eines der wesentlichen Ziele der Arbeiten an der internationalen Finanzarchitektur ist dabei die Entwicklung von Standards und Kodizes, die sich auf international anerkannte Grundsätze stützen, die in vielen unterschiedlichen nationalen Rahmenbedingungen umgesetzt werden können.

nach einem Papier des Internationalen Währungsfonds: IWF-Stab: Globalisierung – Bedrohung oder Chance? Washington D.C. 2009, S. 2

Arbeitsaufträge

1. Fassen Sie die Positionen der Autoren aus M1 und M2 zu den Handlungsspielräumen nationalstaatlicher Wirtschaftspolitik zusammen!
2. Ordnen Sie die Positionen der Autoren aus M1 bis M4 der → **angebotsorientierten** und der → **nachfrageorientierten Wirtschaftspolitik** zu! Beurteilen Sie die Umsetzungsmöglichkeiten beider Politikansätze unter den Rahmenbedingungen der Globalisierung!
3. Beschreiben und interpretieren Sie die Karikatur Abb. 51.1!
4. Im Zeitalter der Globalisierung gibt es für die soziale Marktwirtschaft in Deutschland nur zwei Perspektiven: Entweder wir fahren unseren Wohlfahrtsstaat herunter oder die Welt wird „sozialer". Nehmen Sie Stellung zu dieser These!

3.5 ... aus der Sicht der Entwicklungsländer

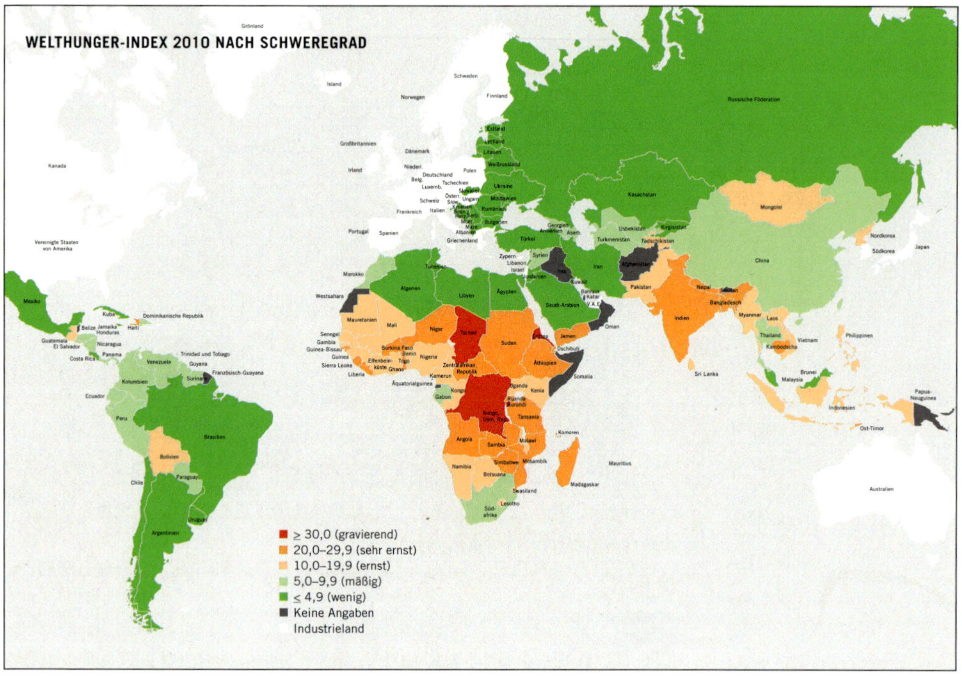

Abb. 52.1: Welthunger-Index 2010 nach Schweregrad

M1 Vorteile des Freihandels

Schutzzölle für noch junge Industriezweige wurden einst in vielen Entwicklungsländern eingeführt, um die heimischen Fabriken vor der anfangs überlegenen ausländischen Konkurrenz zu schützen. Die Entwicklungsstrategie sah vor, Importe aus Industrieländern zunächst zu ersetzen (Importsubstitution), um später dann selbst zu exportieren (Exportorientierung). Südkoreas Aufstieg wird auf diese Strategie zurückgeführt. Nicht erwähnt wird meistens, dass etliche Länder (z. B. in Südamerika und Afrika) mit dieser Strategie gescheitert sind: Die geschützten Industriezweige haben sich an die Abschottung vor der ausländischen Konkurrenz gewöhnt und produzieren weiterhin zu teure, veraltete und qualitativ schlechtere Produkte, die so niemals auf dem Weltmarkt konkurrenzfähig sein werden.

Der Fall der brasilianischen Computerindustrie

Im Jahr 1984 wurde in Brasilien ein Gesetz beschlossen, das ausländische Computer aus dem Land verbannte. Man wollte damit eine geschützte Umgebung schaffen, in der die brasilianische Computerindustrie, die noch in den Kinderschuhen steckte, gedeihen und sich entwickeln sollte. Eine spezielle „Computer-Polizei" veranstaltete Razzien in Büros und Klassenzimmern, immer auf der Suche nach importierten Computern, die trotz Importsperre ins Land gelangt waren.

Die Folgen: Technologisch hinkten die brasilianischen Computer um Jahre hinterher und die Verbraucher mussten dafür auch noch den zwei- oder dreifachen Weltmarktpreis bezahlen. Für den Weltmarkt waren die Geräte viel zu teuer. Die hohen Preise schadeten der gesamten brasilianischen Wirtschaft. 1992 hat Brasilien seine Märkte für importierte Computer geöffnet.

„Trade, not aid" – Freihandel als bessere Entwicklungshilfe

Freihandel gäbe den Entwicklungsländern die Chance, ihre komparativen Kostenvorteile auszuspielen, wo sie diesen Trumpf in der Hand haben. Afrikanische Baumwollproduzenten z. B. werden seit Jahren von den Industrieländern benachteiligt, weil diese ihren Bauern hohe Subventionen zahlen. Nur wegen dieser Unterstützungszahlungen ist z. B. Baumwolle aus den USA billiger als die aus Afrika. Dadurch können die afrikanischen Anbieter nichts mehr exportieren, ja, teilweise werden sie ihre Ware noch nicht einmal mehr auf den heimischen Märkten los, weil auch diese von künstlich verbilligter US-Baumwolle überschwemmt werden. Wenn man Ländern der Dritten Welt den Zugang zu den Märkten der Industrieländer verwehrt, so wird dort die Not noch größer. Kinderarbeit, soziale Missstände und Umweltzerstörung lassen sich nur dadurch bekämpfen, dass der materielle Wohlstand eines Landes steigt. Hierfür aber ist die Beteiligung am Welthandel notwendig.

Freihandel führt nicht zwangsläufig zur Abhängigkeit von wenigen Exportgütern

Gelegentlich wird besonders vonseiten der Entwicklungsländer behauptet, dass Freihandel bei einigen Ländern zwangsläufig zu einer ungünstigen Exportstruktur führe, da sie nur bei einem oder einigen wenigen Exportgütern Kostenvorteile aufweisen. Solche Länder seien dann von der Nachfrage und der Preisentwicklung dieses einzigen Gutes abhängig. Eine solche Exportstruktur ist tatsächlich ungünstig, aber nicht das Ergebnis des Freihandels, sondern das des Drucks einflussreicher Interessengruppen.

M2 Vorteile des Protektionismus

Angesichts der Produktionsverhältnisse in den Entwicklungsländern ist zu erwarten, dass die internationale Arbeitsteilung im Zuge des Freihandels dort dazu führt, dass weiterhin überwiegend Rohstoffe ausgeführt und Fertigwaren eingeführt werden. Das ist aus Sicht der Länder der Dritten Welt in hohem Maße ungünstig, da der Verbrauch von Nahrungsmitteln und Rohstoffen in viel geringerem Maße steigt als der Konsum von Industriewaren: Irgendwann ist die Aufnahmekapazität auch der größten Mägen erschöpft. Hinzu kommt, dass Industrieerzeugnisse aufgrund von Produktverbesserungen immer teurer werden, die Preise bei Rohstoffen jedoch abgesehen von wenigen Ausnahmen sehr stark schwanken und langfristig betrachtet im Preis sogar stagnieren. Dadurch kann es in den betroffenen Ländern zu massiven Wohlstands- und Beschäftigungsproblemen kommen. Solche Länder versuchen daher häufig, Kartelle für Preis- und Produktionsmengen-Absprachen zu bilden, um ihre Exporterlöse zu halten. Bekanntestes Beispiel für ein Rohstoffkartell ist die → **OPEC.**

Beispiel: Wäre Ricardos Beispiel (vgl. S. 24, M2) Realität geworden und hätte sich England auf Tuch, Portugal aber auf die Weinproduktion spezialisiert, so hätte England im 18. und 19. Jahrhundert mehr und mehr von der industriellen Revolution profitiert, während die Weinherstellung von der Mechanisierung weitgehend unberührt blieb. Portugal wäre in die Freihandelsfalle getappt, denn es wäre auf dem Niveau eines Agrarlandes stehen geblieben. Besser beraten wäre Portugal, trotz anfänglicher Kostennachteile hinter einem protektionistischen Schutzzaun eine eigene Industrie aufzubauen. Das ist – entgegen den Ratschlägen von IWF und Weltbank (→ **Washington Consensus**) – auch den heutigen Entwicklungsländern zu raten. Eine Spezialisierung auf die Exportschlager würde kurzfristig höhere Profite abwerfen, wäre langfristig jedoch fatal.

Freihandel kann zu „Export-Monokulturen" führen

Die Spezialisierung kann dazu führen, dass ein Land von einem oder einigen wenigen Exportgütern abhängig wird. Kritisch ist dies besonders, wenn das Exportgut unter einem Preisverfall leidet oder starken Preisschwankungen unterliegt. Auch Missernten können katastrophale Folgen für die gesamte Wirtschaft haben. Solche Länder neigen dazu, ihr Exportsortiment vergrößern zu wollen und auch industrielle Waren zu exportieren. Zu diesem Zweck nehmen sie für sich das Recht in Anspruch, noch junge Wirtschaftszweige durch protektionistische Maßnahmen zu schützen. Beispiele für Export-Monokulturen finden sich etwa in Saudi-Arabien, Kuwait und anderen → **OPEC**-Ländern (Öl). Burundi und Uganda erzielen ihre Exporterlöse fast ausschließlich durch den Export von Kaffee, Sambia ist von Kupferexporten abhängig.

Zölle als zusätzliche Staatseinnahmen

Zölle schaffen zusätzliche Staatseinnahmen, die für soziale Projekte (z. B. Bildung) verwendet werden können. Belastet ein Entwicklungsland vor allem Luxusgüter mit Einfuhrzöllen, so werden die unteren Einkommensschichten davon kaum betroffen und der Abfluss von Devisen wird verringert.

Der Fall der asiatischen „Tigerstaaten"

Wie sollen industrielle Erzeugnisse aus Entwicklungsländern jemals konkurrenzfähig werden, wenn sie von Beginn an der etablierten Konkurrenz aus den Industrieländern gegenüberstehen? Auch die meisten Industrieländer, nicht zuletzt Deutschland, haben zeitweise Schutzzölle eingeführt, um noch junge Industriezweige vor einer anfangs überlegenen ausländischen Konkurrenz zu schützen. Warum wird den Entwicklungsländern von der WTO unter dem Motto des Freihandels heute das verboten, was die Industrieländer einst selbst praktiziert haben?
Bei vorübergehendem Schutz junger Branchen (infant industries) könnten diese eine Massenproduktion erreichen, genügend qualifizierte Arbeitskräfte heranbilden, neue Produkte entwickeln und die nötige Effizienz und technologische Kompetenz erlangen, die für die Bewährung auf dem Weltmarkt unabdingbar sind. Die Zölle könnten nach und nach gesenkt werden, bis schließlich auf dem heimischen und dem Weltmarkt ein neuer Anbieter für zusätzlichen Wettbewerb und damit für das Wohl aller Verbraucher sorgt.
Es gibt mit den asiatischen **Tigerstaaten** (u. a. Südkorea, Taiwan) mehrere Beispiele für Länder, die diese Strategie erfolgreich verfolgt haben. Südkoreanische Autos z. B. würden heute nicht auf den Straßen vieler Länder zu sehen sein, wäre die südkoreanische Autoindustrie in ihrer Anfangsphase nicht durch Zölle geschützt worden. Es ist kein Beispiel für eine erfolgreiche Industrialisierung eines Entwicklungslandes belegt, das von Anfang an auf die Öffnung der eigenen Märkte, Exportorientierung und unbeschränkten Freihandel gesetzt hätte. Freihandel macht nur Sinn, wenn die Partner gleich stark und gleichberechtigt sind.

„Trifft der Schwache auf einen Starken, dann nutzt die Freiheit dem Starken, einzig das Recht schützt den Schwachen."

nach Jean Jacques Rousseau (1712–1778)

Die Haltung der Industrieländer – gerechtfertigt?

Zölle senken, Importschranken abschaffen, Patente schützen – so lauten die Forderungen der Industrieländer an die Entwicklungsländer. Doch haben sich die reichen Länder einst selbst an das Modell des Freihandels gehalten, das sie heute predigen? Nein. England etwa betrieb eine protektionistische Außenhandelpolitik, unter der z. B. die indische Textilindustrie litt. Deutschland hätte ohne die Erziehungszölle wohl niemals zur Industrienation werden können. Und jetzt wollen die reichen Länder des Nordens den Entwicklungsländern offenbar jene Leiter wegschlagen, auf der sie einst selbst nach oben gekommen sind. Flapsig formuliertes Fazit: Die schärfsten Kritiker der Elche – waren früher selber welche.

M1 und M2: Stefan Prochnow, eigener Text

Abb. 53.1: Globalisierung als Chance? (Karikatur Steffen Jähde)

Arbeitsaufträge

1. Stellen Sie aus Sicht der Entwicklungsländer die Chancen und die Risiken der Globalisierung systematisch gegenüber!
2. Beschreiben und interpretieren Sie die Karikatur Abb. 53.1!

3.5.1 Auswirkungen der globalen Migration

M1 Auswirkungen auf Entwicklungsländer

Bei entsprechender Steuerung kann Migration zum Rückgang der Armut und zu wirtschaftlichem Wachstum in den sich in Entwicklung befindenden Herkunftsländern beitragen. Diese Länder könnten von einer Spannungsentlastung auf ihre Arbeitsmärkte, Geldüberweisungen von Migranten und einer Rückkehr von Fachkräften mit neu erworbenen Fähigkeiten und Wissen in ihre Heimatländer profitieren. […] Doch bei schlechter Steuerung kann sich Migration […] auch in Nachteilen für die Entwicklungsländer niederschlagen, wenn beispielsweise diese nicht von einer vorübergehenden oder permanenten Rückführung von Kenntnissen und Wissen profitieren. Eine der offensichtlichsten negativen Folgen der Migration ist die Abwanderung von Wissen und Fähigkeiten („brain drain"). Derzeit arbeiten mehr als 55 % der nigerianischen, 49 % der sambischen sowie 40 % der Staatsbürger von Benin, Tschad, Simbabwe, Kamerun, Lesotho, Namibia, Tansania und Südafrika als hoch qualifizierte Fachkräfte außerhalb ihrer Heimatländer. Manche karibische Staaten haben über 70 % ihrer hoch qualifizierten Arbeitskräfte mit mehr als zwölf absolvierten Schuljahren verloren. Am deutlichsten ist die Abwanderung von Fachkräften im Gesundheitswesen spürbar. 60 % aller in Ghana ausgebildeten Ärzte arbeiten in Kanada, Großbritannien und den Vereinigten Staaten und weniger als 10 % aller in ihrem Heimatland ausgebildeten sambischen Ärzte praktizieren heute noch dort. Nach Schätzungen der Vereinten Nationen wird Afrika im kommenden Jahrzehnt eine weitere Million an Fachkräften im Gesundheitswesen heranbilden müssen. Diese Herausforderung des Abflusses von Wissen hat katastrophale Auswirkungen auf die wirtschaftliche und soziale Entwicklung in diesen Ländern und belastet insbesondere die Fähigkeit der Entwicklungsländer, die Milleniums-Entwicklungsziele in Bereichen wie Bildung und Gesundheitswesen zu erreichen.

Hans-Gert Pöttering: Eröffnungsrede bei der Parlamentarischen Konferenz über Politikkohärenz im Interesse der Entwicklung und Migration vom 12. Februar 2009, http://cdu-europa.de/blog/2009/02/12, aufgerufen am 7. Oktober 2011

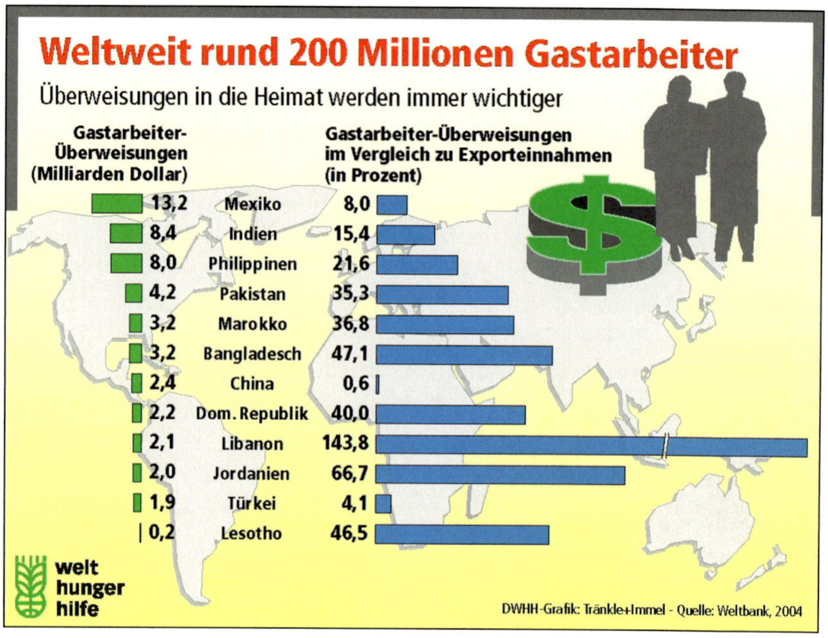

Abb. 54.1: Geldüberweisungen von Migranten in ihre Heimatländer

M2 Auswirkungen der Migration auf Deutschland

Ende 2006 lebten nach Angaben des Statistischen Bundesamtes 6,75 Millionen Ausländer in Deutschland. Davon war die größte Gruppe mit 1,739 Millionen Türken, gefolgt von 535 000 Italienern, 362 000 Polen, 317 000 Serben und Montenegriner, 304 000 Griechen und 228 000 Kroaten. Bei der Anzahl der Migranten ergibt sich – Ausländer, Spätaussiedler und Eingebürgerte zusammengerechnet – eine deutlich höhere Zahl: Im Jahr 2006 lebten etwa 15,1 Millionen Menschen mit Migrationshintergrund in Deutschland.

Einige Migrationsexperten sind der Meinung, dass die momentane Einwanderungspolitik mit den anderen Staaten nicht konkurrenzfähig sei, sodass in der Tendenz überwiegend Geringqualifizierte nach Deutschland einwanderten. Es fehle ein selektives Modell, wie das in Kanada, den USA und dem Vereinigten Königreich übliche Punktesystem, das zur verstärkten Einwanderung von Fachkräften führt. Laut der wirtschaftsliberal orientierten Stiftung Marktwirtschaft würden Ausländer – über den gesamten Lebenszeitraum berechnet – in Deutschland aufgrund ihres schlechteren Qualifikations- und Lohnniveaus weniger Steuern und Abgaben zahlen, als sie an Leistungen erhalten. Um zu erreichen, dass Zuwanderer der zweiten Generation das durchschnittliche Qualifikationsniveau der deutschen Bevölkerung erreichen, seien intensivere staatliche Anstrengungen nötig. Zudem würde die gezieltere Steuerung der Zuwanderung „Deutschlands demografische Probleme deutlich entschärfen".

nach: Model United Nations Schleswig-Holstein (Hrsg.): Delegierten-Handbuch für den 25.–29. März 2010 in Kiel, S. 77

M3 Nanny Chains – globale Betreuungsketten

Berufstätige Frauen der Mittel- und Oberschicht organisieren ihren Arbeitsalltag und ihr Mutterdasein – wie die Statistik belegt – immer häufiger mithilfe einer Tagesmutter. Die Nachfrage deckt der globale Markt mit Frauen und Mädchen aus wirtschaftlich weniger prosperierenden Regionen der Welt. Da sie in ihren Heimatländern meist die eigene Familie, vor allem Kinder, zurücklassen, für die nun wiederum ein Familienmitglied oder ein Kindermädchen sorgt, entsteht eine „globale Betreuungskette". Über gut gesicherte Grenzen reisen viele auf der Suche nach besseren Verdienstmöglichkeiten ohne gültige Papiere ein. Ohne illegal in Deutschland lebende Arbeitskräfte würden manche arbeitsintensiven Bereiche des Alltagslebens, wie die Betreuung von Kindern, Alten und Kranken, nicht so reibungslos funktionieren.

Benedikt Burkard: Und wer passt auf Karol und Zofia auf?, in: Katalog zur Ausstellung „Globalisierung 2.0" im Museum für Kommunikation, Edition Baus, Heidelberg/Frankfurt 2007, S. 80 f.

3.5.2 Beispiel globalisierter Blumenmarkt

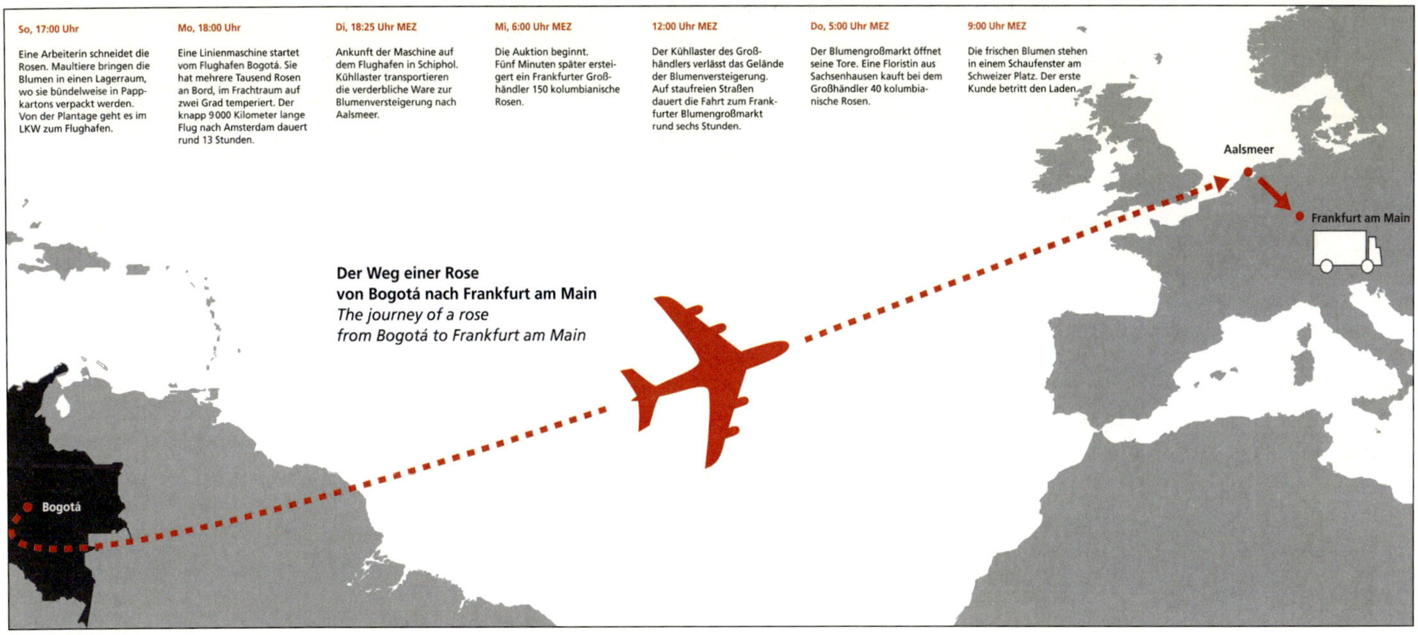

Abb. 55.1: Der Weg einer Rose von Bogotá nach Frankfurt am Main

M4 Ihr Freund kommt aus Offenbach, die Rosen aus Bogotá

Der Blumenmarkt ist der schnellste der Welt, denn Blumen müssen frisch sein. Über ausgeklügelte Logistik- und Kühlketten wird die verderbliche Ware rund um den Erdball transportiert. Schnittblumen kommen zum Großteil aus Südafrika oder Südamerika, vor allem im Winter. Ein Land wie Kolumbien hat auf dem Weltmarkt viele Vorteile: fruchtbare Böden, ein günstiges Klima und niedrige Löhne. Überwiegend leisten Frauen die harte Arbeit auf den Plantagen. Gewerkschaften gibt es kaum. Zertifizierungssysteme sollen die sozialen Produktionsbedingungen verbessern und die Umwelt schützen. Jeder Frachtjumbo, der den Flughafen von Bogotá in Richtung Europa verlässt, hat auch Blumen an Bord. […] Millionenfach werden sie täglich an der Blumenbörse in Aalsmeer versteigert. Angebot und Nachfrage bestimmen den Preis einer Rose.

Gundula Bavendamm im Katalog zur Ausstellung „Globalisierung 2.0" im Museum für Kommunikation, Edition Baus, Heidelberg/Frankfurt 2007, S. 60f.

M5 Was der Valentinstag für Kolumbien bedeutet

Eigentlich ist der „Valentinstag" in Kolumbien am 18. 9., doch vor allem im Februar läuft der Blumenversand ins Ausland, wo am 14. 2. viele Frauen Blumen von ihren Partnern geschenkt bekommen. Für Kolumbien sind mit der Blumenzucht mehr als 110 000 legale Arbeitsplätze verbunden. Aufgrund internationalen Drucks bieten die kolumbianischen Blumenexporteure im Rahmen des Programms Florverde ihren Arbeiter/-innen mittlerweile nicht nur feste Arbeitsverträge mit überdurchschnittlichen Löhnen, sondern auch Kantinenessen, Gesundheitsvorsorge, Kindergärten und Weiterbildungsmöglichkeiten. „Viele unserer Mitarbeiter sind ehemalige Kokabauern oder Flüchtlinge aus den von der Guerilla bedrohten Gebieten Kolumbiens", betont Augusto Solano, Präsident der Vereinigung kolumbianischer Blumenexporteure, „Menschen, die sonst auf dem Arbeitsmarkt keine Stelle finden würden. Mit dem Kauf kolumbianischer Rosen machen Sie also nicht nur Ihrer Frau eine Freude, sondern auch vielen Arbeiterinnen und Arbeitern in unseren Betrieben." Kolumbien ist mittlerweile der zweitgrößte Blumenexporteur der Welt (nach den Niederlanden).

Pressemitteilung der Vereinigung kolumbianischer Blumenexporteure ASOCOLFLORES, aufgerufen unter http://asocolflores.org/, Boletín de prensa no. 3 de 2010 am 7. Januar 2010, Übersetzung des Autors

M6 Dornenreiche Arbeit auf Kolumbiens Plantagen

Vielerorts werden Arbeiter schikaniert, mies bezahlt und daran gehindert, sich zu organisieren. Denn etwas fürchten kolumbianische Schnittblumenpflanzer mehr als unzufriedene Kunden, Pflanzenschäden durch Pilzbefall oder den leibhaftigen Teufel: eine Gewerkschaft auf ihrem Firmengelände. So modern sich Kolumbiens Schnittblumenindustrie gern nach außen gibt: Was Arbeitnehmervertretung betrifft, herrschen nach wie vor mittelalterliche Zustände.

Frank Herrmann: Liebesgrüße aus den Anden, in: taz vom 13. Februar 2007

Arbeitsaufträge

1. Stellen Sie die Chancen und Risiken der internationalen Migration gegenüber:
   a) aus der Sicht der Entwicklungsländer;
   b) aus der Sicht Deutschlands!
2. Beschreiben und bewerten Sie das Phänomen „globaler Betreuungsketten" M3!
3. Beurteilen Sie die Entwicklungsimpulse, die sich für Kolumbien aus dem Blumenexport ergeben!
4. Recherchieren und vergleichen Sie die Vergabekriterien verschiedener sozialer und ökologischer Gütesiegel für Blumen!

Kompetent in Kürze: Chancen und Risiken der Globalisierung

Die Ausweitung des Freihandels sowie die Zunahme des internationalen Kapitalverkehrs und der Migration im Zuge der Globalisierung bringen sowohl Chancen als auch Risiken mit sich.

Chancen	Risiken
... aus der Sicht der Verbraucher	
• Freihandel eröffnet die Chance für einen höheren Wohlstand, wenn jedes Land sich auf die Güter und Dienstleistungen spezialisiert, die es am günstigsten produzieren kann (Theorie der komparativen Kosten). • Freihandel sorgt für mehr Wettbewerb, eine größere Auswahl und lässt die Vorteile der Massenproduktion zum Tragen kommen. • Freihandel sorgt für niedrigere Preise, was besonders den unteren Einkommensschichten zugute kommt. • Protektionistische Maßnahmen nützen meist nur bestimmten Unternehmen oder Branchen, aber nicht der allgemeinen Bevölkerung, welche die Kosten dafür zahlen muss.	• Die Abhängigkeit von Gütern aus dem Ausland könnte in Krisenzeiten die Versorgung gefährden. • Bei Importgütern ist es manchmal zweifelhaft, ob alle Verbraucherschutz- und Umweltschutzregelungen eingehalten sind.

Chancen	Risiken
... aus der Sicht der Arbeitnehmer	
• Der Export sichert Arbeitsplätze in Deutschland. • Auch der Import sichert Arbeitsplätze in Deutschland, weil manche Erzeugnisse nur deshalb noch wettbewerbsfähig hierzulande produziert werden können, weil in ihnen günstig importierte Vorerzeugnisse enthalten sind.	• Der Freihandel erzwingt, dass sich Staaten nur auf bestimmte Wirtschaftszweige konzentrieren, in denen sie auf dem Weltmarkt wettbewerbsfähig sind. Andere Branchen sterben in dem Land aus. Das heißt, der Freihandel beschleunigt den Strukturwandel der heimischen Wirtschaft. Dadurch kann strukturelle Arbeitslosigkeit entstehen. • Daraus können sich auch regionale Ungleichgewichte ergeben, wenn sich z. B. absterbende Branchen in bestimmten Regionen ballen. • Löhne und Sozialstandards können unter Druck geraten, wenn Unternehmen ungehindert dort produzieren können, wo die Kosten besonders niedrig sind. • Besonders Geringqualifizierte, deren Tätigkeiten leicht im Ausland erledigt werden können, können unter diesem Lohndruck bzw. der Gefahr der Arbeitsplatzverlagerung ins Ausland leiden.

Chancen	Risiken
... aus der Sicht der Unternehmer	
• Durch den weltweiten Handel lassen sich Vorprodukte und Zulieferteile günstiger beschaffen. • Die eigenen Absatzmärkte können ausgeweitet werden. • Bei der Standortwahl kommen in vielen Fällen auch Standorte im Ausland infrage. • Multinationale Konzerne können die Vorteile der internationalen Arbeitsteilung innerhalb ihrer eigenen Wertschöpfungskette nutzen.	• Die Zahl der Konkurrenten erhöht sich, der Wettbewerbsdruck steigt. • Kleinere Unternehmen können bei globalen Fusionen oder „feindlichen Übernahmen" vom Markt verschwinden. • Durch die gestiegene Bedeutung der internationalen Finanzmärkte geraten anstelle langfristiger Unternehmensziele kurzfristige Ziele mit Orientierung auf den „Shareholder Value", also den Wert der Aktien, in den Mittelpunkt.

Chancen	Risiken
... aus der Sicht des Staates	
• Eine Steigerung des Wohlstands durch die internationale Arbeitsteilung bedeutet auch höhere Steuereinnahmen. • Wenn Volkswirtschaften wirtschaftlich eng zusammenarbeiten, haben beide Seiten ein höheres Interesse daran, kriegerische Konflikte zu vermeiden.	• Die Macht der Konzerne nimmt zu, die Macht der Regierungen ab. • Regierungen können im globalen Standortwettbewerb erpressbar werden. • Die wirtschafts- und sozialpolitischen Handlungsspielräume der Regierungen schrumpfen.

Chancen	Risiken
... aus der Sicht von Entwicklungsländern	
• Exporterfolge ehemaliger Entwicklungsländer wie China, Brasilien und Indien zeigen, dass Freihandel mehr Wohlstand mit sich bringen kann. • Freihandel ist effektiver als Entwicklungshilfe. Um Investoren anzulocken, müssen die Regierungen bestrebt sein, eine gute Infrastruktur zu schaffen sowie Korruption und Vetternwirtschaft einzudämmen.	• Freihandel kann dazu führen, dass sich die Entwicklungsländer aufgrund ihrer komparativen Kostenvorteile auf Güter spezialisieren, von denen sie wenig Entwicklungsimpulse erwarten können (z. B. Rohstoffe). • Freihandel kann zu „Export-Monokulturen" und damit zu einer Abhängigkeit von nur einem oder einigen wenigen Exportgütern führen.

Kategorie	Rang (gesamt: 139 Volkswirtschaften)
Institutionen	13
Infrastruktur	2
Makroökonomisches Umfeld	22
Gesundheit und Elementarbildung	25
Weiterführendes (Aus-)Bildungswesen	19
Effizienz der Gütermärkte	21
Effizienz des Arbeitsmarktes	70
Entwicklung der Finanzmärkte	36
Technologische Entwicklungsdynamik	10
Marktgröße	5
Entwicklung von Handel und Gewerbe	3
Forschung und Entwicklung	8

Abb. 57.1: Deutschlands Stärken und Schwächen im Vergleich von 139 Volkswirtschaften. Insgesamt steht Deutschland auf Rang 5, nach der Schweiz, Schweden, Singapur und den USA (Quelle: Global Competitiveness Report 2010-2011, hrsg. vom World Economic Forum, Genf 2010, S. 15 bzw. 164).

Online-Code
006591-0057

4. Auseinandersetzung um eine Weltwirtschaftsordnung

M1 Weltwirtschaftsordnung

Während die Wirtschaftsordnung eines Staates alle verbindlichen Regeln und Einrichtungen für den Aufbau und Ablauf in einer Volkswirtschaft umfasst, […] umschreibt eine Weltwirtschaftsordnung als formelles und informelles System die Abkommen, Vereinbarungen, Vorschriften und Gesetze zwischen den verschiedenen Staaten sowie die internationalen Konferenzen, um vor allem einen störungsfreien Weltwirtschaftsverkehr aus Waren, Dienstleistungen (Welthandelsordnung) und Kapital (Weltwährungsordnung) zu gewährleisten und den Wohlstand aller Nationen zu erhöhen. Während der Außenhandel eines Landes durch die nationale Wirtschaftspolitik gelenkt und unterstützt wird, ist eine vergleichbare Beeinflussung der Weltwirtschaft nicht möglich, weil auf internationaler Ebene beschlussfähige Organe fehlen. Die größten Nutznießer dieser liberalen Weltwirtschaftsordnung sind die Industriestaaten bzw. die multinationalen Unternehmen, die weltweit agieren und ihre Aktivitäten in alle Länder der Erde ausbauen. Es bestehen zwar sehr viele multilaterale Verträge und eine große Anzahl von internationalen Organisationen zur Verbesserung der weltwirtschaftlichen Integration wie die Weltbank, die WTO oder der Internationale Währungsfonds, trotzdem bleiben die Entwicklungsländer im Gegensatz zu den Handelsnationen durch die Weltwirtschaftsordnung benachteiligt […]. Aus diesem Grunde zielen sie auf eine neue Weltwirtschaftsordnung, die auf Gerechtigkeit und der Zusammenarbeit aller Staaten ungeachtet ihres wirtschaftlichen und gesellschaftlichen Systems beruht, die Ungleichheiten behebt und bestehende Ungerechtigkeiten beseitigt, die Aufhebung der sich vertiefenden Kluft zwischen den entwickelten Ländern und den Entwicklungsländern ermöglicht und eine sich ständig beschleunigende wirtschaftliche und soziale Entwicklung in Frieden und Gerechtigkeit für heutige und künftige Generationen sicherstellt.

Bundeszentrale für politische Bildung (Hrsg.): Das Lexikon der Wirtschaft. Grundlegendes Wissen von A bis Z, Bonn 2004, S. 244 f.

Abb. 58.1: Elemente der Weltwirtschaftsordnung, ihre Institutionen und Aufgabenfelder

M2 Was globale Institutionen verheißen

Internationale Bürokratien – die gesichtslosen Symbole der Weltwirtschaftsordnung – sind überall Zielscheibe scharfer Kritik. Vormals farblose Konferenzen unbekannter Technokraten, die über langweilige Themen wie Kreditvergabe und Handelsquoten berieten, sind mittlerweile zum Anlass wilder Straßenkämpfe und gewaltiger Demonstrationen geworden. […] Der Tod eines Demonstranten in Genua im Jahr 2001 war nur der Anfang von möglicherweise sehr viel mehr Opfern im Krieg gegen die Globalisierung.

Krawalle und Proteste gegen die Politik und die Maßnahmen von Institutionen der Globalisierung sind nicht neu. Seit Jahrzehnten kommt es in den Entwicklungsländern immer wieder zu Unruhen, wenn die ihnen verordneten Sparprogramme von der Bevölkerung allzu große Entbehrungen fordern, doch ihre Proteste bleiben im Westen weitgehend unbeachtet. Neu ist die Welle von Protesten in den Industrieländern. Früher interessierten sich nur wenige für Themen wie Strukturanpassungsprogramme (Programme, die Ländern helfen sollen, Krisen zu bewältigen) und Bananenquoten (die Mengenbeschränkungen, die einige europäische Länder für Bananenimporte aus Ländern festlegen, die keine ehemaligen Kolonien sind). Heute erregen sich schon 16-jährige Heranwachsende über esoterische Abkommen wie → **GATT** (das Allgemeine Zoll- und Handelsabkommen) und NAFTA (die Nordamerikanische Freihandelszone, das 1992 von Mexiko, den USA und Kanada unterzeichnete Abkommen über freien Waren- und Dienstleistungs- und Kapitalverkehr – nicht aber über die Freizügigkeit der Arbeitskräfte – zwischen den beteiligten Ländern). […] Fast über Nacht ist die Globalisierung zur dringlichsten Frage unserer Zeit geworden, die in Vorstandsetagen, Meinungskolumnen und Schulen auf der ganzen Welt heftig diskutiert wird.

Joseph Stiglitz: Die Schatten der Globalisierung, Siedler Verlag, Lizenzausgabe der Bundeszentrale für politische Bildung, Berlin und Bonn 2002, S. 17 f.

4.1. Institutionelle Auseinandersetzung um eine Welthandelsordnung

4.1.1 World Trade Organization (WTO) – Welthandelsorganisation

M1 Die Welthandelsorganisation (WTO)

Die World Trade Organization (WTO, gegründet 1995) dient dem Ziel, Barrieren des internationalen Handels zu senken, um so den internationalen Handel zu fördern. […]

Die WTO hat folgende Hauptaufgaben:

- Erleichterung der Durchführung, Verwaltung und Wirkungsweise der verschiedenen WTO-Abkommen,
- Regelung von Handelskonflikten zwischen den Mitgliedern in einem besonderen Streitschlichtungsverfahren,
- Bereitstellung eines Forums für Verhandlungen zwischen ihren Mitgliedern über die Weiterentwicklung der WTO-Abkommen.

Zu den Hauptprinzipien der WTO-Abkommen zählen:

- Das Prinzip der Meistbegünstigung: Dieses besagt, dass ein WTO-Mitglied einen Vorteil (etwa einen niedrigen Einfuhrzollsatz) nicht nur einzelnen, sondern allen WTO-Mitgliedern gewähren muss. Eine Ausnahme von diesem Grundsatz gilt zum Beispiel für besondere handelspolitische Vorteile, die Entwicklungsländern gewährt werden. […]
- Das Prinzip der Inländerbehandlung: Hiernach dürfen ausländische Produkte und Dienstleistungen nicht schlechter behandelt werden als „vergleichbare" einheimische Produkte und Dienstleistungen.
- Transparenz: Die WTO-Mitglieder sind verpflichtet, sich gegenseitig über ihre Handelshemmnisse zu informieren.

Die WTO ist eine eigenständige internationale Organisation mit Sitz in Genf (Schweiz) mit über 150 Mitgliedern. Die meisten Mitglieder sind Staaten. […]

Das höchste Organ der WTO, die Ministerkonferenz, soll mindestens alle zwei Jahre zusammentreten. Die Ministerkonferenz ist für alle Aufgaben zuständig. Zwischen den Ministerkonferenzen werden die laufenden Geschäfte vom Allgemeinen Rat der WTO wahrgenommen. Der Allgemeine Rat tritt zudem als Organ zur Überprüfung der Handelspolitiken der Mitgliedstaaten und als Streitschlichtungsorgan zusammen. Dem Allgemeinen Rat sind der Rat für den Handel mit Waren (→ **GATT**), der Rat für den Handel mit Dienstleistungen (→ **GATS**) und der Rat für handelsbezogene Aspekte der Rechte des geistigen Eigentums (→ **TRIPS**) sowie mehrere Ausschüsse und Arbeitsgruppen nachgeordnet. Dem Rat für Handel mit Waren arbeiten seinerseits zahlreiche Ausschüsse zu, welche sich mit den einzelnen multilateralen Handelsübereinkommen befassen.

Für die Entscheidungen der WTO gilt grundsätzlich das Einstimmigkeitsprinzip (Konsensprinzip). Jedes Mitglied, unabhängig von Größe und Entwicklungsstand, verfügt über eine Stimme, die Europäische Union, vertreten durch die Europäische Kommission, entsprechend der Zahl der EU-Mitgliedstaaten über die 27 Stimmen. In bestimmten Fällen kann es zu Abstimmungen kommen, bei der die Mehrheit der abgegebenen Stimmen entscheidet […]:

- Über die verbindliche Auslegung der multilateralen Handelsübereinkommen wird mit Drei-Viertel-Mehrheit beschlossen.
- Die Ministerkonferenz kann mit Drei-Viertel-Mehrheit ein Mitglied von einer Verpflichtung aus den multilateralen Handelsübereinkünften entbinden (waiver, in der Praxis werden diese aber einstimmig erteilt).
- Für eine Änderung der multilateralen Abkommen ist grundsätzlich eine Drei-Viertel-Mehrheit erforderlich.
- Über den Beitritt neuer Mitglieder entscheidet die Ministerkonferenz mit Zwei-Drittel-Mehrheit der WTO-Mitglieder.

Bundesministerium für Ernährung, Landwirtschaft und Verbraucherschutz: Die Welthandelsorganisation (WTO). www.bmelv.de/cln_173/SharedDocs/Standardartikel/Europa-Internationales/Welthandel-WTO/WTO.html, aufgerufen am 7. Oktober 2011

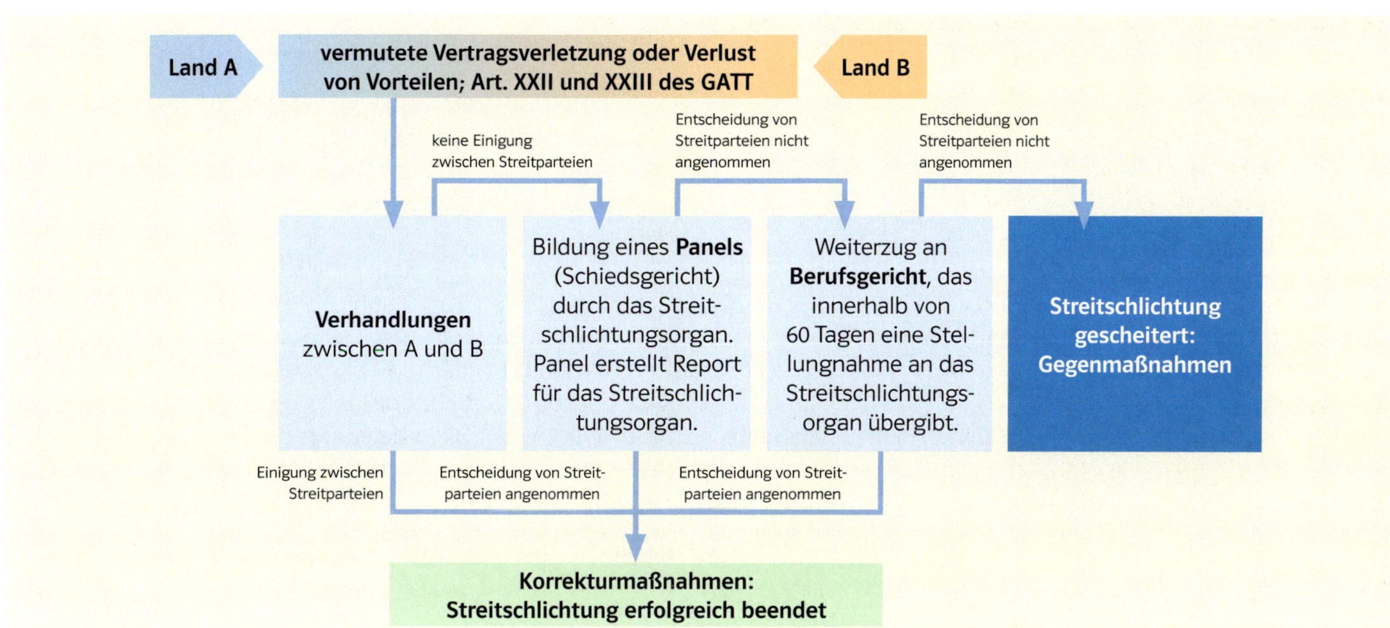

Abb. 59.1: Streitschlichtungsverfahren der WTO, nach: Bundeszentrale für politische Bildung (Hrsg.): Wirtschaft heute. Bonn 2006, S. 263

M2 Kritik an der WTO 1

Die WTO kontrolliert die Einhaltung ihrer Regeln, wacht über die nationale Handelspolitik ihrer Mitglieder und schlichtet Handelsstreitigkeiten. Die WTO verfügt also gleichermaßen über Legislativ-, Judikativ- und Exekutivbefugnisse, und zwar [...] ohne Rechenschaftspflicht gegenüber UN-Organisationen und ohne Informationsrechte für die Öffentlichkeit. [...] Der Kompetenzzuwachs der WTO geht bislang nicht mit einer Zunahme an Transparenz, Beteiligungsrechten und demokratischer Kontrolle einher [...] Die WTO verfügt über keine Kontroll- und Ausgleichsmechanismen, wie sie in demokratischen Verhältnissen üblich sind. Die Sitzungen finden hinter verschlossenen Türen statt, ihre Ergebnisse sind keiner öffentlichen Überprüfung zugänglich. Fast alle Sitzungsprotokolle wie Tagesordnungen, Diskussionsvorlagen und Protokolle werden ebenso wie viele nationale Positionspapiere entweder gar nicht oder erst verspätet veröffentlicht. Diplomaten [...] berichten über fehlenden Informationsfluss und die hohe Zahl informeller Treffen [...] Verbraucher- und Umweltschutzverbände haben in der WTO keinerlei Mitwirkungsrechte.

Kristina Steenbock (Greenpeace), in: Hartwig Riedel: Die politische Gestaltung der globalisierten Welt, in: Manfred Handwerger (Hrsg.): Globalisierung, internationale Politik und Konfliktbewältigung, 2. Auflage C.C.Buchner, Bamberg 2004, S.70 ff.

M3 Kritik an der WTO 2

2001 wurde trotz lautstarker Kritik der Globalisierungsgegner die Doha-Runde eingeläutet – angeblich, um die Chancen der Entwicklungsländer zu verbessern. Die EU und die USA wollen mehr Industrieprodukte und Dienstleistungen in die Entwicklungsländer exportieren und akzeptierten im Gegenzug eine Senkung ihrer Agrarsubventionen. Dennoch hätten die Drittweltländer die Hauptlast tragen sollen. Daraufhin ließ ein ungewöhnlich effektiver Zusammenschluss der Entwicklungsländer die Konferenz von Cancùn (Mexiko) 2003 platzen. Zwar versuchten die westlichen Staaten, deren Widerstand zu schwächen, indem sie Brasilien und Indien zu informellen Verhandlungsrunden einluden. Die beiden Staaten vertreten jedoch vor allem ihre eigenen Exportinteressen. [...]
Seit 2006 stecken die Verhandlungen fest. Die Entwicklungsländer, vor allem die ärmsten unter ihnen, sind nicht bereit, die Entwicklung ihrer Industrie- und Dienstleistungssektoren im Tausch für etwas mehr Agrarexporte zu opfern. Sie werfen der EU und den USA Heuchelei vor: Die EU habe 2006 zwar nur 2,5 Milliarden Euro Exportsubventionen gezahlt, aber die internen Subventionen für exportierte Produkte lägen bei knapp 6 Milliarden. Die Amerikaner sollten ihre direkten Exportsubventionen für Baumwolle streichen – diese beliefen sich 2005 auf 253 Millionen Dollar –, haben aber im selben Jahr 3,3 Milliarden Dollar interne Subventionen für ihre Baumwollproduzenten gezahlt.

Jacques Berthelot: Welthandelsrunde im Langzeitkoma, in: Atlas der Globalisierung, Le Monde Diplomatique, taz Verlags- und Vertriebs GmbH, Berlin 2009, S.59

M4 Welthandelsgespräche (Doha-Runde) gescheitert

[...] Die Unterhändler aus 30 Kernstaaten der Welthandelsorganisation hatten über einen „speziellen Sicherungsmechanismus" beraten, unter dem Entwicklungsstaaten ihre Bauern vor einer plötzlichen Steigerung der Importe von Getreide wie Reis oder einem abrupten Preisverfall schützen können. Der Streit entzündete sich vor allem an den Hürden, wann dieser Mechanismus greifen darf, und an den Zöllen, die dann erhoben werden dürfen. Die USA warfen Indien und China vor, die Zölle noch im Vergleich zum derzeitigen Maß anheben zu wollen – das wäre ein Verstoß gegen einen WTO-Grundsatz. Einige WTO-Vertreter zeigten Verständnis für die beiden Schwellenländer Indien und China. Sie müssten angesichts ihrer noch immer riesigen armen Bevölkerungsschichten dafür sorgen, dass die Landwirtschaft und Lebensmittelsicherheit gestärkt und nicht durch billige Importe geschwächt werden, hieß es in Genf. [...]
Die im Jahr 2001 auf dem WTO-Gipfel in der katarischen Hauptstadt Doha begonnene Verhandlungsrunde hat das Ziel, den Entwicklungsländern einen Verkauf von Agrargütern in den Industrieländern zu erleichtern und umgekehrt den etablierten Industrienationen Zugang zu den Märkten der Entwicklungsländer zu verschaffen.
Nach dem in Genf beratenen Kompromiss sollten vor allem Schwellenländer wie Brasilien, China oder Indien die Importzölle für Industriegüter senken. Die EU müsste ihren Agrarmarkt für lateinamerikanische Waren öffnen, ebenso wie die USA ihre Subventionen an Baumwoll-, Soja- oder Reisbauern kürzen sollten. [...] Der EU und den USA wird vorgeworfen, die Agrarmärkte mit Billigprodukten zu überschwemmen und so das Entstehen einer eigenständigen Agrarindustrie in armen Ländern zu verhindern. [...]

www.manager-magazin.de/unternehmen/artikel/ 0,2828,568912,00.html vom 29. Juli 2008, aufgerufen am 7. Oktober 2011

Zeitraum	Name	Gegenstand	Anzahl Länder	Zollsenkung
1947	–	Zölle	23	35,0 %
1949	Annecy-Runde	Zölle	13	2,0 %
1951	Torquay-Runde	Zölle	38	3,0 %
1956	Genf-Runde	Zölle	26	2,0 %
1960–61	Dillon-Runde	Zölle	26	7,0 %
1964–67	Kennedy-Runde	Zölle, Antidumping	62	35,0 %
1973–79	Tokio-Runde	Zölle, nichttarifäre Maßnahmen, Rahmenabkommen	102	34,0 %
1986–94	Uruguay-Runde	umfassende Verhandlungen, Gründung der WTO	123	40,0 %
2001	Doha-Runde	Integration der Entwicklungs- und Schwellenländer in den Welthandel	153	offen

Abb. 60.1: Von der GATT zur WTO – die Historie der Verhandlungsrunden (Quelle: WTO)

4.1.2 Von G8 zu G20

In der Vergangenheit bildeten die sieben wichtigsten Industrienationen – USA, Großbritannien, Kanada, Frankreich, Italien, Japan und Deutschland – sowie Russland die Gruppe der Acht (G8). Bei diesen jährlichen informellen Treffen der Staats- und Regierungschefs geht es um globale Fragen der Finanz- und Wirtschaftspolitik, Außen- und Sicherheitspolitik oder Klima- und Umweltpolitik. Für jeweils ein Jahr übernimmt eins der Teilnehmerländer die Präsidentschaft. Der letzte G8-Gipfel in Deutschland fand 2007 in Heiligendamm statt.

M1 Der Krise begegnen

Auf dem Gipfeltreffen in London haben die Staats- und Regierungschefs der 20 wichtigsten Länder der Erde (G20) am Donnerstag eine umfangreiche Erklärung verabschiedet. […]

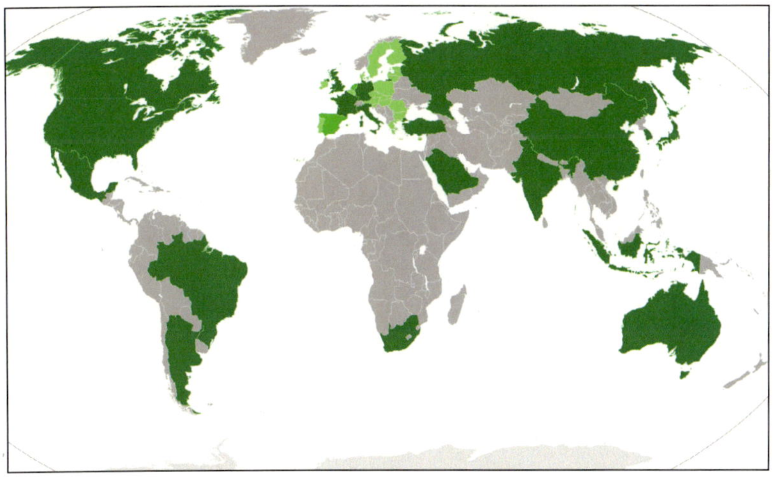

Abb. 61.1: Die G20-Mitgliedsstaaten (hellgrün = Länder, die durch die EU repräsentiert werden und keine eigenständigen Mitglieder sind)

Den internationalen Organisationen wie Internationalem Währungsfonds (IWF) und Entwicklungsbanken werden zusätzlich 1,1 Billionen Dollar zur Verfügung gestellt, die sie als Kredite vergeben können, um die Weltwirtschaft zu stabilisieren. Die G20-Länder wollen über Konjunkturprogramme bis Ende 2010 insgesamt 5 Billionen Dollar in die Wirtschaft pumpen. […]

Alle Teilnehmer haben sich verpflichtet, die langfristige Tragfähigkeit der öffentlichen Haushalte sowie die Preisstabilität sicherzustellen. […]

Die G20-Länder geloben, bei allen politischen Entscheidungen die Interessen der anderen Länder zu beachten und keinen Abwertungswettlauf zuzulassen. Alle wollen sich der Überwachung des Weltwährungsfonds unterwerfen; das ist ein Zugeständnis der Amerikaner, die sich solch einer Überwachung bislang entzogen hatten.

Die G20 kündigen an, die Regeln für das Finanzgewerbe zu verschärfen und die Aufsichtsbehörden zu stärken. Die Länder wollen zusammenarbeiten, um die Regeln international aufeinander abzustimmen. Die neue Finanzarchitektur soll unter anderem sicherstellen, dass die Regeln das Auf und Ab an den Finanzmärkten nicht verstärken, sondern dämpfen. […]

Zur Umsetzung dieser Ziele wird ein → **„Financial Stability Board" (FSB)** geschaffen, dem Vertreter der G20 und anderer Organisationen angehören. Der FSB soll ein Frühwarnsystem aufbauen. Er soll alle systemisch wichtigen Finanzinstitute, -instrumente und -märkte überwachen, darunter erstmals auch große Hedge-Fonds. […]

Das FSB soll strenge Prinzipien für die Entlohnung von Bankmitarbeitern entwickeln. Erfolgshonorare müssen berücksichtigen, dass Risiken erst langfristig eintreten können.

Die Eigenkapitalvorschriften für Banken sollen künftig einem „exzessiven" Einsatz von Fremdkapital vorbeugen.

Die G20 kündigen Maßnahmen gegen „nichtkooperative" Jurisdiktionen, einschließlich Steueroasen an. „Wir sind bereit, Sanktionen zu ergreifen, um unsere öffentlichen Finanzen und Finanzsysteme zu schützen […]." Hinter der Einmütigkeit […] steht auch, dass alle Länder ihre Steuereinnahmen erhöhen müssen, um den Zins auf ihre erhöhten Staatsschulden bedienen zu können. […]

Die G20-Länder verpflichten sich, vor allem auch die Vergabe von Krediten an Entwicklungs- und Schwellenländer aufrechtzuerhalten und auszubauen. […]

Die G20 verpflichten sich, die im April 2008 beschlossene Reform der Stimmrechte im Weltwährungsfonds umzusetzen. Der Fonds soll die Stimmrechte bis 2011 einer weiteren Revision unterziehen. Ziel soll dabei sein, alle Länder angemessen zu repräsentieren.

Die G20 geloben, keine protektionistischen Maßnahmen zu ergreifen und etwaig errichtete Handelsbarrieren wieder aufzuheben. Ähnlich erteilen sie auch dem „Finanzprotektionismus" eine Absage, insbesondere allen Maßnahmen, die den Kapitalfluss in Entwicklungsländer hemmen. Damit soll vermieden werden, dass Banken ihr Geschäft im Ausland zugunsten der heimischen Kunden einschränken.

Die Teilnehmer geloben, weiterhin einen Abschluss der Doha-Welthandelsgespräche anzustreben.

„Für eine offene Weltwirtschaft auf den Prinzipien des Marktes", in: Frankfurter Allgemeine Zeitung vom 4. April 2009, S. 12

Arbeitsaufträge

1. Charakterisieren Sie die WTO in ihrer wirtschaftspolitischen Ausrichtung und stellen Sie ihre Möglichkeiten zur Durchsetzung dar!
2. Die WTO ist bei Globalisierungsgegnern wie z. B. Attac oder WEED in die Kritik geraten. Systematisieren Sie die Kritikpunkte und nehmen Sie jeweils begründet Stellung!
3. Kommentieren Sie die Behauptung, dass mit den Entscheidungen der G20 im April 2009 eine neue Weltwirtschaftsordnung installiert worden ist!

4.1.3 European Union – Europäische Union

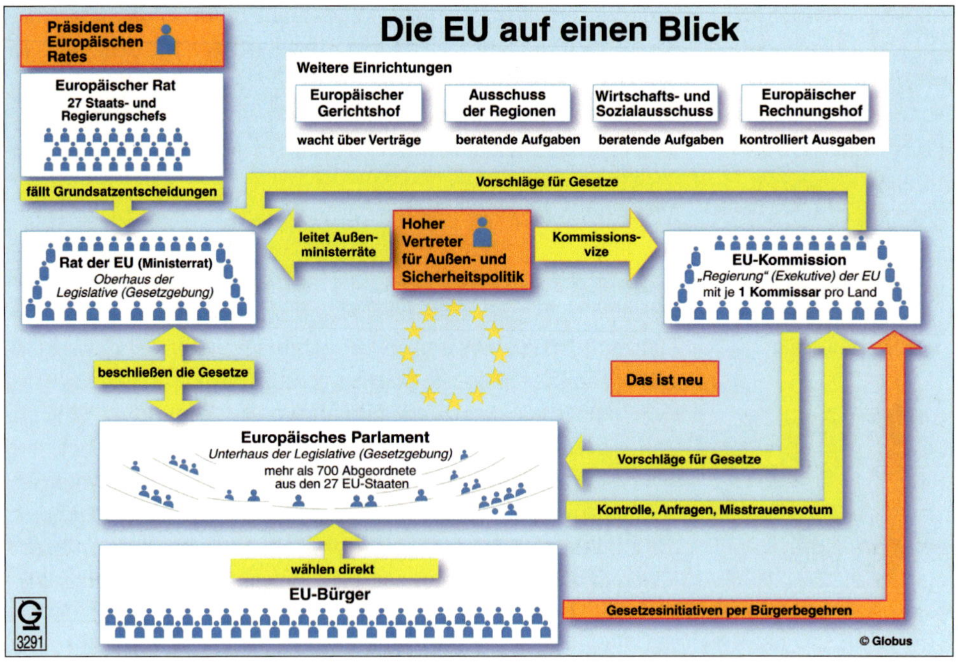

Abb. 62.1: Die EU auf einen Blick

Die Europäische Union ist eine politische und wirtschaftliche Verbindung europäischer Staaten. Seit der Gründung der Europäischen Gemeinschaft für Kohle und Stahl (Montanunion 1951), der Gründung der europäischen Wirtschaftsgemeinschaft (Römische Verträge 1957) und den Verträgen von Maastricht (1993), Amsterdam (1999) Nizza (2003) und Lissabon (2009) ist die Zahl der Mitgliedsstaaten auf zurzeit 27 angewachsen (Belgien, Bulgarien, Dänemark, Deutschland, Estland, Finnland, Frankreich, Griechenland, Großbritannien, Irland, Italien, Lettland, Litauen, Luxemburg, Malta, Niederlande, Österreich, Polen, Portugal, Rumänien, Schweden, Slowakei, Slowenien, Spanien, Tschechien, Ungarn, Zypern).

Besondere Kennzeichen sind die gemeinsamen politischen Entscheidungen gemäß der einzelnen Vertragswerke, der europäische Binnenmarkt sowie die Wirtschafts- und Währungsunion als Teil der Europäischen Union. 17 von 27 Staaten besitzen den Euro als gemeinsame Währung. Mit etwa 500 Millionen EU-Bürgern handelt es sich um den wirtschaftlich stärksten Binnenmarkt der Welt.

M1 Dänemark geht auf Konfrontationskurs zur EU

Im Streit um die neuen Kontrollen an dänischen Grenzen will Dänemarks [damalige] Regierung den Konflikt mit der EU vor Gericht ausfechten. Der für die Kontrollen zuständige Steuerminister Peter Christensen warf der EU-Kommission vor, ihre Kritik an den dänischen Grenzkontrollen in unseriöser Weise „als Medien-Tamtam statt in einem konstruktiven Dialog" vorzubringen.

Die Kommission könne ihre Ernsthaftigkeit mit einer Klage gegen Dänemark unter Beweis stellen, sagte der Minister. Die zuständige EU-Kommissarin Cecilia Malmström hatte vor einer Woche Experten für eine Inspektion an Dänemarks Grenzen geschickt. Danach hatte sie erklärt, dass Kopenhagen die Notwendigkeit für die neuen Zollkontrollen nicht ausreichend begründet habe. Dänemarks Steuerminister Christensen sagte dazu: „Die wollten an einem bestimmten Tag kommen, obwohl wir von vornherein erklärt haben, dass da keine Zollkontrollen stattfinden würden." Das sei eine „merkwürdige Form von Dialog". Brüssel hält die auf Betreiben der rechtspopulistischen dänischen DVP eingeführten Grenzkontrollen für eine mögliche Verletzung des Schengener Vertrages zur Freizügigkeit in der EU. Die EU-Kommission schließt ihrerseits eine Gerichtsklage nicht aus. Dänemarks Regierung begründet die neuen permanenten Zollkontrollen als Initiative zur Bekämpfung grenzüberschreitender Kriminalität. In den Kopenhagener Medien werden sie fast durchweg als innen- und außenpolitisches Fiasko eingestuft. Zur Einstufung als „politischem Witz des Jahres" durch die regierungsnahe Zeitung Jyllands-Posten meinte Christensen: „Unsere Kontrollen sind ganz bestimmt kein Fiasko. Umfragen beweisen, dass wir nach Meinung der Bevölkerungsmehrheit eine gute Idee gehabt haben."

http://www.zeit.de/politik/ausland/2011-07/daenemark-grenzkontrollen-eu vom 20. Juli 2011, aufgerufen am 7. Oktober 2011

Anm. des Autors: Die im September 2011 neu gewählte Regierung hat angekündigt, die umstrittenen Grenzkontrollen wieder abzuschaffen.

Freier Warenverkehr	Freier Personenverkehr	Freier Dienstleistungsverkehr	Freier Kapitalverkehr
Wegfall von Zöllen und Kontrollen	Wegfall von Personenkontrollen an den Grenzen	EU-weites Angebot von Versicherungsleistungen	Freie Geld- und Kapitalbewegungen
Harmonisierung oder gegenseitige Anerkennung von Normen	Niederlassungs- und Beschäftigungsfreiheit	EU-weites Angebot von Transport, Energie- und Telekommunikationsleistungen	Gemeinsamer Markt für Finanzleistungen
Gewährleistung eines freien Wettbewerbs	Anerkennung von Abschlüssen	Handwerk, Tourismus	Liberalisierung des Wertpapierverfahrens

Abb. 62.2: Die vier Grundfreiheiten des europäischen Binnenmarktes

M2 Spanien und Italien klagen gegen das EU-Patent

Jahrelange Versuche, ein EU-weites Gemeinschaftspatent im Konsens aller Mitgliedsstaaten zu erstellen, waren Ende 2010 am Widerstand Spaniens und Italiens gegen die vorgesehenen Sprachregeln gescheitert. Daraufhin begannen im Dezember die 25 übrigen EU-Staaten mit einer „verstärkten Zusammenarbeit" mit dem Ziel, ein Patent mit Gültigkeit nur bei ihnen zu schaffen. Die seit den Lissaboner Verträgen mögliche „verstärkte Zusammenarbeit" erlaubt es einer Gruppe von Mitgliedern, gemeinsame Regeln zu vereinbaren, ohne dass sämtliche 27 Länder zustimmen müssen. [...]. Wie angedroht, haben nun Italien und Spanien Klagen beim Europäischen Gerichtshof gegen diese verstärkte Zusammenarbeit eingereicht. Sie klagen unter anderem wegen Machtmissbrauchs, Verletzung der Rechtsprinzipien und Verstößen gegen den EU-Vertrag. [...]

Hauptstreitpunkt zwischen Spanien und Italien einerseits und den übrigen 25 Staaten andererseits ist die an das Vorgehen des Europäischen Patentamts angelehnte Sprachregelung: Sie sieht vor, dass Patente nur noch auf Englisch, Französisch oder Deutsch eingereicht werden müssen und nach der Billigung des Patentamts automatisch in allen teilnehmenden EU-Staaten gelten.

http://www.heise.de/ix/meldung/Spanien-und-Italien-klagen-gegen-das-EU-Patent-1274453.html vom 6. Juli 2011, aufgerufen am 7. Oktober 2011

M3 EU geißelt chinesischen Protektionismus

Bisher übten vor allem die USA Kritik, jetzt werden auch die Europäer deutlich: EU-Handelskommissar Karel De Gucht hat China kurz vor den nächsten Konsultationen in Peking Protektionismus vorgeworfen. Das Land werde damit seiner Rolle als aufstrebende Wirtschaftsmacht nicht gerecht, sagte der Belgier der „Financial Times Deutschland" (FTD): „China kann nicht den Ehrgeiz haben, eine große – vielleicht bald die größte – Wirtschaftsmacht zu sein, ohne gleichzeitig Verantwortung für das Funktionieren der Weltwirtschaft zu übernehmen." Der Liberale warnte Europa jedoch davor, seinerseits mit Handelsbeschränkungen gegen China zu reagieren. „Wenn man sich die Vergangenheit anschaut, hat Protektionismus solche Probleme jedenfalls noch nie gelöst", sagte De Gucht. Er räumte damit aber zugleich ein, dass die EU keine Handhabe gegen die Abschottung Chinas habe.

Kurz vor seiner Reise nach Peking Ende April kritisierte der Handelskommissar auch Chinas Währungs- und Wirtschaftspolitik. Bisher haben vor allem US-Politiker Peking vorgeworfen, seine Währung künstlich niedrig zu halten und so seine Exporte zu subventionieren. „Der Yuan ist unterbewertet", sagte De Gucht. [...] Der EU-Kommissar lehnt Druck auf Chinas Führung, den Yuan aufzuwerten, jedoch ab. [...] Neben der Unterbewertung des Yuan beklagte der Kommissar weitere Barrieren, mit denen China seine Wirtschaft schütze. Er nannte etwa Exportbeschränkungen für wichtige Mineralien und die Bevorzugung chinesischer Technologie bei staatlichen Beschaffungsvorhaben.

http://www.spiegel.de/wirtschaft/unternehmen/0,1518,689312,00.html vom 16. April 2010, aufgerufen am 7. Oktober 2011

M4 Freihandel in der EU?

Die Antidumpingzölle der EU auf Schuhimporte aus China und Vietnam entfallen voraussichtlich Ende März [2011]. Bisher habe kein Mitgliedsland einen Antrag auf eine abermalige Verlängerung der Ende 2006 verhängten Strafzölle gestellt [...]. Damit dürfte einem Ende der Zölle nichts mehr im Wege stehen. Zuletzt hatte die EU die Zölle Ende 2009 verlängert und das mit dem noch nicht abgeschlossenen Strukturwandel der europäischen Schuhbranche begründet. Vor allem die Regierungen von Italien und Spanien, aber auch anderer südeuropäischer Länder mit einer großen eigenen Schuhindustrie hatten damals Druck auf die Kommission ausgeübt. Inzwischen sei die Schuhbranche in Europa jedoch wieder besser aufgestellt, hieß es aus der Kommission.

Offiziell hat die EU die Zölle damit begründet, dass sowohl China als auch Vietnam Schuhe zu Preisen ausführten, die unter den Herstellungskosten lägen. Die Zölle betragen heute 10 Prozent für Schuhe aus Vietnam und 16,5 Prozent für chinesische Schuhe. Die Schuhe verteuern sich dadurch im Geschäft um ungefähr 1,50 Euro. Nach Branchenangaben hat die Staatengemeinschaft seit der Verhängung der Strafzölle vor knapp vier Jahren mehr als 1 Milliarde Euro an Zöllen eingenommen.

Sowohl der Verhängung der Zölle im Herbst 2006 als auch der Verlängerung 2009 war ein Streit zwischen den Mitgliedstaaten vorausgegangen. Spanien, Portugal, Italien, Rumänien und Polen, wo die meisten Schuhe produziert werden, drangen darauf, die Hersteller vor der Billigkonkurrenz zu schützen. Insbesondere die Einfuhr von chinesischen Schuhen war nach dem Wegfall der Quoten stark gestiegen. Die meisten anderen EU-Staaten traten für die Interessen von Unternehmen wie Adidas und Puma ein, die die Produktion nach Asien verlagert hatten.

http://www.faz.net/artikel/C30563/eu-schuhzoelle-koennten-wegfallen-bisher-hat-kein-land-eine-verlaengerung-beantragt-30358568.html vom 13. Januar 2011, aufgerufen am 7. Oktober 2011

Arbeitsaufträge

1. Charakterisieren Sie die Funktionsweise der Europäischen Union!
2. Erläutern Sie, welche regionalen Ursachen Verstöße gegen die vier Freiheiten des EU-Binnenmarktes rechtfertigen!
3. Überprüfen Sie mithilfe des Kapitels 2.2 die protektionistischen Maßnahmen und Freihandelsforderungen aus M3 und M4! Erläutern Sie, welche wirtschaftlichen Konsequenzen sich daraus ergeben!
4. Erstellen Sie mithilfe geeigneter Materialien/des Internets ein Kurzreferat zur EU-Agrarpolitik unter den Aspekten von Freihandel und Protektionismus!

4.2 Chancen und Risiken einer Weltwährungsordnung

4.2.1 Internationaler Währungsfonds (IWF) und Weltbank

M1 Die Ziele und Aufgaben des IWF

Die Ziele und Aufgaben des IWF sind

- die internationale Zusammenarbeit auf dem Gebiet der Währungspolitik zu fördern;
- die Ausweitung und ein ausgewogenes Wachstum des Welthandels zu erleichtern und dadurch zur Förderung eines hohen Beschäftigungsstands und Lebensstandards in den Mitgliedsländern beizutragen;
- die Stabilität der Währungen zu fördern, geordnete Währungsbeziehungen unter den Mitgliedern aufrechtzuerhalten;
- bei der Beseitigung von Devisenverkehrsbeschränkungen, die das Wachsen des Welthandels hemmen, mitzuwirken sowie
- Mitgliedern bei der wirtschaftspolitischen Anpassung zur Überwindung von Zahlungsbilanzproblemen zeitweilig IWF-Mittel unter angemessenen Sicherungen zur Verfügung zu stellen.

Jedes Mitgliedsland hat eine Quote. Nach ihr bemessen sich die Einzahlungsverpflichtung (Subskription), die Ziehungsrechte und das Stimmrecht des Mitgliedslandes. Die Quoten werden entsprechend der wirtschaftlichen Größe eines Landes und seiner handelspolitischen Bedeutung bestimmt. Als drittgrößter Anteilseigner nach den USA (17,14 %) und Japan (6,14 %) hält Deutschland eine Quote von derzeit 6,00 %. Deutschland ist seit 1952 Mitglied des IWF. Das BMF [Bundesministerium der Finanzen] vertritt im Benehmen mit der Deutschen Bundesbank die Interessen der Bundesrepublik Deutschland beim IWF.

www.bundesfinanzministerium.de (Internationale Beziehungen + Internationaler Währungsfonds), aufgerufen am 7. Oktober 2011

M2 Maßnahmen von IWF und Weltbank

Die Weltbank fördert durch entsprechende Kredite, denen oft auch IWF- und andere Kredite folgen, sog. Strukturanpassungsprogramme (SAP). Um Kredite zu erhalten, müssen bestimmte Bedingungen erfüllt werden (sog. Konditionalität). Diese umfassen auf der Maßnahmenseite meist eine Abwertung der Inlandswährung (um die Exporte anzuregen und die Importe zu reduzieren), eine allgemeine Handelsliberalisierung (Abbau von Zöllen und Exporthemmnissen), um die Integration in die Weltmärkte zu fördern, auch in anderer Hinsicht Liberalisierung (Privatisierung von Staatsunternehmen, Förderung der Privatwirtschaft), ferner eine Sanierung des Staatshaushalts durch Streichung von Subventionen (oft bei Grundnahrungsmitteln, Medikamenten oder im öffentlichen Transportwesen) und andere Kürzungen von Regierungsausgaben (Entlassungen im öffentlichen Dienst), u. a. m. Ohne dies hier im Einzelnen auszuführen ist festzuhalten, dass solche Programme tendenziell die armen Bevölkerungsgruppen stärker belasten als die reichen (wenn überhaupt), denn sie sind mit oft massiven Preissteigerungen, Versorgungsengpässen und [dem] Verlust von Arbeitsplätzen verbunden. IWF und Weltbank sind daher in Entwicklungsländern oder entsprechend in osteuropäischen Ländern selten sonderlich beliebt, auch wenn SAPs makroökonomisch durchaus richtig sind. Sie treffen aber mikroökonomisch die Falschen: Von einer Belastung der Vielbesitzenden, die der Wenig- oder Nichtbesitzenden proportional wäre, kann keine Rede sein.

Jörn Altmann: Wirtschaftspolitik, 7. Auflage UTB, Stuttgart 2000, S. 622 f.

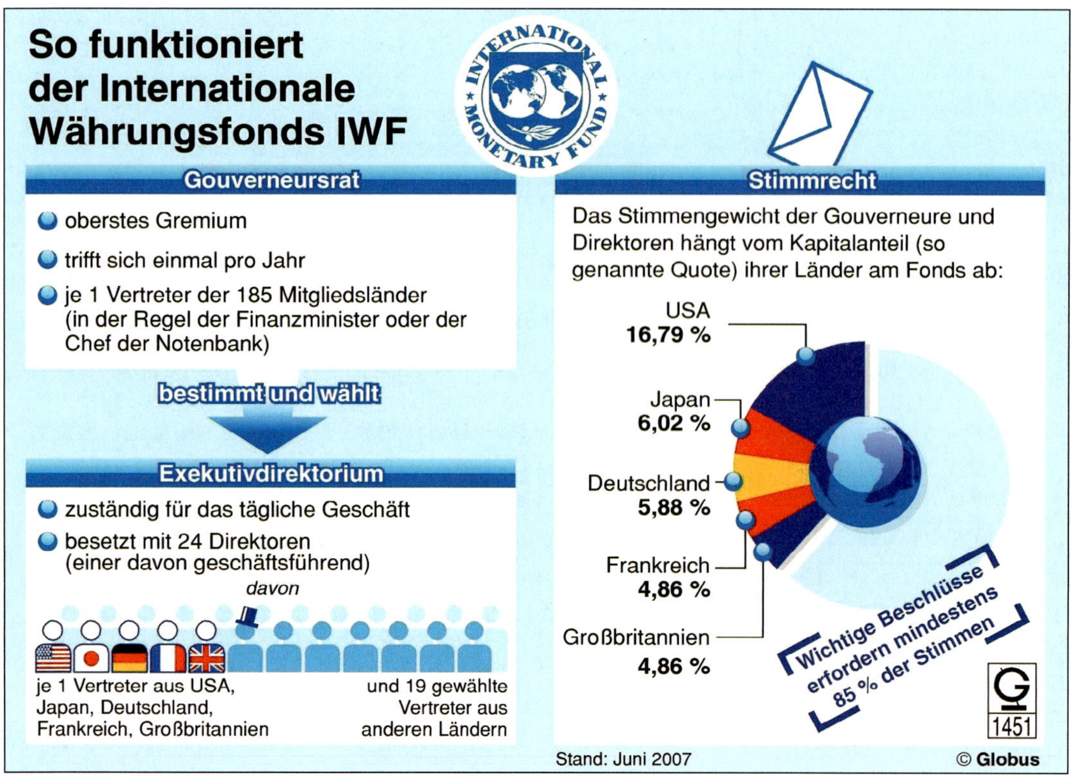

Abb. 64.1: Funktionsweise des IWF

M3 **Funktionsweise der Weltbank**

Die Weltbank

- gegründet 1945
- 185 Mitglieder, die unterschiedlich hohe Beiträge zahlen
- Präsident: üblicherweise ein US-Amerikaner (USA sind größter Geldgeber)

Aufbau

IBRD Internationale Bank für Wiederaufbau und Entwicklung	**IDA** Internationale Entwicklungsorganisation
vergibt günstige Kredite für Entwicklungs- und Schwellenländer	vergibt zinslose Kredite und Zuschüsse an die ärmsten Länder der Welt
erwirtschaftet nötige Mittel auf dem Kapitalmarkt	finanziert Hilfe durch Beiträge der Mitgliedsländer

Kreditnehmer

Im Finanzjahr 2007 vergab die Weltbank Kredite in Höhe von 24,7 Mrd. US-Dollar (IBRD: 12,8 Mrd., IDA: 11,9 Mrd.) davon in Prozent nach:

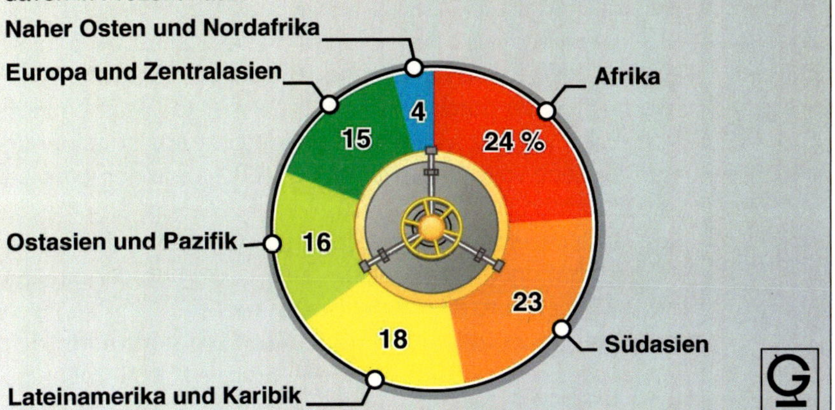

Quelle: Weltbank © Globus 1862

M4 **Zur Kritik von IWF und Weltbank**

In den letzten Jahren sind Weltwährungsfonds und Weltbank in die Kritik geraten. Dem Weltwährungsfonds ist es bisher nicht gelungen, wirkungsvolle Instrumente gegen durch Spekulationswellen ausgelöste Währungskrisen zu entwickeln. Gefordert wird eine effizientere Koordination der währungspolitischen Interventionen des IWF und der einzelnen Zentralbanken.

Kritisiert werden auch die Konditionen, zu denen der IWF Kredite an Schwellen- und Entwicklungsländer in Zahlungsbilanzschwierigkeiten vergibt. Häufig wurden diesen Ländern Maßnahmenpakete auferlegt, die sich unter den Bedingungen entwickelter Marktwirtschaften bewährt hatten, aber ungeeignet für Staaten waren, in denen die entsprechenden Voraussetzungen (beispielsweise ein entwickeltes Bankwesen oder Steuersystem) fehlen. Ferner wurden oft finanzielle Einsparungen verlangt, die primär zulasten der armen Bevölkerung gingen. Nach Auffassung des Wirtschaftsnobelpreisträgers Joseph Stiglitz hat der IWF durch ungeeignete Interventionen in einigen Fällen (zum Beispiel in der sogenannten Asien-Krise 1997/98) die Situation sogar verschärft.

Die Kritik hat dazu geführt, dass der IWF seine Strategien überarbeitet hat und versucht, sie besser auf die spezifischen Gegebenheiten der Kredit nehmenden Länder einzustellen. Die Vermischung der Aufgaben von Internationalem Währungsfonds und Weltbank wird ebenfalls beanstandet.

Der IWF hat seine Aktivitäten über die Währungspolitik hinaus in die Entwicklungspolitik ausgedehnt. So hat er Kreditprogramme speziell für Entwicklungsländer entwickelt. Dazu gehört die Konzessionäre Armutsreduzierungs- und Wachstumsfazilität (Poverty Reduction and Growth Facility), mit der den ärmsten Staaten zusätzliche Devisenkredite zur Verfügung gestellt werden. Viele Ökonomen halten die Vermengung von Währungs- und Entwicklungspolitik beim IWF für problematisch. Sie fordern, er solle sich auf die Währungspolitik konzentrieren und Entwicklungskredite der Weltbank überlassen.

Der Weltbank wird attestiert, dass sie zwar zahlreiche Entwicklungsländer mit Erfolg bei der Ankurbelung des Wirtschaftswachstums unterstützt habe, die Landbevölkerung aber zu wenig davon profitiere. In Zukunft solle bei Entwicklungshilfekrediten stärker darauf geachtet werden, dass Arbeitsplätze geschaffen und die zu finanzierenden Projekte stärker an den politischen und institutionellen Bedingungen der einzelnen Länder ausgerichtet werden und dass Projekte, die auf eine Verbesserung der Regierungsführung abzielen, mit Vorrang ausgewählt werden.

Die Kritik an Weltwährungsfonds und Weltbank wird zunehmend in der Öffentlichkeit vorgetragen. Vor allem Nichtregierungsorganisationen, beispielsweise die globalisierungskritische Vereinigung Attac, haben durch Publikationen und zum Teil spektakuläre Aktionen anlässlich von IWF- und Weltbanktagungen auf Fehlentwicklungen aufmerksam gemacht.

Auch Entwicklungsländer fordern eine stärkere Berücksichtigung ihrer Interessen in beiden Institutionen. In ihrer Kritik an der Kreditvergabe von IWF und Weltbank geht eine Reihe südamerikanischer Staaten so weit, die „Gegengründung" einer eigenen Entwicklungsbank (Banco del Sur) anzustreben.

Klaus-Peter Kruber/Anna Lena Mees/Christian Meyer: Strukturen der internationalen Währungs- und Finanzpolitik, in: Informationen zur politischen Bildung, Heft 299, Bonn 2008, S. 56

Arbeitsaufträge

1. Erläutern Sie, weshalb IWF und Weltbank unter demokratischen Gesichtspunkten kritikwürdig sind!
2. Entwicklungsländer planen die Gründung einer eigenen Bank als Gegenstück zu IWF und Weltbank. Argumentieren Sie aus Sicht des IWF und der Weltbank gegen eine solche Gründung!

4.2.2 Devisenmarkt und Wechselkurse

M1 Devisenmärkte

Auf Devisenmärkten, die per se international sind, wird mit Währung gehandelt. Früher galten sie als „Spiegelbild der weltwirtschaftlichen Entwicklung" – auch heute noch werden Wechselkursveränderungen häufig als Barometer für die weltwirtschaftliche Leistungsfähigkeit einer Volkswirtschaft angesehen.

Unser heutiges Weltwährungssystem zeichnet sich dadurch aus, dass die Wechselkurse zwischen den Leitwährungen (US-Dollar, Euro und Yen) frei schwanken. [...]

In einem flexiblen Wechselkurssystem bilden sich Preise für die einzelnen Währungen allein nach dem Gesetz von Angebot und Nachfrage an den Devisenmärkten. Durch die nationale Geld- und Zinspolitik wird nur noch indirekt Einfluss auf den Wechselkurs genommen. Erhöht beispielsweise die Fed (amerikanische Notenbank) [...] den Zinssatz, wird es für Anleger interessant, Geldvermögen aus dem Euroraum in den Dollarraum zu verschieben. Die Nachfrage nach US-Dollar erhöht sich, sein Außenwert steigt. Von entscheidender Bedeutung für die Entwicklung eines Wechselkurses ist das „Vertrauen", das der Währung entgegengebracht wird. „Glauben" die Anleger an einen steigenden Kurs, werden sie die Währung kaufen, gehen sie von einem Kursverfall aus, werden sie sie verkaufen. [...] Begünstigt durch den Abbau von Kapitalverkehrs- und Devisenkontrollen und die Entwicklung elektronischer Datenübertragung werden Wechselkurse heute in erheblichem Maße von kurzfristigen Finanzströmen bestimmt – und immer weniger von der Entwicklung der wirtschaftlichen Fundamentaldaten.

Peter Waldow: Wie funktionieren die internationalen Finanzmärkte?, in: Kapital braucht Kontrolle. Die internationalen Finanzmärkte. Funktionsweisen – Hintergründe – Alternativen, WEED e.V, Bonn 2000, S. 22 f.

M2 Einflüsse auf Wechselkurse

Devisenangebot und Devisennachfrage ergeben sich aus den Geschäften zwischen In- und Ausländern. Für den Import müssen Währungen beschafft werden. Daraus ergibt sich eine Nachfrage nach Devisen. Auch wenn wir importierte Waren im Supermarkt in Euro bezahlen können, so muss der Importeur ausländisches Geld beschaffen, um die ausländischen Geschäftspartner in deren Währung bezahlen, damit diese wiederum ihre Zulieferer und Arbeiter bezahlen können. Umgekehrt ergibt sich aus Warenexporten aus Deutschland z. B. in die USA eine Nachfrage nach Euro und ein Angebot an US-Dollar, denn nun müssen die Amerikaner ihre Dollar gegen Euro eintauschen. Importeure und Exporteure wickeln solche Devisengeschäfte über Banken ab. Übersteigt z. B. das Dollarangebot die Nachfrage nach US$, so bewirkt dieser Angebotsüberschuss eine Preissenkung: Der US-Dollar wird im Vergleich zum Euro billiger. Anders ausgedrückt: Der Euro wird aufgewertet, denn man bekommt mehr Dollar für einen Euro.

Die Wechselkurse werden von einer Vielzahl von ökonomischen, politischen und psychologischen Faktoren beeinflusst: Der Außenhandel mit seinem Waren- und Dienstleistungsexport und -import erzeugt Angebot und Nachfrage bei Devisen.

Das Zinsniveau kann Kapitalströme internationaler Geldanleger beeinflussen. Ist beispielsweise das Zinsniveau der USA bei vergleichbarer Sicherheit der Geldanlage wesentlich höher als das in Europa, so werden viele Europäer ihr Geld in den USA anlegen. Daher tauschen sie Euro in Dollar, wodurch der Euro abgewertet wird.

Politische Situationen (z. B. Meldungen über kriegerische Ereignisse, eine hohe Staatsverschuldung, einen Regierungswechsel) führen zu Vertrauensverlust.

Bei einer starken Inflation in einem Land wird die Geldanlage in stabileren Währungen gesucht.

Erwartungen über die künftige Wechselkursentwicklung können zu Spekulationen über Auf- und Abwertung führen.

Die Notenbanken können durch gezielte An- und Verkäufe ihrer Devisenreserven versuchen, den Wechselkurs in eine gewünschte Richtung zu treiben.

Stefan Prochnow, eigener Text

M3 Feste und flexible Wechselkurse

Mit Vorsicht lässt sich formulieren: Ein System flexibler Wechselkurse hat seine Stärken dort, wo stark auf nationale Politik ausgerichtete Staaten internationalen Handel treiben. Ein System fester Wechselkurse (oder gar die Abschaffung von Wechselkursen durch Einführung einer gemeinsamen Währung) hat Vorteile, wenn es sich um sehr eng miteinander verflochtene Volkswirtschaften handelt. [...] In der Weltwirtschaft finden wir gegenwärtig verschiedene Währungssysteme gleichzeitig vor. Zwischen den Währungen der großen Handelsnationen USA (Dollar), Japan (Yen) und den EU-Ländern, die den Euro eingeführt haben, bestehen flexible Wechselkurse. So wurde zum Beispiel der Euro gegenüber dem Dollar seit seiner Einführung 1999 (1 Euro = 1,17 US-Dollar) zunächst deutlich abgewertet (bis auf 1 Euro = 0,83 US-Dollar), seit 2001 stieg der Eurokurs an den Devisenmärkten wieder und hatte im März 2008 mit 1 Euro = 1,57 US-Dollar seinen bisherigen Höchststand erreicht. [...]

Einige Staaten haben ihre Währungen an den Dollar oder an den Euro angebunden, das heißt, sie richten ihre Geld- und Währungspolitik an der Bezugswährung aus, um den Wechselkurs stabil zu halten. Beispiele sind einige südostasiatische und lateinamerikanische Länder, die ihre Währungen an den Dollar „angehängt" haben.

Auch die Volksrepublik China, mittlerweile eine der größten Welthandelsnationen, hält den Kurs des Yuan stabil zum Dollar. Tatsächlich gilt der Kurs des Yuan als unterbewertet. Die chinesische Regierung ist an einem niedrigen Yuan-Kurs interessiert: Er verbessert Chinas Exportchancen auf den Weltmärkten und in den USA. In der Tat erzielt die Volksrepublik insbesondere gegenüber den USA, aber auch gegenüber Deutschland und vielen anderen Ländern hohe Exportüberschüsse und muss im Gegenzug erhebliche Dollarmengen aufkaufen, um den Dollarkurs zu stützen (bzw. die Yuan-Aufwertung zu verhindern). China hat auf diese Weise mittlerweile enorme Dollarreserven angehäuft, die überwiegend Zins bringend in den USA angelegt sind. Eine über kurz oder lang unvermeidbare Anpassung des Wechselkurses (hier: Aufwertung des Yuan) könnte, so wird befürchtet,

zu erheblichen Turbulenzen am Devisenmarkt und auf den internationalen Kapitalmärkten mit nachfolgenden Auf- und Abwertungen mehrerer Währungen führen. […]
Der Euro hat sich als Bezugswährung für viele weitere europäische Währungen etabliert. Die EU-Staaten, die gegenwärtig noch nicht der Währungsunion angehören, sind grundsätzlich verpflichtet, den Euro als Währung einzuführen, sobald sie die → **Konvergenzkriterien** erfüllen. Großbritannien, Dänemark und Schweden haben jedoch darauf verzichtet, Mitglieder der Währungsunion zu werden.

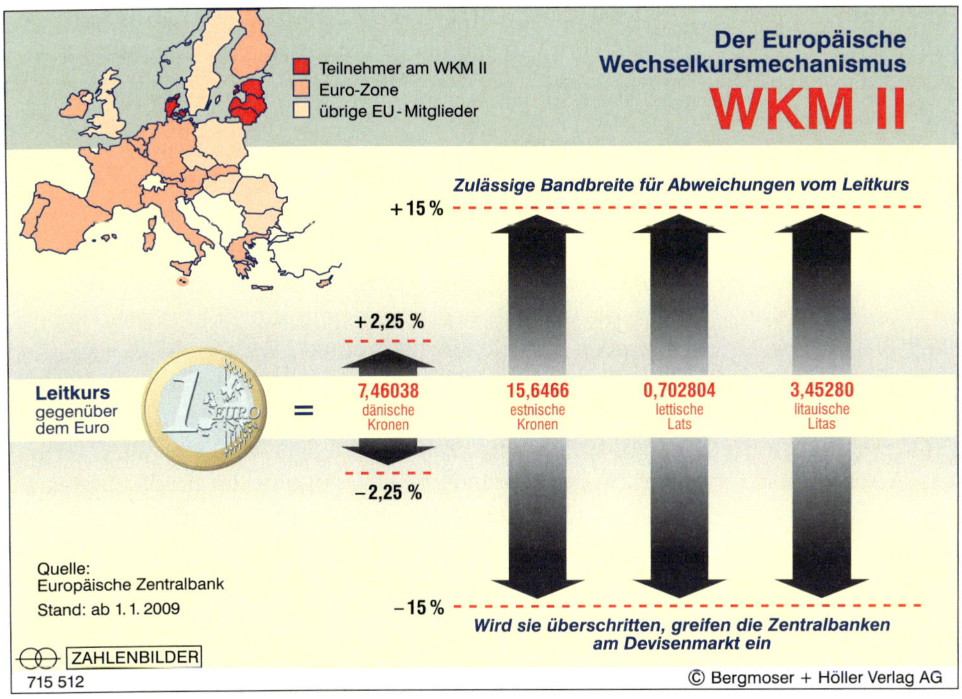

Abb. 67.1: Europäischer Wechselkursmechanismus

[Um] die Nichtmitglieder an die Erfüllung der Konvergenzkriterien heranzuführen, sind auch die Zentralbankpräsidenten der EU-Staaten, die nicht der Währungsunion angehören, im erweiterten Rat der Europäischen Zentralbank vertreten – allerdings ohne Stimmrecht bei geld- oder währungspolitischen Entscheidungen. Fünf EU-Staaten – Dänemark, Estland, Lettland, Litauen und Slowakei – haben ihre Währungen mit festem Wechselkurs an den Euro gebunden (Wechselkursmechanismus II der EU) und damit faktisch ihre Währungspolitik der EZB übertragen.

Klaus-Peter Kruber/Anna Lena Maas/Christian Meyer: Strukturen der internationalen Währungs- und Finanzpolitik, in: Informationen zur politischen Bildung, Heft 299, Bonn 2008, S. 48 f.

M4 Devisenspekulation und Wirtschaftskrise

Als der Kurs des thailändischen Baht am 2. Juli 1997 massiv einbrach, ahnte niemand, dass dies der Beginn der größten Wirtschaftskrise seit der Großen Depression in den Dreißigerjahren war – einer Krise, die von Asien auf Russland und Lateinamerika übergriff und die ganze Welt bedrohte. Zehn Jahre lang hatte der Wechselkurs des Baht zum Dollar um etwa 25 Baht pro Dollar geschwankt, nun fiel er über Nacht um etwa 25 Prozent. Die Währungsspekulation griff um sich und traf Malaysia, Südkorea, die Philippinen und Indonesien, und am Ende des Jahres drohte das, was als ein Wechselkursverfall begonnen hatte, viele Banken, Börsen und sogar ganze Volkswirtschaften in den Abgrund zu reißen. […]

[In Thailand] war ein spekulativer Angriff (zusammen mit hohen kurzfristigen Verbindlichkeiten) Ursache für die Krise. Spekulanten, die glauben, dass eine Währung abgewertet wird, versuchen, ihre Devisenbestände in Dollar zu tauschen; bei freier Konvertierbarkeit – also der Fähigkeit, die Landeswährung in Dollar oder eine beliebige andere Währung einzutauschen – ist dies leicht zu bewerkstelligen. Doch wenn Devisenhändler die Währung verkaufen, verliert sie an Wert – sodass die Prophezeiung in Erfüllung geht. […] Die Spekulanten sind zufrieden. Sie haben richtig gewettet. Sie können wieder in die Währung einsteigen – und einen ordentlichen Gewinn abschöpfen. […] Nehmen wir an, der Spekulant Fred geht zu einer thailändischen Bank und nimmt einen Kredit über 24 Milliarden Baht auf, die er, beim ursprünglichen Wechselkurs, in eine Milliarde Dollar umtauschen kann. Eine Woche später fällt der Wechselkurs; statt 24 Baht ist ein Dollar jetzt 40 Baht wert. Er nimmt 600 Millionen Dollar, tauscht sie in Baht zurück, anschließend zahlt er mit den 24 Milliarden Baht, die er dafür erhält, den Kredit zurück. Die verbleibenden 400 Millionen Dollar sind sein Gewinn – ein stattlicher Betrag für eine Woche Arbeit und nur einem marginalen Einsatz eigener Mittel. Wenn er fest davon überzeugt ist, dass die Landeswährung nicht an Wert gewinnt (der Wechselkurs also von 24 Baht je Dollar auf, sagen wir, 20 Baht je Dollar sinkt), ist das Geschäft weitgehend risikofrei – schlimmstenfalls, wenn sich der Wechselkurs nicht verändern würde, verlöre er die Zinsen einer Woche. Je mehr sich die Überzeugung festigt, dass eine Abwertung unmittelbar bevorsteht, umso unwiderstehlicher wird der Lockreiz abzukassieren, und Spekulanten aus der ganzen Welt sammeln sich, um die Situation auszunutzen.

Joseph Stiglitz: Die Schatten der Globalisierung. Siedler Verlag, Lizenzausgabe der Bundeszentrale für politische Bildung, Berlin und Bonn 2002, S. 109 und 114 f.

Arbeitsaufträge

1. Beschreiben Sie die Auswirkungen eines starken Euros
   a) auf deutsche, transnationale Konzerne;
   b) auf die privaten Haushalte;
   c) auf Im- und Exportgeschäfte!
2. Erklären Sie, wie feste und flexible Wechselkurse funktionieren!
3. China hält seine Währung künstlich schwach. Stellen Sie Vor- und Nachteile einer solchen Währungspolitik gegenüber!

4.2.3 Ursachen der Finanz- und Wirtschaftskrise 2007–2009

M1 Die Krise nimmt ihren Lauf

Die extrem expansive Geldpolitik der amerikanischen Zentralbank Fed führte seit Mitte der 1990er-Jahre dazu, dass die kreditfinanzierten Ausgaben von Investoren und Konsumenten wuchsen. Da zugleich die Regierung die Nachfrage durch wachsende Haushaltsdefizite anschob, erlebte die amerikanische Wirtschaft einen kreditfinanzierten Boom, in dessen Sog die Importe wuchsen, während die Exporte stagnierten. Finanziert wurde der Importüberschuss vor allem von den Zentralbanken der asiatischen Lieferländer, welche die im Export verdienten US-Dollar ihrer Exporteure zum Festkurs gegen heimische Währung ankauften und diese Beträge in amerikanischen Staatsanleihen anlegten. Durch den Zustrom von Waren und Kapital aus dem Ausland blieben die Güterpreise und Zinsen in den USA trotz des Booms niedrig, während die Vermögenspreise (Aktien, Anleihen, Immobilienpreise) stiegen. In der Spätphase dieses Booms vergaben die Banken immer freizügiger Immobilien-Kredite auch an sehr schlechte Schuldner (Subprime-Kredite). Besichert waren diese Kredite durch die damit gekauften Häuser oder Gewerbeimmobilien, und da die Immobilienpreise beständig stiegen und die Banken die Kredite mittels → **Verbriefung** aus ihrer Bilanz entfernen konnten, schien diese Praxis risikolos zu sein. Institutionelle Investoren wiederum kauften die Verbriefungen gerne, da sie nach Strukturierung relativ risikolos zu sein schienen, aber höhere Renditen als Staatsanleihen einbrachten.

Auslöser der Krise war der Verfall der Immobilienpreise in den USA: Während sich die Häuserpreise in den Vereinigten Staaten von 1989 bis 1997 kaum verändert hatten, stiegen sie von 1998 bis Mitte 2006 auf das 2,6-Fache. Dann drehte sich der Trend, und die Immobilienpreise gaben auf breiter Front nach. [...] Immobilien, die als Besicherung für die Kredite dienten, waren jetzt als Sicherheiten praktisch wertlos. Als Folge mussten Banken, die solche Kredite in ihren Bilanzen hatten, Abschreibungen vornehmen [...]. Bedeutender für den Verlauf der Krise war allerdings, dass das Risikobewusstsein vieler Investoren sprunghaft wuchs: Niemand wollte die verbrieften Kredite mehr kaufen. Der Markt für diese Papiere brach zusammen; die Praxis der Auslagerung der Kredite funktionierte nun nicht mehr. Da niemand mehr diese Papiere kaufen wollte, konnte man auch keinen Preis mehr dafür ermitteln, ihr Wert fiel ins Bodenlose. [...] In Europa war der Hypothekenkäufer Hypo Real Estate (HRE) eines der ersten Opfer des Marktzusammenbruchs bei strukturierten Produkten. Das Geschäftsmodell der HRE beruhte im Kern auf kurzfristigen Einlagen institutioneller Anleger, mit denen sie langfristig laufende Kreditverbriefungen kaufte. [...] Als die Kunden die Risiken wahrnahmen und ihre kurzfristigen Einlagen abzogen, kam es zum Zusammenbruch: Die Einlagen waren in jetzt unverkäuflichen Verbriefungen gebunden, Kasse und Eigenkapital waren kaum vorhanden, und auch Anschlussfinanzierungen gab es keine, da niemand bereit war, der Bank noch Geld zu leihen.
Noch eine Spur riskanter hatten die Sächsische Landesbank (Sachsen LB) und der Mittelstandsfinanzierer IKB (Deutsche Industriebank) operiert: Sie betrieben Zweckgesellschaften im Ausland (Rhineland Funding bzw. Ormond Quay), die – ähnlich wie die Hypo Real Estate – langfristig verbriefte Kredite kauften, die sie mit kurzfristigen Einlagen finanzierten. [...] Mit dem Fall der Immobilienpreise in den USA bekamen die Zweckgesellschaften das gleiche Liquiditätsproblem wie die Hypo Real Estate, und da die IKB und die Sachsen LB ihren Zweckgesellschaften hohe Kreditlinien für mögliche Liquiditätsausfälle eingeräumt hatten, die nun in Anspruch genommen wurden, wurden beide Banken illiquide und von ihren Zweckgesellschaften mit in den Abgrund gerissen.

Weltweit bekamen immer mehr Banken ähnliche Liquiditätsprobleme wie in den drei geschilderten Fällen. Nun griffen die typischen systemischen Risiken im Finanzsektor: Banken haben sich untereinander in erheblichem Umfang Kredite gewährt und sich gegenseitig strukturierte Wertpapiere verkauft. Die Unsicherheit, ob ein potenzieller Kreditnehmer seine Kredite zurückzahlen kann (counterparty-risk), wuchs in der Krise massiv an. Da niemand genau wusste, wie stark andere Banken bei „faulen Krediten" engagiert waren, bei Krediten also, deren Rückzahlung fraglich bzw. unwahrscheinlich ist, sank die Bereitschaft, sich gegenseitig Kredit zu gewähren oder Wertpapiere abzukaufen, erheblich.

Mit der Pleite der amerikanischen Investmentbank Lehman Brothers im September 2008 wurde eine neue Qualität der Krise erreicht, da jetzt auch die Zuversicht schwand, der Staat würde keine große Bank Pleite gehen lassen. Bei allen Finanzinstitutionen setzte eine fieberhafte Suche nach Risiken in den eigenen Bilanzen ein, auch das Vertrauen in andere Banken war zerstört. Als Folge des gegenseitigen Misstrauens brach der Markt für Zentralbankgeld zwischen Geschäftsbanken (Geldmarkt) zusammen; Kredite wurden kaum noch vergeben, und wenn, dann zu extrem hohen Zinsen. [...]

Die Banken kämpften nun an mehreren Fronten: Die von ihnen vergebenen Immobilienkredite wurden Not leidend und belasteten ihre Bilanz. Die Zweckgesellschaften verloren ihre Einlagen und mussten die Kreditgarantien der Muttergesellschaften in Anspruch nehmen, was deren Bilanz zusätzlich belastete. Verstärkt wurde die Krise durch den Kursverfall der Wertpapiere in den Bilanzen der Banken: Verluste, die aus dem Kursverfall von Wertpapieren entstehen, schmälern das Eigenkapital einer Bank und damit die zur Vermeidung der Insolvenz notwendigen Rücklagen [...]. Um sich gegen Illiquidität und Insolvenz zu schützen, reduzierten die Banken das Verhältnis von Einlagen (Fremdkapital) und Eigenkapital [...]. Je stärker die Eigenkapitaldecke der Banken schrumpfte, umso mehr reduzierten die Banken auch ihre Kreditvergabe. Dies brachte im nächsten Schritt die Realwirtschaft in Finanzierungsschwierigkeiten (credit squeeze oder credit crunch), sodass Unternehmen Investitionen zurückstellen mussten oder gar illiquide wurden. Als Folge fielen Gesamtnachfrage und Produktion, die Arbeitslosigkeit stieg. Zusätzlich verminderte der mit der Finanzkrise einhergehende Verfall der Wertpapierpreise das Vermögen der privaten Haushalte, wodurch sich das Konsumklima weiter verschlechterte. Wegen der weltweiten Beteiligung von Finanzinstitutionen am Handel mit strukturierten Produkten waren auch die Auswirkungen des Crashs weltweit zu spüren, der Abschwung der Realwirtschaft erfasste alle wichtigen Wirtschaftsregionen gleichzeitig, was die Abwärtsdynamik verstärkte, da – anders als bei regional begrenzten Einbrüchen – der Export keinen Ausgleich für die schrumpfende Binnennachfrage bewirken konnte. Die Finanzkrise mutierte zu einer weltweiten Wirtschaftskrise.

M2 Wer ist für die Krise verantwortlich?

Angeblich hätten radikale Marktideologen die Kapitalmärkte weltweit dereguliert und so der Gier nach Höchstrenditen Tür und Tor geöffnet. Freie Märkte würden zu Übertreibungen neigen, der Staat müsse deshalb eingreifen, die Finanzmärkte regulieren, den Wettbewerb in geordnete Bahnen lenken. Diese Fundamentalkritik am Prinzip freier Märkte ist überzogen und führt in die Irre. Die Bankenbranche ist weltweit einer der am stärksten regulierten Sektoren, weshalb es problematisch ist, hier vom Versagen des freien Marktes zu sprechen – nicht mangelnde, sondern falsche Regulierung ist eine der zentralen Ursachen dieser Krise.

Der Ablauf der Krise hat zudem gezeigt: Der Staat ist nicht nur Teil der Lösung, sondern auch Teil der Ursache des Problems. Die Notenbanken haben mit einer zu großzügigen Geldversorgung zum Entstehen spekulativer Blasen auf Aktien- und Immobilienmärkten beigetragen. Die Regierungen haben über staatliche und halbstaatliche Banken am großen Kreditrad mitgedreht und in ihrer Rolle als aufsichtsführende Eigentümer versagt. Mit der massiven Eigenheimförderung (vor allem in den USA) haben sie das Entstehen großer Mengen fauler Immobilienkredite begünstigt. Der notwendigen Anpassung der staatlichen Regulierung [...] haben sie zu wenig Aufmerksamkeit geschenkt.

Wo liegt die Schuld der Banken? Illegale Handlungen wie beispielsweise Anlegerbetrug kamen wohl vor, waren aber eher Begleitmusik als Hauptursache. Im großen Stil wurden vielmehr Regulierungslücken ausgenutzt; Banken handelten gegen den Geist der bestehenden Regulierung, was sich in der Gründung von außerbilanziellen Zweckgesellschaften klar zeigt. Offensichtlich hat auch das bankinterne Risikomanagement versagt: Risiken, von denen man glaubte, sie ausgelagert zu haben, kamen durch die Hintertür (beispielsweise durch die Kreditlinien an Zweckgesellschaften) wieder in die Bilanz zurück, was in den Fällen der IKB und der Sachsen LB besonders deutlich ist. Bei den Vergütungsregeln für Bankmanager sind ebenfalls Fehler gemacht worden. Die starke Beteiligung an Gewinnen ohne entsprechende Beteiligung an Verlusten sowie eine zu kurzfristig orientierte erfolgsabhängige Entlohnung (Bonuszahlungen) haben hoch riskante Strategien begünstigt. [...]

Welche Schuld trifft die Finanzalchemisten? Grundsätzlich sind → **Verbriefungen** eine gute Sache: Sie verteilen Risiken auf mehrere Schultern, was die Finanzmärkte stabiler macht. Das Kernproblem der aktuellen Krise ist, dass die Verteilung des Risikos unzureichend war: Am Ende landete es wieder in der Bankbilanz. Auch die Strukturierung von Produkten und andere Finanzmarktinnovationen (z. B. Kreditausfallversicherungen) sind prinzipiell positiv zu bewerten, weil sie maßgeschneiderte Lösungen zur Risikoreduktion ermöglichen – warum soll sich ein Kreditgeber nicht gegen den Ausfall eines Gläubigers versichern, so wie sich ein Investor gegen den Kursverfall seiner Aktien schützen kann?

Problematisch an den Neuerungen der Finanzbranche waren zwei Dinge: Erstens existierten keine Erfahrungswerte im Umgang mit den neuen Produkten, weswegen es keine hinreichenden Möglichkeiten gab, deren Risiken angemessen zu bewerten. Zweitens war ein gehöriges Maß an Überheblichkeit im Spiel – die Banken glaubten, mittels mathematischer Methoden und hochkomplexer Schätzverfahren Risiken prognostizierbar machen zu können. [...] Auf den Punkt gebracht waren es Innovationen in der Finanzbranche, gepaart mit menschlicher Schwäche und regulatorischen Lücken, die in die Krise geführt haben. Innovationen wie die Verbriefung und die Strukturierung durchlaufen einen klassischen Zyklus von Begeisterung, Übertreibung, Krise und Läuterung. Nach anfänglicher Begeisterung über die Möglichkeiten der neuen Finanzprodukte kam die Übertreibung, was die Finanzbranche in die Krise stürzte – und mit ihr die Weltwirtschaft. Die Regulierung war mit dieser Entwicklung naturgemäß überfordert, da sie stets nur bestehende Technologien und Methoden berücksichtigen kann, nicht aber Neuerungen – als Regulierer hinkt der Staat den Innovationen stets einen Schritt hinterher.

Wenn die aktuelle Krise vorüber sein wird, dürfte die vierte Phase in diesem Zyklus folgen, die Läuterung: Man wird die Gefahren von Finanzinnovationen verstehen und regulatorisch berücksichtigen, sich aber auch der Vorteile solcher Neuerungen bewusst sein und diese nutzen. Sobald dies geschehen ist, werden neue Innovationen kommen, neue Märkte, neue Fortschritte – und mit ihnen die nächste Krise. [...]

M1 und M2: Hanno Beck/Helmut Wienert: Anatomie der Weltwirtschaftskrise: Ursachen und Schuldige, in: Aus Politik und Zeitgeschichte, Sammelbände der Beilage zur Wochenzeitung Das Parlament, Band 20, Bonn 2009, S. 9–12

Arbeitsaufträge

1. Wie wurde aus einer Immobilienkrise eine weltweite Wirtschafts- und Finanzkrise? Stellen Sie die einzelnen Stationen und ihre Gründe tabellarisch dar!
2. Arbeiten Sie heraus, welche Akteure und Institutionen für die Krise verantwortlich gemacht werden!
3. Diskutieren Sie die Gewichtung der einzelnen Ursachen für die Krise!

4.2.4 Reaktionen auf die Finanz- und Wirtschaftskrise

M1 Konjunkturpakete der Bundesregierung

Um der Finanz- und Wirtschaftskrise Herr zu werden, verabschiedeten Bundestag und Bundesrat im Frühjahr 2009 das sogenannte Konjunkturpaket II als Ergänzung zum Konjunkturpaket I aus dem November 2008. Im Umfang von weiteren ca. 50 Milliarden Euro wollte die Bundesregierung den Bund, die Länder und Gemeinden unterstützen sowie Bürger und Unternehmen entlasten.

Steuern	• Eingangssteuersatz sinkt von **15 %** auf **14 %** • Grundfreibetrag steigt in zwei Schritten von **7 664 €** auf **8 004 €**.
Gesetzliche Krankenkassen	• Beitragssatz sinkt von **15,5 %** auf **14,9 %**
Kinder	• einmaliger Kinderbonus von **100 €** • für Hartz-IV-Empfänger je Kind monatlich **rund 35 €** mehr
Autoindustrie	• Umweltprämie (Abwrackprämie) von **2 500 €** bei Neuwagenkauf und Verschrottung des Alt-Pkw
Investitionen	• **rund 17,3 Mrd. €** u. a. in Schulen, Hochschulen, Infrastruktur, Breitbandtechnologie
Unternehmen	• staatlicher **„Schutzschirm“** zur Absicherung von Krediten an Großunternehmen (Bürgschaft)
Arbeit	• Beitragssatz zur Arbeitslosenversicherung fixiert bei **2,8 %** • **Kurzarbeit:** Staat übernimmt die Hälfte der Sozialversicherungsbeiträge der Arbeitgeber

Abb. 70.1: Konjunkturpaket II

Ingo Langhans, eigener Text

M2 Konjunkturpakete waren wirksam

Starke Brücken über das Konjunkturtal

Ziel der konjunkturpolitischen Impulse war es, in der Krise rechtzeitig und zielgenau zu handeln, um die Folge des größten Wirtschaftseinbruchs in der Nachkriegszeit abzupuffern. [...] Insgesamt konnten die Maßnahmen in Höhe von 100 Mrd. Euro – das entspricht 2009 und 2010 jahresdurchschnittlich 2 Prozent der volkswirtschaftlichen Leistung (BIP) der Bundesrepublik – einen umfangreichen Beitrag leisten, die deutsche Wirtschaft zu stabilisieren.

Wirkung setzt sich fort

Ein Teil der Maßnahmen war von Anfang an auf kurze Zeiträume angelegt, etwa die Umweltprämie/Abwrackprämie. Andere Stützungsmaßnahmen laufen nun sanft aus. Erfreulicherweise hat sich die Konjunkturerholung zunehmend gefestigt. Und auch nach dem Ende der konjunkturpolitischen Maßnahmen werden von ihnen weiter positive Impulse ausgehen. Das hat verschiedene Gründe:

Ein erheblicher Teil der Pakete besteht aus dauerhaften steuerlichen Entlastungen für private Haushalte und Unternehmen. Sie verstärken auch künftig die Anreize für Wachstum und Beschäftigung.

Bei einigen Maßnahmen endet mit dem Jahresende lediglich die Antragsfrist. Gewährt werden die staatlichen Unterstützungsleistungen noch länger. Ein Beispiel: das Kurzarbeitergeld. Wenn es 2010 noch beantragt [wurde], wirkt sich die verlängerte Bezugsdauer von 18 Monaten noch bis 2012 aus.

- Steuerrückerstattungen und Auszahlungen von Investitionshilfen werden erst mit zeitlicher Verzögerung geleistet.
- Öffentliche Investitionen werden auch noch 2011 durchgeführt.
- Die Fokussierung der öffentlichen Investitionen auf Bildungsinfrastruktur und Energieeffizienz wird auch langfristig positive Impulse für unsere Wirtschaft setzen.

Deutschland nachhaltig stärken

Was als notwendige Brücke über das Konjunkturtal geplant wurde, muss auch ein Ende haben und darf keine Dauereinrichtung werden. [...]

Die Bundesregierung wird in den kommenden Jahren die hohen Haushaltsdefizite zurückführen. Die Finanzmarktturbulenzen in der Eurozone haben gezeigt, wie wichtig das Vertrauen in solide und nachhaltige Staatsfinanzen ist. Das Zukunftspaket der Bundesregierung verfolgt diesen Weg: Deutschland hält die Schuldenregel ein, konsolidiert seinen Haushalt umsichtig und wachstumsfreundlich und macht den Staat auch langfristig stark. Deshalb investiert die Bundesregierung auch gleichzeitig mehr in Forschung und Bildung. Das erklärte Ziel: Deutschland soll stärker aus der Krise herauskommen, als es hineingegangen ist.

Bundesministerium der Finanzen: Konjunkturpakete laufen sanft aus, www.bundesfinanzministerium.de, aufgerufen am 7. Oktober 2011

M3 Wie die EU der Krise zu begegnen sucht ...

Die Umgestaltung der Währungsunion, die am Donnerstagabend in Brüssel endgültig beschlossen werden sollte, ist als „umfassendes Paket“ angelegt. Die Euro-Krisenhilfe wird darin mit wirtschafts- und finanzpolitischen Reformen in den Mitgliedstaaten verknüpft. Die Grundidee lautet, dass nur ein Gesamtpaket die Finanzmärkte dauerhaft beeindruckt.

- **Krisenfonds:** Der vor knapp einem Jahr eingerichtete Hilfsfonds für Euro-Krisenländer (EFSF), der bisher nur Irland Kredite gewährt hat und nun möglicherweise für Portugal einstehen muss, wird Mitte 2013 in eine Dauereinrichtung umgewandelt. Dieser neue Krisenfonds → **ESM** soll 500 Milliarden Euro verleihen können. Er wird durch Bareinlagen und Garantien der Euro-Staaten abgesichert.
- **Vertragsänderung:** In den Vertrag über die Arbeitsweise der EU wird ein Passus eingefügt, der die Bedingungen einer Krisenhilfe regelt. Er enthält die Bestimmung, dass Kredite nur gewährt werden dürfen, wenn das für die „Finanzstabilität des Euro-Raums als Ganzes“ notwendig ist. [...] Die Kredite sind mit strengen wirtschafts- und finanzpolitischen Auflagen für das Empfängerland zu versehen. Vorgesehen ist zudem eine Beteiligung privater Investoren an der Krisenhilfe.

- **Schärferer Stabilitätspakt:** Der vor sechs Jahren aufgeweichte Stabilitätspakt soll schärfer werden. So sollen nicht nur übermäßige Staatsdefizite, sondern auch eine zu hohe Staatsschuld geahndet werden. Alle Staaten mit einem zu hohen Schuldenstand - mehr als 60 Prozent des Bruttoinlandsprodukts (BIP) - sollen die Differenz zwischen dem tatsächlichen Schuldenstand und dem Referenzwert um ein Zwanzigstel im Jahr senken. Schon zur Eröffnung eines Defizit- oder Schuldenverfahrens soll auf das betroffene Land eine Geldstrafe in Form eines nicht verzinslichen Pfands zukommen. Korrigiert das Land die beanstandete Politik in der vorgesehenen Zeit, erhält es den Betrag zurück. Sonst werden die Mittel einbehalten. Zudem sollen die Verfahren „automatischer" werden: Die Staaten erhalten weniger Möglichkeiten als bisher, Sanktionsempfehlungen der EU-Kommission zu verwerfen.
- **„Pakt für den Euro":** Der von der Bundeskanzlerin angeregte Pakt soll die Mitgliedstaaten zu Reformen ermuntern, welche die Wettbewerbsfähigkeit ihrer Wirtschaft steigern. Dazu gehören die Anpassung der Rentensysteme an die demografische Entwicklung und eine produktivitätsorientierte Lohnentwicklung. Die Verantwortung für solche Maßnahmen liegt aber bei den Mitgliedstaaten; über Fortschritte sollen die Staats- und Regierungschefs künftig einmal jährlich reden. Sanktionen bei „Fehlverhalten" sind nicht vorgesehen.
- **Gesundung der Banken:** Die EU-Staaten verpflichten sich zu Reformen, die eine neue Bankenkrise verhindern sollen. Außerdem verpflichten sie sich, angeschlagenen Banken im Notfall zu helfen. Das Schlusskommuniqué vermeidet allerdings konkrete Festlegungen.

Nach langem Ringen: Die neue Währungsunion, in: Frankfurter Allgemeine Zeitung vom 25. März 2011, S. 2

M4 Worauf die G20 achten sollten ...

Christine Lagarde ist seit dem 5. Juli 2011 geschäftsführende Direktorin des IWF.

Aus meiner Sicht gibt es deshalb drei Prioritäten für die Regulierung des Finanzsektors: 1. die Entscheidungen der vergangenen fünf G20-Gipfel umsetzen, 2. neue Krisen zu verhindern und 3. für eine größere Bandbreite der Regulierung zu sorgen. [...]

Die Prinzipien, denen wir dabei folgen sollten, sind: Verantwortung der Entscheider, es darf keinen Anreiz für das Eingehen übermäßiger Risiken und keine Prämien für Versager mehr geben. Das Eigenkapital der Banken muss ausreichen, dafür haben wir mit den → **Basel-III**-Vorschriften die Grundlage gelegt. Sie werden schrittweise bis 2019 eingeführt, sodass der Kreditfluss und der wirtschaftliche Aufschwung nicht abgewürgt werden. Und schließlich müssen wir eine gute Aufsicht über die Märkte haben.

In Europa haben wir die ersten gemeinsamen Regulierungsbehörden geschaffen und eine Richtlinie zur Überwachung der Hedge-Fonds beschlossen. Allen aus der G20 muss klar sein, dass es keine Schlupflöcher mehr geben darf, dass alle Staaten und Gebietskörperschaften nach den Regeln spielen müssen. Die Kontrolle durch das → **Financial Stability Board** (FSB) ist dabei sehr wichtig.

Die zweite Priorität bei der Regulierung betrifft die Verhinderung und Lösung von Bankkrisen. Alle Mitglieder des FSB brauchen entsprechende nationale Mechanismen. Dazu gehören auch Instrumente, um die private Beteiligung bei Bankkrisen zu stärken, etwa durch Umschuldungen.

Die dritte Priorität, eine größere Breite der Regulierung, betrifft nach meiner Ansicht vor allem die Rohstoffmärkte und die darauf bezogenen → **Derivate**. Landwirte, Verbraucher und Unternehmen brauchen diese Instrumente, um sich gegen Risiken zu versichern. Sie sind jedoch zu einer eigenen Anlageklasse geworden und führen zu massiven Kapitalzuflüssen. Wir dürfen diese Märkte nicht lähmen, müssen aber für Sicherheit und Transparenz sorgen.

Auch das Schattenbankensystem müssen wir in den Griff bekommen. Ich sehe die Gefahr, dass eine zu strikte Regulierung im Kern zu einer Flucht in die Randgebiete führt. Es darf nicht wieder geschehen, dass die Banken ihre Mittel in riskante, nicht mit Kapital unterlegte Instrumente investieren wie bis 2007 geschehen.

Wir müssen den technologischen Wandel im Auge behalten. Der „→ **flash crash**" in den USA vom 6. Mai 2010 war ein Warnruf. Die Folgen des Hochfrequenzhandels verdienen unsere Aufmerksamkeit. [...]

Schließlich ist auch der Verbraucherschutz in meinen Augen eine wichtige Aufgabe. Verantwortungslose Kreditvergabe in den USA führte zur Subprime-Krise. Die G20-Finanzminister sollten im Oktober gemeinsame Grundsätze für den Verbraucherschutz beschließen. [...] Die Entscheidungen der G20 und die Anpassung der Finanzinstitute an die neuen Marktbedingungen zeigen, wie groß die Veränderungen sein werden. [...]

Gastkommentar Christine Lagarde: Keine Schlupflöcher mehr auf dem Finanzmarkt, in: Handelsblatt vom 20. Mai 2011

Arbeitsaufträge

1. Überprüfen Sie mithilfe von M1 - M3, welche Maßnahmen zur Krisenbekämpfung gewählt worden sind! Informieren Sie sich dazu auch über die aktuelle Entwicklung der Schuldenkrise in der Euro-Zone!
2. Vergleichen Sie, inwiefern die Bundesregierung ihre Ziele durch das Konjunkturpaket II für erreicht hält!
3. Beurteilen Sie, inwiefern der Beschluss der EU M3 und die Überlegungen der IWF-Direktorin Lagarde M4 als Kritik am deutschen Konjunkturprogramm zu sehen sind!

4.3 Auf dem richtigen Weg zur Weltwirtschaftsordnung?

M1 Plädoyer für eine faire Welthandelsordnung

Der Handel ist kein Nullsummenspiel, in dem sich Gewinner und Verlierer die Waage halten; er ist ein positives Summenspiel, bei dem alle Gewinner sind, oder kann es zumindest sein. […] Ich bleibe zuversichtlich, dass die Staatengemeinschaft sich früher oder später – hoffentlich früher – der Aufgabe zuwenden wird, eine fairere, entwicklungsfördernde Handelsordnung zu schaffen. Die Menschen in den Entwicklungsländern werden dies im Lauf der Zeit immer lauter einfordern. Und die Industrieländer werden über kurz oder lang aus moralischen Gründen, aber auch aus Eigennutz darauf reagieren. […]

Mit diesen Reformen steigen die Aussichten, dass die meisten Menschen von der Globalisierung profitieren und deshalb auch eine faire Globalisierung unterstützen werden. Durch die Globalisierung haben wir gelernt, dass wir uns nicht völlig von dem abschirmen können, was andernorts geschieht. Die Industrieländer waren lange Zeit Nutznießer der Rohstoffe, die sie von den Entwicklungsländern erhalten. Und in den letzten Jahren haben ihre Verbraucher enorm von preiswerten Fabrikwaren zunehmend hoher Qualität profitiert, die aus diesen Ländern kommen. Aber zugleich litten sie unter den Folgen von illegaler Einwanderung, Terrorismus und auch von Infektionskrankheiten, die mühelos nationale Grenzen überwinden. Viele halten es für eine moralische Pflicht, den Menschen in den Entwicklungsländern, jenen, die weniger haben als wir, zu helfen.

Doch zugleich erkennt man in den Wohlstandsländern immer deutlicher, dass die Hilfe im ureigenen Interesse der Helfer liegt. Wenn die Entwicklungsländer wirtschaftlich stagnieren, steigt die Gefahr, dass diejenigen, die sich in einer hoffnungslosen Lage befinden, aufbegehren und ihren Zorn in Unruhen entladen; ohne Wachstum lässt sich die Flut der Einwanderer nicht eindämmen. Floriert hingegen die Wirtschaft in den Entwicklungsländern, entsteht ein robuster Absatzmarkt für die Güter und Dienstleistungen der Industriestaaten.

Joseph Stiglitz: Die Chancen der Globalisierung, Pantheon Verlag, München 2006, S. 135 ff.

M2 Die Aufgaben der Politik

Da keine nationale Regierung das Weltfinanzsystem allein kontrollieren kann, ist die Weiterentwicklung der Kooperation auf globaler Ebene zwingend erforderlich. Instabilitäten und Krisen lassen sich in der Finanzwelt nicht vollständig vermeiden. Aber die internationale Wirtschaftspolitik kann wesentlich dazu beitragen, dass man die Fehlentwicklungen an Finanzmärkten zukünftig besser in den Griff bekommt, vor allem durch die

- Erschwernis spekulativer Attacken durch eine Geldpolitik, die an aktuelle Gegebenheiten in den Ländern angepasst ist und die Inflationsrate niedrig hält. Spekulationen funktionieren nur, wenn eine Währung tatsächlich überbewertet ist. Der Förderung solider Wirtschaftspolitiken und geeigneter institutioneller Rahmenbedingungen kommt insgesamt eine große Bedeutung zu.
- Verbesserung von Krisenprävention und -bewältigung durch transparente Rahmenbedingungen für Finanzmärkte, durch die Befolgung internationaler Standards für die Stabilität des Finanzsektors und durch die Vermeidung von moral hazard (= Begriff aus der Versicherungsökonomie: Wenn man gegen einen Schaden versichert ist, wird man unvorsichtiger und die Wahrscheinlichkeit für den Eintritt des Schadensfalls erhöht sich).
- Weiterentwicklung internationaler Institutionen zu effizienten Gremien im Bereich der internationalen Finanzaufsicht, um den Missbrauch des Finanzsystems einzuschränken. Hierzu ist es notwendig, dass die Institutionen „mit einer Stimme“ sprechen.
- Eindämmung von Konzentration und Verhinderung marktbeherrschender Positionen der einflussreichen Akteure auf den Finanzmärkten durch internationale Wettbewerbskontrolle. […]
- Entwicklung von Standards für die Elektronisierung der Finanzmärkte (elektronische Bankgeschäfte).

Es kann in der Politik, insbesondere in der globalen Entwicklungszusammenarbeit, jedoch nicht ein Rezept für alle geben. Die Verantwortung der internationalen Gemeinschaft für eine Stabilität der Finanzbeziehungen bedeutet, dass das Verhältnis von Freiheit und Regulierung bei der Entwicklung des Finanzsektors mit Bedacht und länderspezifisch zu wählen ist.

Hans Kaminski (Hrsg.): Ökonomie. Grundfragen wirtschaftlichen Handelns, Westermann, Braunschweig 2005, S. 495

M3 Eine gerechte Welthandelsordnung?

Der Forderung nach Veränderungen im Sinne von mehr Gerechtigkeit muss eine Bestandsaufnahme über das vorausgehen, was in den bestehenden Ordnungsfragmenten unbefriedigend ist – also ein Soll/Ist-Vergleich. Darüber Einvernehmen in der Weltgemeinschaft zu erzielen, dürfte schwierig sein, da es weder einen allgemeinen Konsens über das gibt, was als gerecht verstanden werden kann, noch einen Konsens, was wir als Weltwirtschaftsordnung verstehen sollen. Schließlich stellt sich noch die Frage, ob eine Weltwirtschaftsordnung überhaupt dann wünschenswert ist, wenn es keine supranationalen Institutionen mit legislativen und exekutiven Rechten gibt und stattdessen eine nationale Hegemonialmacht global „Ordnung stiftet“. So verständlich der Wunsch nach mehr Gerechtigkeit im Sinne von mehr Ergebnisgleichheit ist, […] so sehr muss auch gesehen werden, dass Ordnungen per se Defizite aufweisen. Sie werden häufig so gestaltet, dass die Interessen der Etablierten, der Besitzenden und der gut Organisierten Vorrang vor den Interessen der Nichtbeteiligten, der Nichtorganisierbaren und der Nichtartikulierfähigen gewinnen. […]
Ordnungen sind wie Clubregeln: Sie unterliegen den Interessen der Clubmitglieder und können jederzeit verändert werden, wenn die Mehrheit der Clubmitglieder es will. Dabei kommt es weniger auf die zahlenmäßigen Mehrheitsverhältnisse als auf die faktischen Machtpositionen an. Sowohl die Welthandelsorganisation (WTO) mit ihrem Konsensprinzip,

das von den großen Handelsnationen bestimmt wird, als auch der Internationale Währungsfonds (IWF) mit seinen quotengewichteten Stimmrechten und der Sperrminorität eines Mitglieds, den USA, sind Beispiele für Fragmente einer partiellen Ordnung mit Clubgutcharakter. Wer nicht Mitglied des Clubs ist, kann von den Vorteilen ausgeschlossen werden, und große Mitglieder können jederzeit mit dem Austritt bzw. der Gründung eines eigenen Clubs drohen, sollte ihnen der Nettonutzen eines Verbleibs im alten Club als nicht mehr ausreichend erscheinen. Dies ist die normative Kraft des Faktischen. Als Arbeitshypothese schlage ich daher vor, im Folgenden die beiden bestehenden Fragmente internationaler Clubregeln (WTO und IWF) als Ausgangspunkt von Reformen zu nehmen, anstatt den großen Wurf einer völlig neuen Ordnung zu wagen. Darüber hinaus sollte mehr Gerechtigkeit im Sinne von mehr Chancengleichheit und nicht mehr Ergebnisgleichheit verstanden werden, d.h. im Sinne von Nichtdiskriminierung und Hilfe zur Selbsthilfe. Von dieser Arbeitsebene ausgehend lassen sich sowohl „Ungerechtigkeiten" als auch „Unzulänglichkeiten" der beiden bestehenden internationalen Clubs aufdecken.

Die bestehende Welthandelsordnung (WTO) kann gerechter werden, wenn sie über stärkere Sanktionsmechanismen gegen Protektionismus und damit für mehr Chancengleichheit verfügt. Sie kann zudem gerechter werden, wenn sie das Diskriminierungsverbot ernster nimmt und damit auch den Versuch aufgibt, ärmeren Ländern bestimmte Sonderrechte zuzuweisen, die sich im Nachhinein als vergifteter Rat erweisen. Dazu gehören sowohl Präferenzen der Industrieländer als auch der Rückgriff auf das sog. Erziehungszollargument. [...]

Der Internationale Währungsfonds hat bei Weitem nicht mehr die Ordnungsqualität, die die Internationale Handelsordnung bereits besitzt, seit es flexible Wechselkurse zwischen den großen Währungen gibt. Es mangelt dem Internationalen Währungsfonds an legislativer Kapazität und exekutivem Durchsetzungsvermögen, und er kann daher nicht, jedenfalls nicht bisher, die Rolle eines „lenders of last resort" [„Kreditgeber, wenn alle Stricke reißen"] übernehmen. Er sollte es auch nicht tun, solange das Risiko besteht, dass er, nicht wie in der Vergangenheit, von den Interessen von Ländern mit großen Stimmrechten für deren eigene Ziele vereinnahmt wird. Eine internationale Insolvenzordnung sollte deshalb auch unter Beteiligung des Internationalen Währungsfonds, aber nicht im Internationalen Währungsfonds selbst eingerichtet werden.

Die Reformen internationaler Clubs hin zu mehr Chancengleichheit bleiben unvollständig, wenn nicht auch das Verhalten Privater diszipliniert und ggf. mit Sanktionen belegt werden kann. Dies gilt im realwirtschaftlichen Bereich (Handel) für wettbewerbsbeschränkende Verhaltensweisen von Unternehmen ebenso wie für das Verhalten privater Finanzierungsinstitutionen auf den internationalen Kapitalmärkten. Beide Fragmente (WTO ebenso wie der IWF) haben bislang das Verhalten privater Akteure nicht einbinden können, und es sieht nicht danach aus, dass sich in Zukunft etwas daran ändern wird. Daher kommt es eher auf die Verbesserung der Abstimmung zwischen nationalen Wettbewerbsregeln bzw. der Abstimmung zwischen den nationalen Finanzaufsichtsinstitutionen an als auf neue Ordnungen im Bereich Wettbewerb und Finanzmärkte. Es ist nicht nur illusorisch, Letztere zu fordern. Es erscheint auch fraglich, ob sich derartige Ordnungen den Interessen der großen Akteure entziehen könnten.

Ordnungen, die das Interesse künftiger Generationen vertreten, wie z.B. eine globale Umweltordnung oder Ordnungen, die eine armutsorientierte globale Mittelverteilung gewährleisten (Entwicklungszusammenarbeit) sind populär, aber solange nicht zukunftsweisend, wie nicht auf den anderen „Baustellen" (WTO, IWF) Reformfortschritte verzeichnet werden können. Kurz: Reformen auf verschiedenen „Baustellen" sind komplementär, aber nicht substitutiv.

Die Reform internationaler Clubregeln kann nur zusammen mit der einzigen Supermacht und nicht gegen sie erreicht werden. Dies ist außerhalb der USA unpopulär, aber unumgänglich, da sich die USA sowohl wirtschaftlich als auch politisch wieder dem Hegemonialniveau genähert haben, dass sie bereits in der unmittelbaren Nachkriegszeit besaßen. Der Versuch, Reformen gegen die USA durchzusetzen bzw. die USA zu isolieren, ist nicht nur realitätsfern, sondern auch im Sinne von mehr Chancengleichheit kontraproduktiv, da die Innovationskraft der amerikanischen Wirtschaft und die Absorptionskraft des amerikanischen Marktes weder von Europa noch von Asien kompensiert werden können. Ich wage die These, dass es um sehr viele Entwicklungsländer heute sehr viel schlechter bestellt wäre, hätten die USA in den vergangenen drei Jahrzehnten nicht ständig mehr Dynamik an den Tag gelegt als Europa. Eine stabile Weltwirtschaftsordnung ist nicht gleichbedeutend mit einer dynamischen Wirtschaftsentwicklung. Fazit: Der Wunsch nach mehr Ordnung und mehr Gerechtigkeit ist verständlich, aber letztlich nicht einzulösen. [...]

Rolf Langhammer: Möglichkeiten einer gerechten Weltwirtschaftsordnung, www.bpb.de/veranstaltungen (+Möglichkeiten einer gerechteren Weltwirtschaftsordnung), Bonn 2003, aufgerufen am 7. Oktober 2011

Arbeitsaufträge

1. Arbeiten Sie die Positionen von Stiglitz, Kaminiski und Langhammer heraus! Worin herrscht Einigkeit, wo gibt es Unterschiede?
2. Verfassen Sie einen Kommentar zu jedem der drei Texte M1 - M3, der
   a) für eine Weltwirtschaftsordnung spricht und/oder
   b) gegen eine Weltwirtschaftsordnung spricht!

Kompetent in Kürze: Auseinandersetzung um eine Weltwirtschaftsordnung

Weltwirtschaftsordnung

Kurz zusammengefasst: Eine gerechte Weltwirtschaftsordnung gibt es nicht! Hauptursache ist der Mangel an einer internationalen Organisation, die verbindlich, störungsfrei und im Interesse aller beteiligten Nationen Entscheidungen treffen kann. Ansätze für internationale Institutionen gibt es im Rahmen der **Weltwirtschaftsordnung**: Die **Welthandelsordnung** wird maßgeblich durch die WTO mitbestimmt. Allerdings überwiegen hier die Interessen der Industrienationen, sodass Schwellen- und Entwicklungsländer nicht auf ihre Kosten kommen. Sichtbares Beispiel dafür ist die seit 2001 laufende Doha-Runde.

IWF und Weltbank als maßgebliche Institutionen der **Weltwährungsordnung** gewinnen zwar zunehmenden Einfluss in der wirtschaftlichen Krise. Diese Krisen sind aber gleichzeitig auch Zeugnis für das Versagen bei der Kontrolle von Finanz- und Kapitalmärkten.

Problematisch ist nach wie vor das Ungleichgewicht zwischen dem Norden und dem Süden. Der Ungleichverteilung zwischen Industrie- und Entwicklungsländern soll durch internationale Organisationen, z. B. UNCTAD, entgegengewirkt werden. Jedoch betreiben eine solche **Welttransferordnung** vor allem Organisationen, die sich auf die jeweilige finanzielle Macht (z. B. Weltbank) oder die politische Macht ihrer Mitglieder (z. B. UNCTAD als Unterorganisation der UNO) stützen. Auch das Fehlen einer entsprechenden internationalen Rechtssetzung verringert die Chancen einer gerechten Weltwirtschaftsordnung.

Devisenmarkt und Wechselkurse

Devisenmärkte funktionieren mittlerweile wie viele andere Märkte auch. Angebot und Nachfrage bestimmen den Preis. Im Zuge der Globalisierung ist das Interesse von Unternehmen, privaten Haushalten, Staaten und Banken erheblich gestiegen. Mit einem Tagesumsatz von über drei Billionen US-Dollar wird deutlich, wie umfangreich Devisen weltweit getauscht werden. Die wirtschaftliche Leistungsfähigkeit eines Landes wird zunehmend mit der Veränderung der Wechselkurse verknüpft.

Dabei sind **feste und flexible Wechselkurse** (Wechselkurssysteme) zu unterscheiden. Die globalen Leitwährungen US-Dollar, Euro und der japanische Yen sind als flexible Wechselkurse eingerichtet. Das heißt, je höher die Nachfrage von Europäern (z. B. Touristen oder Unternehmen) nach US-Dollar ist, desto teurer wird diese voraussichtlich werden. Es kommt zu **Wechselkursschwankungen**. Der chinesische Yuan wird durch die Volksrepublik China künstlich niedrig gehalten. In einem festen Wechselkurs wird der Tausch des Yuan gegen eine andere Währung festgelegt. Ein „billiger" Yuan erlaubt es ausländischen Interessenten, günstig chinesische Waren zu kaufen.

Einflüsse auf Wechselkurse sind Angebot und Nachfrage auf dem Devisenmarkt, das Zinsniveau in den jeweiligen Staaten (Währungsanlage), der Grad der Staatsverschuldung, Inflation, Devisenspekulation oder gezielte An- und Verkäufe durch Zentralbanken.

	G8/G20	WTO
Bedeutung der Abkürzung	Group of Eight/Group of Twenty - Gruppe der Acht /Zwanzig	World Trade Organisation - Welthandelsorganisation
Gründung	G8: seit 1998, USA, F, GB, D, Japan, Can, I (ehemals G7) und Russland G20: seit 1999	1995 als Nachfolgeorganisation der GATT
Mitglieder	19 führende Wirtschafts- und Schwellenländer sowie die EU. Weitere Teilnehmer u. a. EZB-, IWF- und Weltbank-Experten	153 Mitglieder
Sitz	in der Regel jährlich wechselndes Gastland	Genf/Schweiz
Aufgaben/Ziele	Ursprünglich als Wirtschafts- und Währungsforum der Industrienationen gedacht, werden heute alle Themen internationaler Politik beraten (Wirtschaft, Umwelt, Sicherheit, Gleichberechtigung, Migration etc.).	Senken internationaler Handelsbarrieren, Förderung des internationalen Handels, Regelung von Handelskonflikten (Streitschlichtungsverfahren)
Entscheidungsmodus/ Stimmenverteilung	Grundsätzlich keine Abstimmung. Allerdings einigen sich die Mitglieder auf gemeinsame Erklärungen.	Jedes Land hat eine Stimme. In der Regel Einstimmigkeitsprinzip oder – je nach Themengebiet – mit festgelegten Mehrheiten.
Verbindlichkeit der Entscheidungen, Sanktionsmöglichkeiten	Grundsätzlich besteht keine rechtliche Verbindlichkeit zur Umsetzung. Keine verbindlichen Sanktionsmöglichkeiten.	Die Entscheidungen sind für Mitglieder verbindlich (vor allem die Ergebnisse der Streitschlichtungsverfahren).

Abb. 74.1: Übersicht über die verschiedenen internationalen Institutionen (Zusammenstellung: Ingo Langhans)

Die Finanz- und Wirtschaftskrise 2007–2009

Die Ursachen der Finanz- und Wirtschaftskrise Krise sind zunächst in der internationalen Verbindung von Anlegern, Krediten und Banken zu suchen. In den USA konnten auch schlechte Schuldner zwischen 1989 und 1998 günstige Kredite von den US-Banken erhalten, um sich Immobilien zu kaufen (**Subprime-Kredite**). Die Zinsen stiegen allerdings bis 2006. Die amerikanischen Hausbesitzer konnten ihre Raten nicht mehr bezahlen. Mittlerweile hatten die Gläubigerbanken die Immobilienkredite ‚verbrieft' und an weitere Banken – auch im Ausland – verkauft. Die Zahlungsunfähigkeit der Kreditnehmer führte dazu, dass die Kreditsicherheit – also die Immobilie – in den Besitz der Bank überging. Daraufhin gab es ein Überangebot an Immobilien ohne entsprechende Nachfrage. Zum einen bekamen die Banken keine Kreditrückzahlungen mehr, zum anderen waren die Sicherheiten wertlos.

Allerdings besaßen auch die Banken untereinander Verbindlichkeiten und Kreditlinien. Mit der Immobilienkrise entstand Misstrauen zwischen den Banken: Es gab keine Kredite mehr zwischen den Banken, da man nicht wusste, ob die Rückzahlung gewährleistet werden konnte. Auch der Staat griff nicht immer ein, wie der Zusammenbruch von Lehman Brothers zeigte. Die Liquidität (Zahlungsfähigkeit) der Banken litt erheblich. Aus dieser **Finanzkrise** der Banken folgte eine **Wirtschaftskrise**, da die Banken den Unternehmen immer weniger Geld zur Verfügung stellten. In der Folge kam es zu weniger Investitionen und weniger Produktion – steigende Arbeitslosenzahlen waren das Ergebnis.

Die Staaten versuchen in den jeweiligen Institutionen (G20/IWF/EU u.a.), diese weltweite Krise, deren Nachwirkungen bis heute zu spüren sind, in den Griff zu bekommen. Einerseits sollen wie in Deutschland Konjunkturpakete dafür sorgen, die Wirtschaft zu stabilisieren. Andererseits versuchen die Staaten, ein erhebliches Maß an Regulierung (erneut) einzuführen, um die außer Kontrolle geratenen Finanzmärkte zu beruhigen (Krisenfonds, Finanzstabilität, Krisenprävention, Kontrolle der Finanzmärkte). Hier zeigt sich erneut, dass es zwar einen weltweiten Handel, jedoch keine verbindlichen Regelungen gibt.

Online-Code
006591-0057

EU	IWF	Weltbank
European Union - Europäische Union	International Monetary Fund - Internationaler Währungsfond	International Bank for Reconstruction and Development – Weltbank
1951 Gründung des Vorläufers EGKS, seit 1993 Europäische Union	UN-Sonderorganisation 27.12.1945	UN-Sonderorganisation 27.12.1945
27 Mitgliedsstaaten	188 Mitgliedsstaaten	187 Mitgliedsstaaten
kein offizieller Sitz; Brüssel, Straßburg, Luxemburg	Washington/USA	Washington/USA
Frieden, Freiheit, Sicherheit, Binnenmarkt, Grenzabbau, Wohlstand der Mitgliedsstaaten (Wertegemeinschaft)	internationale Zusammenarbeit bei der Währungspolitik, Stabilität der Währungen, Kreditvergabe, Beseitigung von Devisenbeschränkungen, Ausweitung des Welthandels	Förderung der wirtschaftlichen Entwicklung, Bekämpfung der Armut, Vergabe von Krediten
EU-Ministerrat und EU-Parlament beschließen – je nach Themengebiet – mit festgelegten Mehrheiten Gesetze.	Entscheidungen trifft das Exekutivdirektorium; Stimmrechtsumfang richtet sich nach dem Kapitalanteil (z. B. Deutschland ca. 6%, USA ca. 17%)	Oberste Entscheidungsinstanz ist der Gouverneursrat; Stimmrechtsumfang richtet sich nach dem Kapitalanteil (z. B. Deutschland 4,49%).
Entscheidungen sind verbindlich. Sanktion z. B. durch den Europäischen Gerichtshof	keine verbindlichen Sanktionsmöglichkeiten	keine verbindlichen Sanktionsmöglichkeiten

Operatoren für die Fächer Geschichte, Gemeinschaftskunde, Geographie und Wirtschaft

Anforderungsbereich I (Reproduktion)	**nennen**	Entweder Informationen aus vorgegebenem Material entnehmen oder Kenntnisse ohne Materialvorgabe anführen.
	herausarbeiten	Informationen und Sachverhalte unter bestimmten Gesichtspunkten aus vorgegebenem Material entnehmen, wiedergeben und/oder gegebenenfalls berechnen.
	beschreiben	Wesentliche Informationen aus vorgegebenem Material oder aus Kenntnissen zusammenhängend und schlüssig wiedergeben.
	charakterisieren	Sachverhalte und Vorgänge mit ihren typischen Merkmalen beschreiben und in ihren Grundzügen bestimmen.
Anforderungsbereich II (Reorganisation und Transfer)	**erstellen**	Sachverhalte inhaltlich und methodisch angemessen grafisch darstellen und mit fachsprachlichen Begriffen beschriften (z. B. Fließschema, Diagramm, Mindmap, Wirkungsgefüge).
	darstellen	Strukturen und Zusammenhänge beschreiben und verdeutlichen.
	analysieren	Materialien oder Sachverhalte systematisch und gezielt untersuchen und auswerten.
	ein-, zuordnen	Sachverhalte, Vorgänge begründet in einen vorgegebenen Zusammenhang stellen.
	begründen	Komplexe Grundgedanken argumentativ schlüssig entwickeln und im Zusammenhang darstellen.
	erklären	Informationen durch eigenes Wissen und eigene Einsichten begründet in einen Zusammenhang stellen (z. B. Theorie, Modell, Gesetz, Regel, Funktionszusammenhang).
	erläutern	Sachverhalte im Zusammenhang beschreiben und anschaulich mit Beispielen oder Belegen erklären.
	vergleichen	Gemeinsamkeiten und Unterschiede gewichtend einander gegenüberstellen und ein Ergebnis formulieren.
Anforderungsbereich III (Reflexion und Problemlösung)	**überprüfen**	Vorgegebene Aussagen bzw. Behauptungen an konkreten Sachverhalten und innerer Stimmigkeit messen.
	beurteilen	Aussagen, Behauptungen, Vorschläge oder Maßnahmen im Zusammenhang auf ihre Stichhaltigkeit bzw. Angemessenheit prüfen und dabei die angewandten Kriterien nennen.
	bewerten	Aussagen, Behauptungen, Vorschläge oder Maßnahmen beurteilen, eine persönliche Stellungnahme abgeben und dabei die eigenen Wertmaßstäbe offenlegen.
	erörtern	Zu einer vorgegebenen Problemstellung durch Abwägen von Für- und Wider-Argumenten ein begründetes Urteil fällen.
	gestalten	Sich produkt-, rollen- bzw. adressatenorientiert mit einem Problem durch Entwerfen z. B. von Reden, Streitgesprächen, Strategien, Beratungsskizzen, Szenarien oder Modellen auseinandersetzen.

http://www.schule-bw.de/unterricht/faecher/geschichte/operatoren/

Methoden im Fach Wirtschaft

Online-Code
006591-0077

Diagramme und Grafiken auswerten

1. Was wird im Diagramm dargestellt? (Überschrift und Beschriftung der Achsen des Diagramms beachten!)
2. Wie ist es dargestellt? (Diagrammart beschreiben, z. B. Balken-, Kreis-, Linien- oder Flächendiagramm.)
3. Was fällt auf? (Den Inhalt des Diagramms näher beschreiben, dabei die Auffälligkeiten hervorheben.)
4. Anschließend kann eine Ursachenanalyse sinnvoll sein, z. B. die Untersuchung, ob es Parallelen zwischen einzelnen im Diagramm dargestellten Variablen gibt.
5. Eventuell sollen Sie sich auch kritisch zur Aussagekraft des Diagramms äußern, wenn z. B. Zahlen fehlen oder der Verdacht besteht, dass hinter dem Diagramm eine bestimmte Aussageabsicht steht. Liegt der Nullpunkt z. B. nicht im Ursprung der Ordinate (y-Achse), so soll beim Betrachter möglicherweise der Eindruck erweckt werden, dass die Veränderungen im Diagramm größer erscheinen als sie in Wirklichkeit sind.

Textquellen analysieren

1. Klären Sie zunächst Titel und Herkunft der Quelle (Titel, Autor, Erscheinungsjahr, Fundort/Abdruck, Textquellenart).
2. Unterstreichen Sie Schlüsselbegriffe oder Sinnabschnitte. Markieren Sie unklare Begriffe oder Definitionen zur Nachfrage oder späteren Klärung. Gliedern Sie den Text im Sinn der Fragestellung und geben Sie diesen Gliederungsabschnitten Kurzüberschriften oder fassen Sie die Abschnitte sinngemäß und prägnant zusammen. Versuchen Sie, die Textquelle in einen politischen, wirtschaftlichen oder historischen Zusammenhang einzubetten.
3. Nehmen Sie eine Bewertung der Textquelle vor, indem Sie die Absicht des Autors klar herausstellen (z. B. durch den textlichen Inhalt von einer Sache zu überzeugen, Partei zu ergreifen oder eine bestimmte Sichtweise darzustellen). Überprüfen Sie anhand der gemachten Beobachtungen und Ergebnisse, ob Sie mit dem Autor übereinstimmen oder angemessene Kritik formulieren.

Karikaturen beschreiben und interpretieren

1. Klären Sie zunächst Titel und Herkunft der Karikatur: Titel/Thema, Karikaturist, Erscheinungsjahr, Fundort/Abdruck.
2. Stellen Sie einen Zusammenhang zwischen der Karikatur und einem politischen, wirtschaftlichen oder historischen Ereignis her.
3. Gehen Sie auf die Gestaltung der Karikatur beschreibend ein. Beschreiben Sie die einzelnen Bildelemente (z. B. von links nach rechts; Vordergrund, Mittelgrund, Hintergrund), die Anordnung der Bildelemente, Schrift, Zahlen, Symbole.
4. Welche Kritik oder Aussage möchte der Karikaturist machen? Steht eine bestimmte Sichtweise oder Überzeugung dahinter? Ist der Aussage des Karikaturisten zuzustimmen oder lassen sich Kritikpunkte anders betrachten und gegebenenfalls überzeugend widerlegen?
5. Fassen Sie die wesentlichen Inhalte der Karikaturanalyse kurz zusammen.

Tabellen beschreiben und auswerten

1. Beachten Sie den Titel und lesen Sie den Tabellenkopf sowie alle Erklärungen sorgfältig.
2. Beachten Sie – soweit vorhanden – die Quellenangaben.
3. Untersuchen Sie, um welche Einheiten es sich handelt (z. B. absolute Zahlen – in Tausend, in Hunderttausend, in Millionen –, Prozentangaben oder Indexwerte mit einem Zeitpunkt x, der als Ausgangswert 100 genommen wurde). N (n) gibt die Anzahl der Befragten an.
4. Untersuchen Sie, welche Variablen vorliegen, z. B. Geschlecht, Alter, Beruf.
5. Betrachten Sie den Gesamtdurchschnitt und setzen Sie ihn in Relation zu den Einzelwerten.
6. Versuchen Sie schließlich Regelmäßigkeiten aufzuzeigen und Ungewöhnliches zu finden, wie Zahlensprünge oder Anomalien.

Glossar

angebotsorientierte Wirtschaftspolitik: eine konjunkturpolitische Konzeption, die auf der neoliberalen Annahme beruht, dass Wachstum und Beschäftigung in einer Volkswirtschaft in erster Linie von den Rahmenbedingungen der Angebotsseite abhängen. Daher fordert die angebotsorientierte Wirtschaftspolitik die Verbesserung der Investitionsbedingungen für die Unternehmen, z. B. durch Abbau von staatlichen Regulierungen, durch Steuersenkungen und durch die Privatisierung von Staatsunternehmen. (siehe Seite 51)

Autarkie meint die Selbstversorgung einer Volkswirtschaft unabhängig von Importen. (siehe Seite 30, 39, 41)

Basel III bezeichnet ein Reformpaket zur Bankenregulierung, das im Jahr 2013 in Kraft tritt, um eine Bankenkrise wie im Jahr 2007 zu verhindern. (siehe Seite 71)

Bruttoinlandsprodukt bezeichnet den Wert aller Güter und Dienstleistungen, die innerhalb der Grenzen eines Landes in einem Jahr produziert wurden. (siehe Seite 6)

BSE (*Bovine spongiforme Enzephalopathie*), umgangssprachlich „Rinderwahn" genannt, wurde 1985 erstmals bei Rindern in Großbritannien festgestellt und breitete sich von dort in andere europäische Länder aus, da die befallenen Tierkörper zunächst in allen Ländern zur Weiterverarbeitung zu Kraftfutter freigegeben wurden. Bei Nachweis eines kranken Tieres wird inzwischen zur Eindämmung der Ausbreitung die ganze Herde gekeult, sodass die landwirtschaftlichen Erzeuger – und ebenso aufgrund des Verbraucherboykotts die Händler auch kontrollierter Rindfleischprodukte – hohe wirtschaftliche Einbußen zu verzeichnen hatten. (siehe Seite 39)

Deregulierung meint die Abschaffung staatlicher Regelungen und Beschränkungen des Wirtschaftslebens sowie die Verminderung von staatlichen Eingriffen. (siehe Seite 10)

Derivate (lat. derivare: ableiten) sind Termingeschäfte, die aus den Basiswerten (z. B. Aktien, Währungen oder Rohstoffpreisen) abgeleitet werden. Derivate Finanzinstrumente bilden dabei den Kurs eines Basiswertes überproportional ab. (siehe Seite 71)

doppelte Buchführung: Ihr Grundsatz besagt, dass eine Transaktion immer auf beiden Seiten einer Bilanz aufgeführt werden muss und beide Seiten sich gegenseitig ausgleichen. (siehe Seite 6)

economies of scale bedeutet Skalenerträge bzw. Kostendegression durch Größenvorteile (also sinkende Stückkosten bei Erhöhung der Produktionsmenge). Ursachen sind die – in Relation zur produzierten Menge – zurückgehenden Fixkosten, Mengenrabatte beim Einkauf von Vorprodukten, eine bessere Auslastung der Maschinen usw. (siehe Seiten 22, 28, 31, 34)

Enquête-Kommission (frz. *Enquête* = Untersuchung) ist eine vom Deutschen Bundestag oder von einem Landesparlament eingesetzte überfraktionelle Arbeitsgruppe, die langfristige Fragestellungen lösen soll, in denen unterschiedliche juristische, ökonomische, soziale oder ethische Aspekte abgewogen werden müssen. In der Enquête-Kommission soll eine gemeinsame Position erarbeitet werden. Ziel ist es, zu einem Lösungsvorschlag zu kommen, der von der überwiegenden Mehrheit des Parlaments und der Bevölkerung mitgetragen werden kann. (siehe Seite 48)

ESM (**E**uropäischer **S**tabilisierungs**m**echanismus, besser bekannt als Euro-Rettungsschirm) soll die krisenhafte Verschuldung einzelner Staaten innerhalb der Europäischen Wirtschafts- und Währungsunion bei Bedarf verringern und damit zur Stabilisierung der europäischen und globalen Wirtschaft beitragen. (siehe Seite 70)

Financial Stability Board bezeichnet eine von den Finanzministern und Notenbankchefs der führenden Industrienationen eingerichtete Institution, die bereits seit Ende der 1990er Jahre Schwächen des Finanzmarktes analysiert. (siehe Seite 61, 71)

flash crash ist die Bezeichnung für den rasanten Einbruch der amerikanischen Aktienmärkte und dessen Erholung am 6. Mai 2010. Ursache dafür war wohl menschliches Versagen (Eingabefehler) eines Börsenhändlers, das einen automatisierten Handel, ausgeführt durch entsprechende Computerprogramme, nach sich zog (Hochfrequenzhandel). (siehe Seite 71)

Freihandel: ein internationaler Waren- und Dienstleistungsverkehr, der keinerlei Zollschranken oder anderweitigen (zum Beispiel mengenmäßigen) Handelsbeschränkungen unterliegt. Die Forderung nach der Durchsetzung des Freihandels stammt in erster Linie aus liberalen Kreisen. Mitunter wird der Begriff „Globalisierung" synonym verwendet für die zunehmende Umsetzung des Freihandels. (siehe Seite 34)

GATS (*General Agreement on Trade in Services*): allgemeines Abkommen, das den Handel mit Dienstleistungen und im Transportsektor regelt. (siehe Seite 59)

GATT (*General Agreement of Tariffs and Trade*) ist das allgemeine Zoll- und Handelsabkommen von 1947. Es soll den weltweiten Handel begünstigen und Zollschranken senken. GATT wurde 1995 durch die WTO (*World Trade Organization*) ersetzt, blieb aber neben → **GATS** und → **TRIPS** eine Teilorganisation. (siehe Seiten 29, 58, 59)

Global Governance bezeichnet den Versuch, weltweite wirtschaftliche und gesellschaftliche Mechanismen zu entwickeln, um eine globale und friedliche Politik zu betreiben. (siehe Seite 4)

Kartellamt: Behörde auf Landes- und Bundesebene, die den Wettbewerb überwacht. Bei Unternehmenszusammenschlüssen und bestimmten Kartellabsprachen muss die Genehmigung des Kartellamts eingeholt werden. Marktbeherrschende Unternehmen unterliegen einer Aufsicht der Kartellbehörden, um einen Missbrauch der dominanten Marktstellung zu verhindern. (siehe Seite 49)

Konvergenzkriterien wurden 1993 im Vertrag von Maastricht festgelegt. Sie sind die Grundlange für den Beitritt in die Europäische Wirtschafts- und Währungsunion und beinhalten Preisstabilität, gesunde Staatsfinanzen, stabile Wechselkurse und ein stabiles Zinsniveau. (siehe Seite 67)

Liberalisierung (auch: → Deregulierung) meint die Rücknahme oder Abschwächung bisher bestehender gesetzlicher Regelungen oder anderweitiger Verordnungen und Verhaltensvorschriften. Speziell ist gemeint die Rücknahme staatlicher Auflagen, Be- und Einschränkungen in Bezug auf die wirtschaftliche Betätigung, die Herstellung oder den Handel mit Gütern und Dienstleistungen, nach außen zum Beispiel durch den Abbau von Zöllen, Mengen- oder anderen Handelsbeschränkungen. (siehe Seiten 10, 34)

Lohnspreizung bezeichnet den Abstand zwischen den Arbeitseinkommen verschiedener Wirtschaftssubjekte. Sie gibt Aufschluss über die Lohndifferenzierung und das Ausmaß der Ungleichheit in einer Volkswirtschaft. (siehe Seite 41)

Mitbestimmung nennt man das Recht der Arbeitnehmer bzw. Arbeitnehmervertreter (Betriebsräte) in Deutschland, ab einer gewissen Betriebsgröße bei bestimmten Unternehmensentscheidungen informiert oder angehört zu werden oder mitentscheiden zu dürfen. (siehe Seite 50)

Multinationale Unternehmen (MNU) sind Konzerne, die Tochterunternehmen im Ausland kontrollieren und somit mehr als einen Produktionsstandort haben. Mit ihren unternehmensinternen und -externen Handelsverflechtungen gelten die MNU als wichtige Antreiber der Globalisierung. (siehe Seiten 8, 13, 46)

Nachfrageorientierte Wirtschaftspolitik geht davon aus, dass Wachstum und Beschäftigung in einer Volkswirtschaft von der Höhe der gesamtwirtschaftlichen Nachfrage bestimmt werden. Konjunkturkrisen seien auf mangelnde Nachfrage, insbesondere der Unternehmen oder Haushalte, zurückzuführen. John Maynard Keynes forderte eine antizyklische Konjunkturpolitik. Das bedeutet u. a., dass der Staat in konjunkturellen Schwächephasen mehr nachfragen soll (deficit spending), um die Nachfragelücke auszugleichen. Umgekehrt soll der Staat in Phasen des Aufschwungs und der Hochkonjunktur seine Ausgaben zurückfahren. (siehe Seite 51)

New Economy bezeichnet die Teile der Wirtschaft, die im Zusammenhang mit Informations- und Kommunikationstechnik, Computern und Internet entstanden sind. (siehe Seite 12)

Oligarchen (griech. *oligarchia* = „Herrschaft der Wenigen“) werden die Teile der russischen Wirtschaftselite genannt, die nach dem Zusammenbruch der UdSSR 1991 mit zum Teil illegitimen Mitteln Teile der sowjetischen Staatswirtschaft übernahmen und dadurch große Privatvermögen bilden konnten. (siehe Seite 14)

OPEC (*Organization of the Petroleum Exporting Countries* = Organisation Erdöl exportierender Länder) mit Sitz in Wien; Mitgliedsländer sind Iran, Irak, Kuwait, Saudi-Arabien, Venezuela, Katar, Indonesien, Libyen, die Vereinigten Arabischen Emirate, Algerien, Nigeria und Ecuador. Die OPEC-Mitgliedstaaten fördern etwa 40 % der weltweiten Erdölproduktion und verfügen über drei Viertel der weltweiten Erdölreserven. Ziel der OPEC ist es, als Rohstoffkartell die Fördermengen aufeinander abzustimmen, um einen Preisverfall am Rohölmarkt zu verhindern. (siehe Seite 39, 53)

Ordoliberalismus: ein Konzept für eine marktwirtschaftliche Wirtschaftsordnung, in der ein politischer Ordnungsrahmen den ökonomischen Wettbewerb und die Freiheit der Bürger auf dem Markt gewährleisten soll. Der Ordoliberalismus stellt eine Variante des Neoliberalismus dar und gilt als Grundlage der Sozialen Marktwirtschaft. (siehe Seite 49)

Paternalismus: eine Art außerfamiliäre vormundschaftliche Herrschaftsbeziehung, bei der der Herrscher – unter Umständen auch gegen den Willen der Beherrschten – Maßnahmen zum Wohle der Beherrschten durchsetzt. (siehe Seite 49)

Privatisierung: Verkauf staatlicher Betriebe oder die Übertragung staatlicher Aufgaben an Privatunternehmen. (siehe Seite 10, 50)

Produktivität: Verhältnis zwischen der Produktionsmenge und den dafür eingesetzten Produktionsfaktoren. Arbeitsproduktivität ist das Verhältnis zwischen Produktionsmenge und den eingesetzten Arbeitsstunden. (siehe Seite 41, 46)

Reallöhne sind die Nettolöhne unter Berücksichtigung der Inflationsrate. Steigen die Nettolöhne beispielsweise um 1 %, während die Inflationsrate 2 % beträgt, so sinken die Reallöhne (und damit die Kaufkraft der Beschäftigten) um 1 %. (siehe Seite 41)

Rezession bezeichnet eine Konjunkturphase, die den Rückgang wirtschaftlicher Tätigkeit beschreibt. (siehe Seite 5)

Shareholder Value (*shareholder* = Aktionäre) bezeichnet einen Ansatz der Unternehmensführung, der sein vorrangiges Ziel in der Steigerung des Unternehmenswertes bzw. in der Befriedigung der Interessen der Unternehmenseigentümer (Aktionäre) sieht: möglichst hoher Gewinn, möglichst hohe Dividende, Steigerung der Rendite und des Aktienkurses. (siehe Seiten 46, 47, 49)

Transformationsländer bezeichnet die politische und wirtschaftliche Entwicklung von ehemaligen Diktaturen in Demokratien und/oder von Zentralverwaltungswirtschaften (Planwirtschaften) in (soziale) Marktwirtschaften. (siehe Seite 11, 14)

TRIPS (*Agreement on Trade-related Aspects of Intellectual Property Rights*) bezeichnet das Abkommen über handelsbezogene Aspekte der Rechte an geistigem Eigentum und befasst sich mit internationalem Urheberrechtsschutz. (siehe Seite 59)

Verbriefung bezeichnet eine Anlageform, bei der Bankkredite ausgelagert, gebündelt und als Wertpapiere wieder verkauft werden. (siehe Seiten 68, 69)

Volkswirtschaften oder Volkswirtschaft bezeichnet die Gesamtheit aller wirtschaftlichen Beziehungen zwischen den Wirtschaftsteilnehmern, wie Staat, Unternehmen, private Haushalte, Kreditinstitute und Ausland. (siehe Seite 12)

Washington Consensus: neoliberaler Konsens der in Washington D.C. (USA) beheimateten Weltbank und dem IWF, der von Entwicklungsländern u. a. die Erfüllung folgender Bedingungen als Voraussetzung für eine Kreditvergabe forderte: Kürzung des Staatshaushalts, Öffnung der heimischen Märkte für Importe aus dem Ausland und die Privatisierung von Staatsunternehmen. (siehe Seite 53)

Bildquellennachweis

Umschlag.1 Fotolia LLC (mankale), New York; **Umschlag.2** iStockphoto (Anja Hild), Calgary, Alberta; **Umschlag.3** Thinkstock (istockphoto), München; **Umschlag.4** Fotolia LLC (Jan Wowra, Frankfurt), New York; **4.1** Bergmoser + Höller Verlag, Aachen; **5.1** Picture-Alliance (dpa-infografik), Frankfurt; **7.1** Picture-Alliance, Frankfurt; **8.1** shutterstock (Christopher Jones), New York, NY; **8.2** Ullstein Bild GmbH (SPICA Press), Berlin; **9.1** Plaßmann, Thomas, Essen; **9.2** Mohr, Burkhard, Königswinter; **10.1** Verlagsgruppe Handelsblatt GmbH (WirtschaftsWoche/www.wiwo.de), Düsseldorf; **11.1** Bergmoser + Höller Verlag, Aachen; **12.1** Picture-Alliance (dpa-infografik), Frankfurt; **14.1** Comstock, Luxemburg; **14.2** Wikimedia Foundation Inc. (www.kremlin.ru/Russavia), St. Petersburg FL; **15.1** Comstock, Luxemburg; **15.2** NASA, Washington, D.C.; **16.1** Bergmoser + Höller Verlag, Aachen; **17.1** shutterstock (sculpies), New York, NY; **19.1** Action Press GmbH, Hamburg; **20.1** Bergmoser + Höller Verlag, Aachen; **22.2** shutterstock (Thomas Heinze), New York, NY; **23.1** Picture-Alliance (Arved Gintenr), Frankfurt; **25.1** Wikimedia Foundation Inc. (PD/Dha), St. Petersburg FL; **30.1** AKG, Berlin; **34.1** Stiftung Wissenschaft und Politik (Stormy-Annika Mildner), Berlin; **35.1** Österreichische Nationalbibliothek (ÖNB/Wien, Pf 38.026:E(1)/Bettina Biengreaves), Wien; **38.1** INSM (Institut der deutschen Wirtschaft Köln e.V.), Köln; **39.1** INSM (Institut der deutschen Wirtschaft Köln e.V.), Köln; **40.1** INSM (Institut der deutschen Wirtschaft Köln e.V.), Köln; **42.1** China Blue, Dokumentarfilm, USA 2005, Regie: Micha X. Peled. © Cinetext (b.film/Quelle: Aktion Mensch), Frankfurt; **43.1** INKOTA-netzwerk e. V. Kampagne für Saubere Kleidung www.inkota.de; **45.1 und 45.2** Ernst & Young GmbH Wirtschaftsprüfungsgesellschaft, Stuttgart; **46.1** Haitzinger, Horst, München; **47.1** United Nations Global Compact; **49.1** Picture-Alliance (Süddeutsche), Frankfurt; **51.1** Mester, Gerhard, Wiesbaden; **52.1** Welthungerhilfe, IFPRI, Concern Worldwide; **54.1** Welthungerhilfe; **55.1** Museum für Kommunikation, Frankfurt am Main; **61.1** Wikimedia Foundation Inc. (Cflm001/CC), St. Petersburg FL; **62.1** Picture-Alliance (dpa-infografik), Frankfurt; **64.1** Picture-Alliance (Globus Infografik), Frankfurt; **65.1** Picture-Alliance (Globus Infografik), Frankfurt; **67.1** Bergmoser + Höller Verlag, Aachen

Sollte es in einem Einzelfall nicht gelungen sein, den korrekten Rechteinhaber ausfindig zu machen, so werden berechtigte Ansprüche selbstverständlich im Rahmen der üblichen Regelungen abgegolten.